FACULTÉ DE DROIT DE PARIS

THÈSE

POUR LE DOCTORAT

SOUTENUE

PAR LÉON DE VERDIÈRE

AVOCAT A LA COUR IMPÉRIALE

PARIS

IMPRIMERIE GÉNÉRALE DE CH. LAHURE

RUE DE FLEURUS, 9

—

1866

DU

BÉNÉFICE D'INVENTAIRE

EN DROIT ROMAIN ET EN DROIT FRANÇAIS

©

FACULTÉ DE DROIT DE PARIS

DU

BÉNÉFICE D'INVENTAIRE

EN DROIT ROMAIN ET EN DROIT FRANÇAIS

THÈSE POUR LE DOCTORAT

SOUTENUE

PAR LÉON DE VERDIÈRE

AVOCAT A LA COUR IMPÉRIALE

Le 19 avril 1866

En présence de M. l'inspecteur général CH. GIRAUD

Président : M. DUVERGER, professeur

Suffragants : MM. PELLAT, VALETTE, DURANTON, *professeurs.*
DESJARDINS, *agrégé.*

PARIS

IMPRIMERIE GÉNÉRALE DE CH. LAHURE

RUE DE FLEURUS, 9

1866

A MON PÈRE

A MONSIEUR CORNUDET
CONSEILLER D'ÉTAT

PREMIÈRE PARTIE.

DROIT ROMAIN.

Le bénéfice d'inventaire n'a fait que très-tard son apparition dans le Droit romain. La constitution qui l'établit est la loi 22 au Code *de Jure deliberandi*. Cette constitution, connue sous le nom de Loi *Scimus*, est de Justinien et se place dans l'année 531 de l'ère chrétienne. A s'en tenir rigoureusement au sujet que nous nous proposons de traiter dans cette Thèse, on pourrait se contenter, dans la partie de ce travail consacrée au Droit romain, d'exposer cette constitution, en y ajoutant toutefois un passage de la novelle première qui en est le complément. Mais le besoin auquel répondait l'innovation de Justinien existait bien avant son règne; et, si le bénéfice d'inventaire est inconnu à l'époque classique, dès cette époque il a des antécédents qu'il faut absolu-

1

ment connaître. N'est-ce pas seulement ainsi qu'il sera possible de comprendre la portée de cette institution nouvelle? C'est pourquoi, nous avons pensé qu'il était indispensable, au commencement de cette étude, de donner un exposé sommaire de l'état du droit antérieur à Justinien. Dans un premier chapitre, nous exposerons rapidement le droit antérieur à l'introduction du bénéfice d'inventaire; dans un second, nous analyserons la loi 22 au Code *de Jure deliberandi*.

———

CHAPITRE I.

DROIT ANTÉRIEUR A L'INTRODUCTION DU BÉNÉFICE D'INVENTAIRE.

La législation romaine voulait que tout défunt reçût un contir   eur juridique de sa personne; le citoyen romain, soit qu'il mourût intestat, soit qu'il mourût après avoir testé, avait donc toujours un héritier jouissant de tous ses droits, contraint à remplir toutes ses obligations, comme s'il les avait contractées lui-même : *heres sustinet personam defuncti*.

Tel fut le principe proclamé par les jurisconsultes romains et d'où leurs esprits, rigoureusement logiques, déduisirent les conséquences les plus extrêmes.

Toutefois, en Droit romain, il existait entre les héritiers des différences qu'il importe de signaler.

Ceux-ci, forcément héritiers, devenaient malgré eux les continuateurs du défunt, *sive velint, sive nolint*; ceux-là demeuraient libres d'accepter ou de répudier l'hérédité à laquelle les avait appelés la loi ou la volonté du mourant.

Les premiers étaient héritiers nécessaires : l'hérédité s'emparait d'eux, au moment où elle s'ouvrait; elle les couvrait en quelque sorte de la personnalité du défunt sans qu'il leur fût possible de s'en
dépouiller. On les distinguait en héritiers siens et
nécessaires, *heredes sui et necessarii*, et en héritiers nécessaires, *heredes necessarii*.

Les seconds, demeurés libres d'accepter ou de
répudier la qualité de représentants du défunt, devaient aller vers l'hérédité, *adire hereditatem*. C'étaient les héritiers externes ou volontaires.

Nous dirons quelques mots de ces différentes
classes d'héritiers.

1° *Héritiers siens et nécessaires.* — Les héritiers
siens et nécessaires sont les enfants qui, au moment
de la mort du *Decujus* se trouvaient sous sa puissance paternelle : ainsi le fils ou la fille du défunt.
De même un petit-fils, une petite-fille, et d'autres
descendants après eux sont aussi des héritiers siens
et nécessaires; mais il faut supposer que ces descendants sont issus d'un fils du défunt, autrement
ils ne se trouveraient pas sous sa puissance à l'époque de sa mort.

C'est ce qu'exprime le § 2 aux institutes (*de heredum qualitate et differentia*).

« Sui autem et necessarii heredes sunt, veluti
filius, filia, nepos neptisque ex filio, et deinceps cæteri liberi, qui modo in potestate morientis fuerint. »

S'il s'agit d'une succession *ab intestat*, pour qu'un
petit-fils ou une petite-fille née d'un fils soit héri

tier sien et nécessaire de son grand-père, il faut
que leur père, du vivant du *Decujus*, ait cessé d'être
héritier sien, enlevé à sa famille soit par la mort,
soit par toute autre cause qui libère de la puissance
paternelle :

« Tunc enim nepos neptisve in locum patris sui
succedit. »

S'agit-il d'une succession testamentaire? peu
importe, pour qu'il obtienne la qualité d'héritier sien
et nécessaire, que le petit-fils soit ou non précédé
par quelqu'un dans la famille : pour être héritier
sien et nécessaire, il suffit qu'il soit sous la puissance paternelle du testateur et valablement institué par lui.

Mais seulement si un père exhérède son fils pour
instituer son petit-fils, ce petit-fils héritier sien et
nécessaire de son grand-père prendra-t-il pour son
compte le bénéfice de l'institution? Il n'en sera
rien, et comme il tombe sous la puissance de son
père à la mort de son grand-père, il deviendra
héritier non pour son compte, mais pour celui de
son père qui acquerra ainsi, par droit de puissance,
l'hérédité dont il avait été écarté par la volonté du
testateur : c'est ce que dit Ulpien dans la loi 6, § 5;
Dig. 29, 2.

« Interdum filii familias et sine aditione adqui-
runt hereditatem his, in quorum potestate sunt.
Ut puta si nepos ex filio exheredato, heres sit institutus; patrem enim suum sine aditione faciet heredem, et quidem necessarium. »

Nous devons nous demander maintenant : 1° pourquoi ces héritiers sont appelés nécessaires ? 2° pourquoi ils sont appelés héritiers siens ?

1° Ils sont nécessaires, parce que, *bon gré malgré*, *sive velint, sive nolint* [1], ils sont héritiers soit *ab intestat*, soit par testament.

2° Ils sont héritiers siens, parce qu'ils sont considérés, même du vivant du père en quelque sorte comme propriétaires ; ils se succèdent pour ainsi dire à eux-mêmes. « Sui quidem heredes appellantur, quia domestici heredes sunt, et vivo patre quodammodo domini existimantur [2].

En effet, quoi qu'on en ait dit, à Rome, chacun des membres de la famille était copropriétaire avec le chef ; mais ce chef avait de tels pouvoirs sur le patrimoine commun que seul il pouvait disposer des valeurs communes et que même il pouvait écarter l'un des copropriétaires, le priver de sa part, et l'attribuer à d'autres. Venait-il à mourir, les membres de la famille qui lui succédaient, se succédaient, prenaient leur propre hérédité, étaient leurs propres héritiers (sui heredes αυτοκληρομενοι).

2° *Héritiers nécessaires.* — L'héritier nécessaire est l'esclave institué héritier par son maître ; on le nomme ainsi, parce que, qu'il le veuille ou qu'il ne le veuille pas, aussitôt après la mort du testateur, il devient libre et héritier.

1. § 11, inst. de q. et diff. h.
2. *Ibid.*

« Necessarius heres est servus heres institutus :
ideo sic appellatus quia, sive velit, sive nolit, omni
modo post mortem testatoris protinus liber et necessarius heres fit[1]. »

Il n'y avait d'héritiers nécessaires que dans les
successions testamentaires : et cela arrivait fréquem-
ment. En effet, ceux dont la solvabilité était suspecte,
avaient coutume d'instituer leur esclave pour héritier au premier, au second, ou même au dernier
degré ; de cette sorte, ils étaient assurés d'avoir un
héritier, et c'était sous son nom qu'avaient lieu la
possession, la vente ou le partage des biens par les
créanciers. On évitait ainsi cette ignominie qui résulte de la vente des biens, et qui, au lieu de s'attacher à la mémoire du testateur, s'attachait à la personne de son affranchi.

Cette ignominie, comme la faillite chez nous, n'é-
tait pas une simple ignominie d'opinion, mais une
ignominie de droit qui produisait des effets légaux.
Sabinus pensait que l'esclave, institué héritier par
son maître, devait être libéré des conséquences légales de cette ignominie, parce que ce n'était point
par son propre vice, mais par une nécessité de droit
qu'il endurait la vente des biens. Gaïus[2], qui rapporte cette opinion de Sabinus au § 154 de son
commentaire II, ne pensait pas que cette opinion
moins rigoureuse dût prévaloir.

1. § 1, inst. de h. q. et diff.
2. Gaïus, c. II, § 154.

« Unde qui suas facultates suspectas habet, solet servum primo aut secundo vel etiam ulteriore gradu liberum et heredem instituere ut, si creditoribus satisnonflat, potius hujus heredis quam ipsius testatoris bona veneant, id est, ut ignominia quæ accedit ex venditione bonorum, hunc potius heredem, quam ipsum testatorem contingat : quanquam apud Fufidium Sabino placeat eximendum eum esse ignominia, quia non suo vitio sed necessitate juris bonorum venditionem pateretur : sed alio jure utimur. »

3° Des héritiers volontaires. — Ceux qui ne sont pas sous la puissance du testateur à l'époque de sa mort sont héritiers volontaires, et peuvent accepter ou répudier l'hérédité qui leur est déférée. Ainsi les enfants qui ne sont plus sous la puissance de leur père, les esclaves qui ne se trouvent plus sous celle de leurs maîtres à l'époque de la mort du testateur, sont héritiers volontaires. Il en est de même et pour la même raison des enfants institués héritiers par leurs mères; car les femmes n'ont pas de puissance paternelle sur leurs enfants.

A quelque classe qu'appartinssent les héritiers, qu'il leur fallût faire adition ou qu'ils fussent héritiers malgré eux, d'après les principes rigoureux du droit, ils étaient tenus des dettes de la succession, même au delà de l'actif héréditaire « *ultra vires hereditatis.* » Ils n'étaient pas exposés aux poursuites des créanciers, parce qu'ils détenaient les biens du défunt. « Quia istud onus bona defuncti tanquam hypothecam tacitam sequitur[1], » mais parce qu'ils représentaient sa personne et la continuaient. De la sorte, le *Decujus* revivait dans la personne soit de ses héritiers ab intestat, soit de ses héritiers testamentaires.

On comprend que si la condition faite aux héritiers en général par application de ce principe était rigoureuse, elle devenait d'une excessive rigueur s'il s'agissait de ceux qui, se trouvant sous la puissance du défunt à l'époque de sa mort, devenaient héritiers malgré eux.

Quant à ceux qui ne devenaient héritiers que parce qu'ils le voulaient bien, ils n'avaient qu'à s'en prendre à leur imprudence s'ils acceptaient une hérédité mauvaise qui consommait leur ruine. En ce qui concerne les héritiers siens et nécessaires d'une part, les héritiers nécessaires de l'autre, cette excessive rigueur dut être mitigée de bonne heure. Il était juste qu'on vînt d'abord à leur secours. C'est ce que fit le préteur, qui s'efforça, dans ces circonstances comme dans une foule d'autres, de corriger ce qu'il y avait de dur et d'impitoyable dans le vieux droit romain. Ainsi furent introduits deux bénéfices, l'un au profit des héritiers siens et nécessaires, l'autre au profit des héritiers nécessaires : nous voulons parler des bénéfices d'abstention et de séparation.

---

1. Puffendorf, caput xi, § 19, l. IV. Patrimonii enim in alium transituri ea ratio est, ut primum credito satisfiat.

1° *Bénéfice d'abstention.* — « Heredibus suis et necessariis prætor permittit volentibus abstinere se ab hereditate, ut potius parentis quam ipsorum bona similiter a creditoribus possideantur[1]. »

C'est là ce qu'on appelle le bénéfice d'abstention.

— Il consiste en ce qu'il est permis aux héritiers siens, bien que l'hérédité leur soit acquise de plein droit, de ne pas s'immiscer dans cette hérédité, de n'y faire aucun acte d'héritier, d'y rester étrangers de fait, et, par ce moyen, toute action sera refusée aux créanciers du défunt par le préteur, bien qu'ils soient héritiers par le droit strict.

Pour jouir de ce bénéfice, l'héritier sien n'a rien à faire, rien à déclarer, rien à demander. Il lui suffit de rester dans l'inaction, de ne se mêler en rien de l'hérédité : l'abstention est un fait purement passif. C'est ce que rapporte la loi 12 D., l. xxix, t. II[2].

« Ei, qui se non miscuit hereditati paternæ, sive major sit, sive minor, non esse necesse, prætorem adire. »

Ainsi il n'y avait aucun décret à obtenir du préteur. Un créancier du *Decujus* se présentait-il pour actionner l'héritier? Celui-ci, *exceptionis ope*, faisait valoir qu'il s'était abstenu. Le créancier ainsi repoussé dirigeait sa poursuite contre les biens héré-

1. Inst. de h. q. et diff., § 2, fin.
2. D., l. xxix, t. II, l. 12, Ulp.

ditaires, mais devait renoncer à la diriger contre l'héritier sien.

Il en résultait pour celui-ci non-seulement un avantage pécuniaire sérieux, mais aussi un avantage moral considérable. Quand le défunt était insolvable, ses biens devaient être vendus : ils ne l'étaient pas sous le nom de *l'héritier sien* qui ne s'était pas immiscé, mais sous celui du défunt, et par ce bénéfice, l'héritier sien évitait ainsi les conséquences si graves de l'ignominie qui s'attachait à l'insolvable.

Voilà ce que le préteur avait fait en faveur des héritiers siens et nécessaires.

Aux héritiers nécessaires il avait accordé le bénéfice de séparation.

2° *Bénéfice de séparation.* — Lorsque l'hérédité était insolvable, l'esclave, héritier nécessaire, encourait l'ignominie qui résulte de la vente des biens : il était sacrifié à la mémoire du testateur. En compensation, il recevait la liberté, et de plus le préteur lui avait accordé un moyen de soustraire le patrimoine qu'il acquerrait un jour aux poursuites des créanciers de la succession.

« Illud ei commodum præstatur ut ea quæ post mortem patroni sui sibi adquisierit, ipsi reserventur, et quamvis non sufficiant bona defuncti creditoribus, tamen ex alia causa quas sibi adquisivit, non veneant. »

La confusion qui s'opérait, d'après le droit strict, entre les biens du défunt et ceux de l'héritier était telle, que, sans ce secours extraordinaire, l'esclave affranchi eût été soumis à la plus dure des conditions : il eût été condamné à la misère et aux conséquences de l'insolvabilité. Le but que s'était proposé le testateur en conférant à l'esclave la qualité d'héritier et celle d'affranchi n'aurait pas été atteint; c'eût été lui donner la liberté pour la lui reprendre; le faire sortir de l'esclavage pour l'y replonger bientôt après. On sait quelles étaient les mesures cruelles prises par la loi des Douze tables contre les débiteurs insolvables : même quand ces mesures atroces furent adoucies, le moindre mal pour l'insolvable, après avoir été sa réduction à l'esclavage, fut toujours une ruine complète.

L'héritier nécessaire qui voulait jouir des avantages que lui conférait le bénéfice de séparation, à la différence de ce qui se passait pour le bénéfice d'abstention accordé à l'héritier sien et nécessaire, devait s'adresser au préteur et obtenir un décret. Le préteur lui accordait ce décret, si toutefois il avait eu soin de se tenir à l'écart des biens héréditaires[1], ou si étant mineur de vingt-cinq ans, il se faisait restituer contre son immixtion[2]. Cette séparation lui procurait ce premier avantage de n'être tenu des

---

1. L. I, § 18. D. *De separationibus.* « Si non attigerit bona patroni. »

2. L. VII, § 5. D. *De minoribus.* « Non solum autem filius qui se miscuit paternæ hereditati, sed et si aliquis fit ex necessariis minor viginti annis, simili modo restitutionem impetrabit : veluti si servus sit cum libertate institutus : dicendum enim erit, si se miscuit, posse ei subveniri ætatis beneficio, ut habeat bonorum suorum separationem.

dettes de l'hérédité qu'*intra vires* et en ceci sa situation avait quelque analogie avec celle de l'héritier
sien. Mais elle en différait en un point important, et
sous ce rapport il était vrai de dire que la condition
de l'héritier nécessaire était plus rigoureuse. En
effet, les créanciers dirigeaient leurs poursuites
contre l'affranchi et non contre l'hérédité; c'était
sous son nom que les biens étaient vendus; l'infamie
qui atteignait l'insolvable, le frappait à la place du
testateur. L'esclave affranchi n'avait pas à se plain-
dre des rigueurs de son sort, puisqu'il avait obtenu
le bienfait de la liberté[1].

Ainsi l'effet de cette séparation n'était nullement
de mettre l'esclave institué à l'abri des poursuites
des créanciers; mais les droits de ceux-ci se res-
treignaient aux biens de la succession et à ceux que
l'affranchi pouvait avoir acquis *ex hereditaria causa;*
Gaïus donne comme exemple de ce dernier cas la
succession d'un Latin, affranchi du testateur, dont
les biens venaient à sa mort se réunir à ceux de
son ancien maître, comme s'il n'avait pas cessé
d'être esclave.

« .... Nisi si quid ei ex hereditaria causa fuerit
adquisitum, velut si ex eo quod Latinus adquisierit,
locupletior factus sit[2]. »

Mais tout ce que l'héritier avait acquis de son propre

---

1. Gaïus, II, § 154. « Mercedem hujus ignominiæ habebit
libertatem. » (Traduction de la paraphrase de Théophile sur inst.
L. I, t. xix, § 1.)
2. Gaïus, c. II, § 155.

chef restait à l'abri des poursuites des créanciers, à
moins qu'il ne se fût opéré une confusion de fait
entre ses biens et ceux de la succession. Il faut
même remarquer que l'esclave avait le droit de déduire à son profit ce qui lui était dû par le maître,
et de faire ainsi valoir les créances purement na-
turelles qu'il avait acquises contre lui. Ceci résulte
de la loi I, § 18, *De separationibus.*

« Item sciendum est necessarium heredem servum cum libertate institutum impetrare posse separationem; scilicet ut si non attigerit bona patroni, in
causa ea sit, ut ei quidquid postea adquisierit,
separetur; sed *et si quid ei a testatore debetur.* »

Ce texte ne parle que des créances : mais si,
alors que l'esclave a un pécule, on met à l'abri des
poursuites les créances qui en font partie, ne devrait-
on pas y soustraire également les autres biens qui
le composaient? Il nous paraît cependant difficile de
donner une telle extension à ce texte qui ne réserve
à l'affranchi, outre ses créances contre son ancien
maître, que les biens acquis par lui depuis la mort
de ce dernier. Il y a là peut-être quelque chose de
peu satisfaisant en logique, mais enlever aux créanciers tout droit sur le pécule, ç'aurait été souvent
leur causer un grave préjudice. C'était déjà une assez
grande faveur, comme le texte paraît le faire, que de
permettre à l'esclave de prélever ce qui lui est dû sans
avoir même à concourir avec les autres créanciers[1].

1. On peut, pour compléter cette étude, mentionner un cas où
le bénéfice de séparation était reconnu au profit de l'héritier, sans

Nous venons de voir quels étaient les adoucissements apportés par le préteur aux rigueurs du droit civil.

Quant aux héritiers volontaires, ils ne jouissaient d'aucun bénéfice de ce genre; et cela, d'ailleurs, était raisonnable, car ils subissaient les conséquences de la qualité qu'ils avaient librement acceptée.

Ils pouvaient donc répudier l'hérédité et échapper ainsi aux obligations du *Decujus;* mais, quand ils acceptaient, ils étaient soumis à toutes les conséquences de la qualité de représentants du défunt, et se voyaient contraints au payement des dettes héréditaires, *ultra vires hereditatis.* Du reste, les héritiers arrivaient assez facilement à amener à composition les créanciers de l'hérédité; il leur suffisait de les menacer de ne pas faire adition. En général, ceux-ci trouvaient bien moyen de les y décider. Pour atteindre ce but, il y eut plusieurs procédés mis en

---

qu'il y eût pour le faire des motifs aussi pressants que dans l'hypothèse qui nous a occupé jusqu'à présent. C'est la loi 6, § 1, D. *De separationibus* qui admet cette décision toute de faveur: Elle rapporte une solution donnée par Julien. Dans l'espèce soumise au jurisconsulte, il s'agissait d'une affranchie qui, instituée par un insolvable, avait accepté sa succession. Cette affranchie laisse elle-même pour héritier son patron. Julien reconnaît à ce dernier, en se fondant uniquement sur des motifs d'équité, le droit d'obtenir la séparation du patrimoine propre de l'affranchie et de celui de la succession imprudemment acceptée par elle. « Si liberta heres instituta, bonorum possessionem secundum tabulas petiisset ejus qui solvendo non erat : quæsitum est an bona ejus separari ab hereditariis debent? respondit : Non est iniquum sucurri patrono, ne oneraretur ære alieno, quod liberta retinendo bonorum possessionem secundum tabulas contraxerit.

usage; toutes les conventions étant permises d'une manière générale, pourvu qu'elles ne soient pas contraires à l'ordre public et aux bonnes mœurs, on comprend que les créanciers, pour décider l'héritier du débiteur à faire adition, fissent avec lui tous les arrangements qui leur paraissaient utiles.

La loi 32 ff. *Mandati vel contra*, contient un arrangement de cette nature :

Julien suppose que les créanciers ont donné mandat à l'héritier de faire adition à ses risques et périls, de sorte que si l'héritier, en cette qualité, est obligé de payer, à ceux qui ne lui ont pas donné mandat, les dettes de l'hérédité sur ses biens personnels, un recours lui sera donné, par l'action *mandati contraria*, contre ses mandants.

Ce procédé était fort simple, mais il est probable qu'il ne fut jamais d'un usage très-fréquent. En droit, l'héritier muni de l'action *mandati* est garanti contre les résultats de l'adition. Mais en fait, il est possible que les créanciers dont il est le mandataire ne soient pas solvables. Dès lors, si l'héritier n'est pas protégé suffisamment contre les conséquences de sa qualité, il se montrera peu disposé à accepter un mandat périlleux. Ses mandants fussent-ils d'ailleurs parfaitement solvables, il peut ne pas trouver très-agréable d'avoir éventuellement à se mettre à la recherche de ses garants pour obtenir de chacun d'eux la part d'indemnité à laquelle il a droit par suite de l'exécution du mandat.

S'il arrivait qu'un des créanciers s'abstînt par dol

de donner à l'héritier ce mandat que celui-ci avait reçu des autres, et sans lequel il n'eût pas accepté, ce créancier ne profitait pas de ce dol et se voyait repoussé par une exception s'il prétendait faire valoir l'intégralité de sa créance[1]. Ce n'est pas à dire pour cela que le mandat de faire adition aux risques et périls des créanciers qui le consentent fût obligatoire pour ceux qui n'y avaient point adhéré : si le créancier dont il est question dans le texte cité plus haut est traité à peu près comme s'il avait donné ce mandat, bien qu'il l'ait refusé, c'est qu'on se trouve en présence de faits assez graves pour autoriser l'exception de dol. Le créancier avait voulu tromper dans son attente l'héritier qui ne doutait pas que tous les intéressés ne consentissent au mandat. La décision d'Ulpien, qui n'offre rien d'anormal au point de vue des principes du droit romain sur le dol, est tout à fait exceptionnelle si on la rapproche des règles générales sur la force obligatoire des contrats.

Les conventions faites avec l'héritier en vue de le déterminer à accepter, pouvaient prendre une autre forme et consister dans une remise d'une quote-part des créances. Ces conventions avaient lieu non-seulement avec l'héritier externe avant son acceptation, mais aussi avec l'héritier sien ou l'héritier nécessaire avant son immixtion. Les lois 7, §§ 7 et suiv., 8, 9, 10, Pr. Dig., *De pactis*, nous enseignent que dans la pratique romaine s'était intro-

---

1. L. 4, Pr., D. de doli mali et metus except.

duit l'usage de ce pacte. Les créanciers de l'hérédité jacente s'engageaient envers l'héritier à n'exiger de lui qu'une partie de ce qui leur était dû. De son côté, l'héritier promettait de prendre qualité, soit en faisant adition, soit autrement. Primitivement ces pactes se faisaient avec chacun des créanciers isolément. Il y avait là un grand inconvénient : si quelques-uns refusaient d'y accéder, la position des autres pouvait se trouver compromise. L'usage dut donc s'introduire de réunir tous les créanciers pour prendre parti à cet égard : on en vint même à imposer à la minorité la décision de la majorité ; cette dérogation au droit commun, consacrée déjà par une constitution d'Antonin le Pieux[1], fut réglée par un rescrit de Marc-Aurèle.

D'après ce rescrit, on considérait la majorité eu égard au montant des créances, et non pas au nombre des créanciers; les intérêts étaient compris, d'ailleurs, dans la supputation des créances. A égalité de sommes, on s'attachait à la majorité numérique, en ne comptant que pour une voix celles de plusieurs créanciers solidaires, de même que celles d'un créancier ayant plusieurs créances distinctes, d'un tuteur représentant les intérêts de plusieurs pupilles[2]. A égalité de somme et de nombre, on tenait

1. L. 10, Pr., D., *de Pactis*.
2. Le tuteur pouvait donc faire une remise de dettes dans cette circonstance, bien qu'il n'eût pas ce droit en général (L. 28, § 1, D., *de Pactis*; l. 29. C., Cod.); c'est que dans ces conventions, comme aujourd'hui dans le concordat, on ne voyait pas de libéralité.

compte de la dignité des créanciers; si tout était
égal, on se décidait pour l'avis le plus favorable à
l'héritier. Un décret du préteur imposait aux dissidents le parti qui avait prévalu[1]. Ceci ne saurait être
douteux en présence de la loi 7, § 19, *De pactis*.
Cette loi déclare, en effet, que le pacte devra être res-
pecté par la minorité lorsqu'un décret du préteur
aura consacré les concessions faites par la majorité.
Sur ce point, pas de difficulté. Ulpien s'exprime en
termes qui ne permettent pas de croire qu'il y ait
eu hésitation.

Le rescrit de Marc-Aurèle, cité par Ulpien dans la
loi 10, pr., *De pactis*, mentionne cette généralité des
effets du pacte. Mais ce rescrit était conçu dans des
termes qui supposaient que tous les créanciers in-
tervenaient dans la délibération. Aussi le jurisconsulte se demande-t-il si le pacte pourrait être invoqué
cont les créanciers absents. La difficulté ne lui
paraît pas sérieuse, il ne s'y arrête pas, il suppose
l'affirmative admise. Sans doute, il pense que les
créanciers absents ont mauvaise grâce à protester
contre un parti qui leur était imposé, lors même
qu'ils eussent été présents. Et, en effet, nous avons
vu que la majorité exigée est calculée d'après la
masse des dettes héréditaires, et, subsidiairement,
d'après le nombre des créanciers. Or, présents ou
absents, ils n'auraient pu se trouver que dans la minorité. S'ils objectent que leur présence eût été de

1. L. 7, § 18, l. 8 et 9. D., *de Pactis*.

nature à exercer une influence décisive sur le résultat du vote, on leur répondra qu'il ne tenait qu'à eux de comparaître. Du reste, une fois admis en vertu du rescrit de Marc-Aurèle que les dissidents seraient tenus de se conformer au pacte, eux qui sont le plus dignes d'égards, car ils ont lutté par tous les moyens légaux pour empêcher qu'il fût formé, il serait bien inconséquent de dispenser de son application des gens qui n'ont montré qu'indifférence ou mauvaise volonté.

Une question plus délicate et qu'Ulpien a également tranchée dans le même texte, c'est de savoir si le pacte serait opposable aux créanciers privilégiés qui n'ont pas assisté à la délibération. Il semblait qu'à raison de la qualité de leurs créances ils pouvaient prétendre à un payement intégral dans les cas où les autres créanciers sont obligés de restreindre leur demande.

Voici ce que dit Ulpien résolvant la question dans le sens contraire à la prétention des privilégiés : « Et repeto, ante formam a Divo Marco datam Divum Pium rescripsisse fiscum quoque, in his casibus in quibus hypothecas non habet, et cæteros privilegiarios, exemplum creditorum sequi oportere. »

Ainsi Ulpien rappelle qu'avant le rescrit de Marc-Aurèle, il en existait un déjà d'Antonin le Pieux qui soumettait tous les privilégiés, même le fisc, quand toutefois ils n'ont pas d'hypothèque, à la loi de la majorité. Ainsi Ulpien décide que les créanciers privilégiés absents devront se conformer à la

décision de la majorité. Paul, cependant, dans la loi
58, § 1, *Mandati*, paraît admettre l'opinion contraire.
Recherchant si le pacte peut être invoqué par le
fidéjusseur ou le *mandator pecuniæ credendæ*, contre
le créancier, dans le cas où celui-ci n'a pas pris
part à la délibération, Paul décide formellement qu'il
serait inique d'enlever au créancier le droit de
choisir entre les divers obligés, aussi bien que
de lui enlever le bénéfice d'un gage ou d'un
privilége.

Qui faudra-t-il croire? Ulpien, lorsqu'il dit que
les créanciers privilégiés seront traités comme tous
les autres, ou Paul affirmant qu'on ne peut les priver de leur privilége?

Sur ce point les anciens interprètes ne sont pas
d'accord.

L'opinion de Cujas consiste à dire que la décision
de Paul, dans la loi 58, § 1, *Mandati*, est la même
que celle d'Ulpien dans la loi 10, pr. *De pactis*.
Paul, dit-il, se fonde : 1° sur le droit pur, car il serait injuste d'enlever au créancier absent un privilége dont il aurait pu se prévaloir s'il eût été présent; 2° sur le rescrit de Marc-Aurèle, d'après lequel il faut que tous les créanciers soient présents
pour que le pacte soit possible.

Ulpien ne ferait que rapporter la décision qui
résulterait du rescrit d'Antonin le Pieux; c'est ce
que démontrent les mots : « Ante formam a D.
Marco datam D. Pium rescripsisse. » Mais il ne disait
point que le rescrit d'Antonin est encore applicable,

et que le privilége sera perdu pour le créancier absent.

Il est impossible d'admettre cette interprétation de Cujas, car elle ne porte pas sur le texte d'Ulpien dans son entier, elle fait abstraction de ces mots : « Hæc enim omnia in his creditoribus qui hypothecas non habent conservanda sunt » : lesquels signifient que le rescrit d'Antonin le Pieux n'a pas cessé d'être en vigueur [1].

Nous n'admettons pas davantage l'explication de Pothier [2].

Suivant lui, Paul négligerait de tenir compte du rescrit d'Antonin le Pieux pour trois raisons : 1° parce qu'il aurait ignoré le rescrit : cette raison dispenserait au besoin d'exposer les autres, mais Pothier ne s'y arrête pas lui-même; 2° parce que le rescrit aurait été rendu *Contra rationem juris* : raison vague; on applique à chaque instant des lois complétement arbitraires ; 3° parce qu'il aurait été aboli par le rescrit de Marc-Aurèle : or, la question que se pose Ulpien, il la résout en invoquant le rescrit d'Antonin le Pieux.

La contradiction subsiste donc. Antoine Favre, Vinnius, Noodt, proposent une explication qui nous paraît satisfaisante. Paul et Ulpien ne seraient pas en désaccord. Le premier, comparant le privilége et l'hypothèque, et les mettant sur la même ligne, ne

1. Cujas, t. V, col. 987. Naples.
2. Pothier, *ad Pandectas*, *de Pactis*, sect. VIII, art. 2.

se place qu'au point de vue du droit de préférence.
De même que les créanciers hypothécaires, mais
après ceux-ci, les créanciers privilégiés seraient
préférés aux chirographaires. Mais dans quelle limite? Sera-ce pour leur créance entière ou seulement pour un dividende? C'est la question que décide Ulpien dans la loi 10, pr., *De pactis*. Les
créanciers privilégiés, dit-il, devront *suivre l'exemple des autres créanciers*, ils devront subir la réduction opérée par le pacte de remise fait en leur
absence. Mais cela ne les empêchera point, pour le
payement de leur dividende, de se prévaloir de leur
droit de préférence *inter chirographarios*.

Ainsi se concilient nos deux textes. Le premier
(loi 10, pr., *De pactis*), déclare que les créanciers
privilégiés qui auront été absents subiront la loi
commune du dividende; le second (loi 58, § 1,
Mandati), que pour le payement de ce dividende ils
jouiront de leur privilége.

Cette solution nous semble devoir être admise,
parce qu'elle rend bien compte de la pensée d'Ulpien,
qui ne se préoccupe que de la question de savoir si
la remise partielle conclue par les créanciers présents devra être respectée par les absents, *exemplum
creditorum sequi*[1]. Eh bien ! quel est l'effet du pacte?
C'est d'opérer une réduction sur toutes les créances.
En ce qui concerne cet effet du pacte, les créanciers

1. Vinnius, *de Pactis*, ch. xvii, § 8. Favre, *Rationalia de
pactis*.

absents et privilégiés peuvent très-bien être soumis
à la décision des présents, tout en conservant leur
droit de préférence.

Nous venons de voir qu'il arrivait souvent que
les créanciers et l'héritier s'entendaient et formaient
des conventions dont le résultat était de permettre
à l'héritier d'accepter sans crainte la succession ouverte à son profit. Nous avons vu deux des conventions le plus en usage.

Si les créanciers ne formaient avec les héritiers
aucun accord de ce genre, les héritiers, quand ils acceptaient, restaient exposés à tous les dangers
qu'entraînait avec elle la qualité de représentants du
défunt; et ces dangers étaient très-grands. Il était donc
naturel que ceux qui étaient appelés à recueillir une
succession voulussent s'éclairer avant de prendre
parti, examiner l'état de l'hérédité, rechercher
quelles étaient les dettes et quelles étaient les valeurs
héréditaires, se décider enfin en connaissance de
cause. Il résultait de cet examen une incertitude qui
pouvait être gênante pour plusieurs personnes. Les
légataires, les créanciers de la succession qui dési-
raient une acceptation, les héritiers substitués, les
héritiers légitimes du degré subséquent qui dési-
raient une renonciation pour en profiter, avaient
hâte de voir l'héritier prendre parti et faire adition
ou répudier l'hérédité.

Le testateur lui-même, ou plus généralement le
Decujus (car il y avait des héritiers volontaires *ab
intestat* et testamentaires), voyait avec peine que son

hérédité resterait incertaine. Il cherchait donc à empêcher cet inconvénient, au moyen d'une institution particulière, faite en des formes solennelles, et qui avait pour but de fixer à l'héritier un terme pour examiner l'hérédité, délibérer, en faire l'adition.

Telle était la crétion. Le testateur, qui voulait imposer à son héritier l'obligation de prendre parti dans un certain délai, devait en s'adressant à lui, dans son testament, s'exprimer ainsi : « Heres Titius esto, » puis il ajoutait : « cernito que in centum diebus proximis quibus scies poterisque ; quod ni ita creveris, exheres esto[1]. »

Le délai de cent jours était le plus usité ; cependant le testateur était libre d'en fixer un plus long ou plus court. L'héritier, avant l'expiration du terme, devait accepter en ces mots : « Quod me Publius Titius testamento heredem suum instituit, eam hereditatem adeo cernoque. »

Tant que le délai n'était pas expiré, eût-il déclaré qu'il ne voulait pas être héritier, il pouvait revenir et faire la crétion ; car il n'était déchu qu'à l'échéance du terme.

Cette institution, à part la rigueur sacramentelle des termes, n'était pas sans une grande utilité, surtout avant que le préteur eût établi par un édit qu'il donnerait un délai pour délibérer. La crétion, encore en pleine vigueur à l'époque de Gaïus et d'Ulpien, fut supprimée en 407 par une constitution d'Arcadius,

1. Gaïus, c. II, § 165 et suiv.

Honorius, Théodose, qui est au code. Il n'en est plus question sous Justinien.

Dans le droit civil, sauf le cas de cette institution particulière dont nous venons de parler et qui a disparu longtemps avant Justinien, l'héritier n'était soumis à aucun délai dans lequel il dût nécessairement accepter ou répudier l'hérédité. Mais d'un autre côté, les personnes intéressées à ce qu'il se prononçât pouvaient l'actionner pour qu'il eût à déclarer s'il était héritier, et il était alors obligé de se prononcer. Dans cette position, le préteur établit que l'héritier pourrait demander un délai pour délibérer avant de répondre : « Si tempus ad deliberandum petet, dabo [1]. »

Il semble bien résulter de ce texte que c'était sur la demande de l'héritier poursuivi par les créanciers héréditaires que le préteur accordait un délai pour délibérer ; mais il existe au commentaire II de Gaïus, § 167, un autre texte qui semble indiquer que c'étaient les créanciers héréditaires qui faisaient établir eux-mêmes le délai dans lequel l'héritier volontaire aurait à se décider. « Solet praetor, postulantibus creditoribus hereditariis, tempus constituere, intra quod, si velit, adeat hereditatem; si minus, ut liceat creditoribus bona defuncti vendere [2]. »

Les délais accordés par le préteur, qu'ils le fussent

1. D. 28, 8, 1, § 1. Ulp.
2. C. 11, Gaïus, § 167.

par lui sur la demande de l'héritier ou sur celle des créanciers héréditaires, avaient pour l'héritier un très-grand avantage, puisqu'ils lui permettaient d'examiner l'état de la succession, et de se décider, en connaissance de cause, pour la repudiation ou pour l'acceptation. Mais pour les créanciers héréditaires, il en résultait de graves inconvénients : ils attendaient avec impatience que l'héritier prît parti afin de connaître leur sort, et leur incertitude était plus grande et plus pénible encore quand les héritiers succédaient *ab intestat,* car dans ce cas, il pouvait y avoir un grand nombre de délais successivement demandés et obtenus, et l'état d'incertitude dont se plaignaient les créanciers pouvait ainsi se prolonger indéfiniment.

Frappé de ces graves inconvénients, Justinien s'efforça d'y porter remède, et chercha à concilier l'intérêt des créanciers et celui de l'héritier.

Il ne fallait pas penser à priver les héritiers de tout délai de délibération ; c'eût été les contraindre à se jeter en aveugles et sans réflexion dans une voie qui le plus souvent les aurait conduits à la ruine, ou les mettre dans la nécessité de répudier des successions qu'il eût été facile de recueillir.

Dans ces circonstances, Justinien pensa que le moyen le plus sûr de faire disparaître l'inconvénient résultant des délais, était d'enlever à une acceptation, si précipitée qu'elle fût, les dangers qu'elle présentait. En conséquence, il offrit aux héritiers volontaires, s'ils voulaient se déterminer dans le

délai de trois mois, de les soustraire aux périls
d'une acceptation. Désormais, s'ils ont eu soin de
faire un inventaire fidèle et exact des valeurs contenues dans la succession, ils n'auront pas à craindre
d'être poursuivis, *ultra vires hereditatis*, et ne seront
exposés aux poursuites des créanciers que jusqu'à
concurrence des biens laissés par le *Decujus*.

Justinien, qui offrait aux héritiers le précieux
avantage de n'être tenus des dettes qu'*intra vires
hereditatis*, leur laissait à regret le droit de demander
l'ancien délai de délibération ; mais si un héritier
usant de cette faculté manifestait la volonté de délibérer, eût-il fait inventaire, il était impitoyablement
replacé sous l'empire des anciens principes. Pour
celui donc qui méprisait les avantages offerts par la
générosité impériale, il y avait toujours moyen de
s'en tenir à l'ancien état de choses, mais alors il
n'y avait pas de milieu entre l'un ou l'autre de ces
deux partis extrêmes : répudier la succession, ou
bien l'accepter, mais alors en supporter indéfiniment
toutes les charges.

On le voit donc, ce fut le désir de faire tomber en
désuétude l'usage depuis longtemps établi de demander des délais pour délibérer qui fit naître la
première pensée du bénéfice d'inventaire, institution
relativement moderne et dont on chercherait en vain
la trace avant Justinien.

En effet, d'après le droit civil, l'héritier qui avait
fait addition, et qui se trouvait ainsi tenu des dettes
ultra vires ne pouvait plus revenir sur cet acte. Si la

succession se trouvait plus onéreuse que lucrative, les mineurs de vingt-cinq ans pouvaient bien se faire restituer par les préteurs, mais il n'en était pas de même des majeurs de vingt-cinq ans. Ceux-ci devaient supporter toutes les conséquences du parti qu'ils avaient cru devoir prendre. Il est vrai que l'empereur Adrien avait accordé une restitution à un majeur de vingt-cinq ans, parce que depuis l'adition de l'hérédité, des dettes considérables, inconnues au moment de l'adition, s'étaient tout à coup révélées. Mais ce n'était là qu'une exception déterminée par des circonstances extrêmement intéressantes, et cette faveur spéciale et toute individuelle ne pouvait devenir une règle générale. Cependant, sur l'exemple donné par Adrien, des empereurs accordèrent à quelques-uns des restitutions exceptionnelles par rescrit individuel et pour des motifs particuliers, tels que la découverte de dettes d'abord cachées.

Plus tard, l'empereur Gordien, pénétré de cette idée *que les soldats s'entendaient mieux à manier les armes que les lois ....« .... Arma etenim magis[1] quam jura scire milites....* voulut que les militaires qui feraient adition d'une hérédité dans l'ignorance des dangers auxquels ils s'exposaient, ne fussent jamais tenus au delà des forces de la succession.

Cette situation exceptionnelle faite aux militaires par l'empereur Gordien subsistait encore sous le

1. L. 22. Cod., l. vi, t. XXX, pr.

règne de Justinien et demeura même en vigueur
après l'établissement du bénéfice d'inventaire, de
sorte que, sans avoir à remplir aucune des conditions qui sont imposées pour s'assurer du bénéfice d'inventaire, ils jouissaient de tous ses avantages.

C'est bien ce qui résulte du texte de la constitution, § 15, *in fine* : « Scilicet ut milites et si propter
simplicitatem legis præsentis, subtilitatem non ob-
servaverint, in tantum tamen teneantur quantum
in hereditate invenerint. »

Cependant, malgré ce texte, la question semblait
présenter quelque difficulté, car Paul de Castres, dans
son commentaire sur le Code, s'exprime ainsi : « An
autem hodie, si non conficiatur inventarium milites
habeant aliquod privilegium, ne teneantur ultra vires hereditatis? Gl. tenet quod non sine provisione
hujus l., licet ante istam l. haberent. » (Pauli
Castrensis, super Codicem comment. L. 22.

Avant de promulguer la constitution qui forme
la loi 22 au Code et qui contient toute la matière du
bénéfice d'inventaire, Justinien avait cherché à venir au secours de ceux qui ne pouvaient pas réclamer le privilége établi par l'empereur Gordien. Il
promulgua, dans ce but, deux constitutions qu'il
mentionne au commencement de la loi 22 et qui,
insérées dans la première édition du Code, ne se
trouvent pas dans la seconde.

Dans une première constitution, Justinien s'était
occupé des héritiers qui demandent un délai pour

délibérer; dans une seconde, il s'était occupé de ces dettes qui apparaissent tout à coup après l'adition de l'hérédité.

Mais il abrogea l'une et l'autre dans la loi 22 que nous nous proposons d'analyser ici. Ce fut dans cette constitution qu'il ouvrit, aux héritiers qui voudraient profiter des avantages qu'il leur faisait, une voie où ils pouvaient désormais marcher sans crainte. Les héritiers peuvent dorénavant, sans redouter aucun danger, sans hésiter, accepter la succession à laquelle ils sont appelés, et cet avantage ne leur est pas seulement accordé pour le cas, qui avait attiré l'attention de l'empereur Adrien, où des dettes, inconnues au moment de l'adition, apparaissent tout à coup, mais encore toutes les fois que, pour un motif quelconque, l'hérédité est onéreuse.

CHAPITRE II.

Nous examinerons les deux questions suivantes :

1° A quelles conditions acquiert-on le bénéfice d'inventaire?

2° Quels sont les effets du bénéfice d'inventaire?

Section I. — A quelles conditions on acquiert le bénéfice d'inventaire.

Le but essentiel du bénéfice d'inventaire est de permettre à l'héritier de n'être tenu des dettes et charges de la succession qui s'ouvre à son profit que dans les limites des forces héréditaires. Pour y arriver, on dresse un état descriptif de tous les objets qui composent la succession; cet état doit être dressé dans certains délais et dans certaines formes.

Tout héritier peut, par ce moyen, se préserver des dangers qu'entraîne souvent après elle l'acceptation

d'une succession : il en est ainsi de l'héritier testamentaire comme de l'héritier *ab intestat,* de l'héritier
sien comme de l'héritier externe; la portée de ce
bénéfice n'est pas en effet la même que celle du bénéfice d'abstention, et l'un n'empêche pas l'autre[1].
C'est ce qu'exprime le § 1 de la loi : « Cum igitur
hereditas ad quemdam, sive ex testamento, sive ad
intestato delata sit, sive ex asse, sive ex parte; si-
quidem recta via adire maluerit hereditatem, vel
sese immiscuerit ut postea non repudiet. »

L'héritier qui voulait profiter des avantages que
procure le bénéfice d'inventaire devait-il déclarer
formellement son intention à cet égard?

La constitution de Justinien ne dit pas un mot de
cette déclaration. En effet le droit romain n'exige
nulle part d'acceptation sous bénéfice d'inventaire;
tout ce qui est exigé, d'après l'opinion générale[2],
c'est que l'acceptation, s'il s'agit d'héritiers externes, ou l'immixtion, s'il s'agit d'héritiers siens,
soit suivie d'un inventaire régulièrement dressé. Le

1. L. 22, § 1. C., *de jure deliberandi.* — Mühlenbruch (Erlæut.,
t. XXXXI, § 1471.) refuse au fidéicommissaire, à qui la succession a été restituée, la faculté de s'assurer, en faisant inventaire,
le bénéfice de n'être tenu qu'*intra vires*; il se fonde sur ce qu'il
n'est question que pour l'héritier du bénéfice d'inventaire; or, le
fidéicommissaire ne peut être considéré comme un nouvel héritier. L'opinion contraire de Vinnius nous paraît préférable.

2. Cette doctrine a été combattue par M. Villequez (Rev. de
droit franç. et étrang., t. VII, p. 105.) Il pense que le droit romain imposait déjà à l'héritier la nécessité de déclarer formellement son intention de profiter du bénéfice d'inventaire, mais
rien ne nous paraît appuyer cette doctrine.

3

bénéfice d'inventaire n'accompagne donc pas nécessairement suivant nous une acceptation expresse;
il peut exister à côté d'une acceptation tacite pour
en modifier les effets[1]. Mais nous croyons que, si
l'héritier demandait un délai pour délibérer, il ne
pourrait plus recourir au bénéfice d'inventaire. Justinien laisse bien le choix à l'héritier entre deux
moyens; mais en prenant parti pour l'un, il renonce
par là même à l'autre[2]. Voët était d'une opinion
contraire[3].

Nous avons dit que l'héritier qui ne voulait supporter les charges de la succession que jusqu'à concurrence des valeurs héréditaires, devait faire un
inventaire de tout ce qui appartenait au défunt à
l'époque de sa mort.

De l'Inventaire. — La loi 22 fixe un certain délai
pour faire inventaire. Cet inventaire ou état des
choses héréditaires doit être commencé dans les
trente jours.

Ces trente jours commencent à courir soit du moment de l'ouverture du testament, s'il s'agit de succession testamentaire et que l'héritier institué con-
naisse l'institution qui existe à son profit ce jour-là;
soit du jour où il l'a connue; soit s'il s'agit d'une
succession *ab intestat*, du moment où il a su que la
dévolution s'était opérée à son profit. C'est ce qu'ex-

1. Ant. Favre, Déc. 2, Err. 6.—Mühlenbruch, op. cit., t. XXXXI,
§ 1468, p. 356.
2. L. 22, § 14. C. *de jure deliber.*
3. Voët. *Ad Pandect., de jure delib.*, n° 13.

prime le § 2 de la loi 22 que nous expliquons : « Ut intra triginta dies post apertas tabulas, vel postquam nota ei fuerit apertura tabularum, vel delatam sibi ab intestato hereditatem cognoverit, numerandos, exordium capiat inventarium super his rebus, quas defunctus mortis tempore habebat [1]. »

Cet inventaire qui doit, à s'en tenir à la rigueur du texte, être commencé dans les trente jours, doit être terminé dans l'espace de soixante jours.

« .... Et hoc inventarium intra alios sexaginta dies modis omnibus impleatur.... »

C'est donc au total un délai de trois mois qui est accordé à l'héritier pour faire inventaire.

Mais ici, s'élève la question de savoir si, malgré le texte que nous avons cité, il est absolument nécessaire, pour jouir du bénéfice d'inventaire, que l'héritier ait commencé l'inventaire, dans les trente jours, ou s'il ne suffit pas que l'inventaire soit terminé dans les trois mois?

Cujas, qui a examiné la question dans son Commentaire sur le livre 6, titre xxx qui nous occupe, ne pensait pas qu'il fût nécessaire de commencer l'inventaire dans les trente jours, pourvu qu'il fût terminé dans les trois mois « .... Modo id absolvas intra menses, confectio inventarii pro justa et legitima haberi debet. »

Cette opinion que Cujas proclamait la plus équi-

---

1. L. 22. C. de J. delib., § 2.

table paraît avoir été celle de Bartholo et de Paul de Castres[1].

Mais alors dans quel but Justinien distingue-t-il le délai de trois mois qu'il donne à l'héritier en deux fractions, un premier délai de trente jours, et un second de soixante jours? Cujas pense que dans les trente jours, il faut que l'héritier ait manifesté l'intention de jouir du bénéfice d'inventaire, de telle sorte qu'il soit bien connu que l'inventaire auquel il se propose de procéder, n'a pas pour but de l'éclairer sur le parti qu'il doit prendre, mais de lui assurer dès maintenant tous les avantages attachés à la confection de l'inventaire.

En effet, tantôt l'adition a lieu avant la confection de l'inventaire, et alors, bien que l'héritier ait fait adition il peut repousser les créanciers héréditaires qui l'actionnent pendant qu'il fait inventaire, car on ignore encore s'ils peuvent le poursuivre et pour quelle somme ils le peuvent faire.

Tantôt, l'inventaire est fait en premier lieu, mais l'héritier se réserve de faire adition ou de répudier plus tard. Dans ce cas, celui qui fait inventaire ne le fait pas pour jouir du bénéfice d'inventaire, mais bien pour se rendre compte de l'état de la succession et éclairer sa délibération. Il n'est pas douteux que celui qui agit ainsi soit tenu des dettes *ultra vires heriditatis* si les biens héréditaires ne suffisent pas, et cela a lieu, encore que l'inventaire soit

1. Cujacii opera, t. IX, in titul. XXX, lib. vi, Codicis.

terminé dans les trois mois. Cet héritier a fait inventaire, mais il ne jouit pas du bénéfice d'inventaire.

Telle est la pensée de Cujas, quand il dit :

« Quia igitur nudo hoc beneficio inventarii usus
non est, sed inter moras deliberandi inventarium
fecit, caret beneficio inventarii [1].... »

L'inventaire doit être fait dans certains formes et
en présence de certaines personnes.

La loi 22 exige la présence de notaires ou *tabulariorum*. Accurse, dans son commentaire sur le
livre VI du Code, pensait que, nonobstant le pluriel
de *tabulariorum*, c'était un seul notaire qu'il fallait
pour la confection de l'inventaire; il reconnaissait
cependant que, dans certains cas, il en fallait un
plus grand nombre [2].

La loi 22 exigeait encore que d'autres personnes
fussent présentes à l'inventaire.

On trouve dans le chapitre xi de la *Novelle* 1, § 1,
l'énumération des personnes qui doivent assister à
l'inventaire.

L'héritier qui veut faire inventaire doit convoquer
tous les légataires, et les fidéicommissaires, *quan-
ticumque in eadum civitate sunt constituti* [3], ou du

---

1. Cujacii opera, t. IX. In titulo xxx, lib. vi, Codicis.
2. Accur. ius. Comm...., in lib. sexto, t. XXX. Codicis Justini.
« *Tabulariorum* : Id est, tabularii sic plurale ponitur pro sin-
gulari. Sed tamen illud negari non potest quin quandoque duo
necessarii sunt. »
3. Novella 1°, cap. ii : « Oportet hujus modi heredem, qui
non creditores solum, sed etiam legatarios et fideicommissarios
v retur, et metuit non damnificari solum, sed etiam non lucrari,
convocare omnes legatarios et fideicommissarios, quanti cumque

moins ceux qui les représentent, s'ils se trouvent dans l'impossibilité d'y assister eux-mêmes .... «Si forte personarum naturâ, aut dignitas, aut qualitas, aut œtas, aut quælibet necessitas facultatem eis non dat ad inventarii præsentiam. »

Si quelques-uns no se présentent pas, on fera intervenir des témoins habitant la même ville, en qui on puisse avoir confiance, ayant de la fortune *Possidentes substantiam*, et jouissant d'une bonne réputation ; il n'y en aura pas moins de trois.

A la suite de l'inventaire l'héritier doit écrire de sa main une mention contenant le résultat de l'inventaire[1], c'est-à-dire la quantité des choses inventoriées, avec l'affirmation qu'il n'a commis à cet égard et qu'il ne commettra aucune fraude.

« .... Quod nulla malignitate circa eas ab eo facta vel facienda, res apud eum remaneant.... »

Il peut arriver que l'héritier ne sache pas écrire, *ignarus sit litterarum*, ou bien même qu'il se trouve empêché de le faire, *vel scribere præpediatur;* dans ce cas, la constitution, au § 2, exige qu'il y ait un notaire[2] dont la mission spéciale sera de faire cette

---

in eadem civitate sunt constituti. — Ce texte de la Novelle n'exige pas expressément l'appel des créanciers; mais il paraît le supposer. On peut de plus en induire, ainsi que de la rubrique du chapitre, que le défaut d'appel des légataires n'aurait pas annulé l'inventaire à l'égard des créanciers.

1. Accursius. Loc. cit. Sufficit quod dicat : ego recognosco omnia mobilia et immobilia scripta a notario superius me habere et tenere.

2. Accursius. com. lib. sexto. Cod. Justin. *Speciali tabulario :*

mention que l'héritier ne peut faire ; celui-ci y apposera sa croix, et on fera intervenir des témoins connaissant l'héritier.

Nous avons vu jusqu'à présent que l'inventaire devait être terminé dans les trois mois à partir du jour où l'héritier aurait connu la dévolution qui se serait opérée à son profit ; mais il n'en est pas toujours ainsi, et parfois il arrive que le délai dans lequel doit être fait l'inventaire est plus long. Ceci a lieu quand l'héritier se trouve éloigné de l'endroit où sont les biens de la succession, ou du moins où s'en trouve la plus grande partie ; dans ce cas Justinien donnait une année pour terminer l'inventaire. C'est ce que dit le § 3 de la loi 22.

« Sin autem a locis, in quibus res hereditariæ, vel maxima pars earum posita est, heredes abesse contigerit : tunc eis unius anni spatium a morte testatoris numerandum damus ad hujusmodi inventarii consummationem. »

Il résulte de ce texte que le délai d'une année commence à courir du jour de la mort du testateur, mais il n'en est évidemment ainsi qu'autant que ce jour-là l'héritier sait la dévolution qui s'est opérée à son profit ; s'il ignorait que le testateur fût mort ou qu'il fût appelé à recueillir sa succession, le délai d'une année qui lui est accordé dans le cas où il est éloigné du lieu de l'ouverture de la succession,

---

« His duobus casibus necessarii sunt duo tabularii ; aliàs unc sufficit : ut modo dixi

comme le délai de trois mois dont il jouit ordinairement, ne courrait que du jour où il saurait que la succession lui est déférée.

Telle est l'opinion de Cujas dans son commentaire[1].

« .... Et notandum etiam præscriptionem trium mensium præscribi, heredi præsenti in loco in quo sita est hereditas : nam heredi absenti ab eo loco, conficiendi inventarii datur annus a morte testatoris, ut ait D., § sin autem ; et placet valde quod Accursius notat in dicto § sin autem : annum numerari a morte testatoris, videlicet si et heres scierit sibi delatam esse hereditatem, nam et iidem auctores græci, idem quo Harmenopolus scribunt tres menses numerari a morte testatoris, et tamen supra exigimus ut concurreret scientia heredis, ut sciret heres sibi delatam hereditatem. »

Cujas, après Accurse[2], en donne cette raison :

« Ignoranti enim iniquum est cedere tempora vel anni, vel trium mensium. »

Ce délai d'une année accordé à l'héritier quand il se trouve éloigné du lieu de l'ouverture de la succession n'est jamais augmenté à raison des distances, et il demeure toujours le même, quelque soit l'intervalle qui sépare l'héritier de la succession.

« .... Sufficit enim præfatum tempus, et si longissimis spatiis distant.... »

---

1. *Cujacii opera*, t. IX, Comm., in lib. VI, t. XXX, Cod. Just.

2. Accursius, Comm. in libro sexto, Cod. Just. : *Supple et cum mortuum scit et alibi : ut infra in l. § sin vero postquam.*

Mais comme il eût été trop rigoureux d'exiger
que les héritiers, quand ils seraient éloignés, procé-
dassent eux-mêmes à la confection de l'inventaire,
Justinien leur permit de se faire représenter et d'en-
voyer au lieu de l'ouverture de la succession des
personnes munies de leurs pouvoirs.

« Tamen placuit dare eis facultatem inventarii
conscribendi, vel per se, vel per instructos procura-
tores, in ea loca, ubi res positæ sunt, mittendos[1]. »

Que doit contenir l'inventaire ?

L'inventaire doit présenter l'état descriptif de tous
les biens composant le patrimoine héréditaire[2]. Doit-il
en même temps en présenter l'estimation ? Aucun
texte ne mentionne d'une manière précise la nécessité de cette estimation.

L'inventaire doit avant tout être fidèle.

Qu'arriverait-il donc si l'héritier recélait des valeurs héréditaires ?

Dans notre loi moderne (art. 801, Cod. Nap.),
nous décidons qu'en pareil cas l'héritier est déchu
du bénéfice d'inventaire: en était-il de même en
Droit romain? L'héritier encourrait-il une déchéance?
On l'a soutenu et l'on s'est appuyé notamment sur
ce que le § 2 de la loi 22 obligeait l'héritier à déclarer par écrit qu'il était exempt de dol. Cependant
nous pensons que l'opinion contraire doit être suivie; en effet, le § 10 de la loi 22 indique précisé-

1. Loi 22, C. de J. delib.; § 3.
2. La Nov. 1, c. 11, § 1, se sert de ces mots : « Facere descri-
ptionem, » pour désigner l'inventaire.

ment la peine de ces détournements, et cette peine consiste dans l'obligation pour l'héritier de restituer une valeur double de celle qu'il a voulu soustraire à son profit [1].

Section II. — *Effets du bénéfice d'inventaire.*

Il convient de remarquer que le bénéfice d'inventaire procure à ceux qui ont accompli les conditions auxquelles il est subordonné trois avantages considérables.

Le premier de ces avantages consiste en ce que l'héritier n'est pas tenu des dettes de la succession *ultra vires hereditatis*, de telle sorte qu'il est héritier sans compromettre sa propre fortune.

C'est ce qu'exprime le § 4 de la loi 22 : « Et si præfatam observationem inventarii faciendi solidaverint : hereditatem sine periculo adeant .... ut in tantum hereditariis creditoribus teneantur, in quantum res substantiæ ad eas devolutæ valeant. »

Il existe des difficultés sur la portée qu'il convient de donner à cette phrase du § 4 de la loi 22 : et en effet, comment l'entendre ? Celui qui a fait un inventaire et s'est conformé aux autres prescriptions de la constitution était-il tenu personnellement sur

---

1. Loi 22, C. de J. *delib.* § 10. . . . . « Illo videlicet observando, ut si ex hereditate aliquid heredes surripuerint, vel celaverint, vel amovendum curaverint postquam fuerint convicti, in duplum hoc restituere. »

ses biens jusqu'à concurrence de la valeur de la succession ?

Ou bien, au contraire, les créanciers de la succession ne pouvaient-ils que poursuivre les biens de cette succession ?

Les textes n'éclaircissent pas la question, et, même après leur étude attentive, il faut reconnaître que la difficulté continue d'exister.

Les mots que nous avons cités et qui ont été tirés du § 4 de la loi 22, il faut le reconnaître, militent peut-être davantage en faveur de la première de ces deux interprétations qu'en faveur de la seconde ; les instituts de Justinien et la paraphrase de Théophile s'expriment à peu près dans les mêmes termes[1].

Mais entrait-il bien dans la pensée de l'auteur de la constitution que nous étudions, de permettre aux créanciers héréditaires de poursuivre l'héritier personnellement sur ses propres biens ? Cela n'aurait-il pas été contraire à l'idée que l'héritier bénéficiaire ne doit éprouver aucun préjudice à raison de la succession qu'il entend accepter ?

Nous ferons remarquer qu'il existe dans la loi 22 des expressions qui permettent de croire que les créanciers de la succession n'avaient reçu que le droit de poursuivre les biens héréditaires. C'est ainsi que dans le même § 4 de la loi 22 nous trouvons

---

1. Inst.; De hered, qualit., § 6 : « In tantum teneri quantum valeri bona hereditatis contingit. » Théophile disait : Εἰς τοσοῦτον κατασχεθήσεται, εἰς ὅσον ἡ τῶν πραγμάτων τῆς κληρονομίας συνάγεται ποσότης.

ces mots qu'il nous paraît important de signaler :
« Nihil ex sua substantia penitus heredes amittant. » Le principium de la même loi ne dit-il pas
encore : « Ipsorum bona creditoribus hereditariis
non inquietentur. »

Il est vrai que ce dernier texte n'est relatif qu'au
privilège accordé par l'empereur Gordien aux militaires; mais on sait que l'intention de Justinien
avait été de l'étendre à tous les sujets de l'Empire.

On n'hésiterait pas à adopter la première opinion et
à proclamer que la pensée de Justinien est tout entière dans ces mots du § 5 : « In tantum teneatur.
etc. etc., » s'il résultait du texte de la loi 22 que
l'inventaire ne dût pas se borner à constater et à
décrire l'état de tous les biens de la succession, mais
qu'il dût de plus en contenir l'estimation. Or, il
nous semble, ainsi que nous avons déjà eu l'occasion
de le dire, que nulle part la nécessité de cette estimation n'est constatée d'une manière formelle; peut-
être cependant serait-ce dans ce sens qu'on pourrait
interpréter ces mots du § 2 quand il dit que l'héritier, à la suite de l'inventaire, doit indiquer *Quantitatem rerum?* Mais ce point nous paraît fort douteux. Nous croyons donc qu'il est plus conforme à
l'esprit de la constitution de penser que les créanciers ne pouvaient que poursuivre les biens de la
succession sans exercer de poursuite contre l'héritier bénéficiaire lui-même.

Il est bien évident toutefois que si des valeurs héréditaires s'étaient confondues avec les biens de

l'héritier, les créanciers pourraient alors le poursuivre personnellement, sans qu'il pût les obliger à
s'adresser exclusivement aux biens de la succession[1].

Nous remarquons ici que l'acceptation bénéficiaire en droit romain, paraît constituer une situation
irrévocable contre l'héritier comme pour lui. Il ne
semble pas en effet que l'héritier bénéficiaire, en
droit romain comme cela a eu lieu depuis en droit
français, ait encouru parfois la déchéance, et fût
devenu héritier pur et simple : nous avons déjà vu
que l'héritier bénéficiaire qui détournait des valeurs
héréditaires était seulement puni de la restitution
au double[2].

De plus l'héritier bénéficiaire ne pouvait renoncer
et devenir ainsi étranger à la succession qu'il avait
acceptée.

On a pourtant soutenu que le contraire était possible[3]; et pour le faire, on a cru pouvoir invoquer
le texte du § 13 de la loi 22, où Justinien a dit :
« Cum liceat eis et adire hereditatem et sine damno
ab ea *discedere* ex presentis legis auctoritate. »

On s'est emparé de ce mot *discedere* pour soutenir
que la renonciation était possible même après l'acceptation bénéficiaire.

---

1. C'est en ce sens que se prononce Marezoll, *Droit privé des
Romains*, trad. de M. Pellat, § 216.
2. Loi 22, C. de J. *delib.*, § 10.
3. C'est la doctrine de Merlin, dans ses questions de droit,
v° *Bénéfice d'inventaire*, § 5, art. 1, n° 1, où il rapporte en détail une controverse élevée sur ce point entre deux docteurs ita-
liens, *Monticulus et Phanucius*.

Mais qui ne voit que telle n'était pas la pensée
de Justinien ; ce qu'il voulait dire, c'était que l'héritier, grâce au bénéfice d'inventaire, pouvait désormais accepter sans crainte et n'avait à redouter
aucun préjudice de son acceptation[1].

Le second avantage que contient le bénéfice d'inventaire consiste en ce que l'héritier peut se prévaloir contre les légataires de la loi Falcidia.

La loi Falcidia avait défendu de léguer plus des
trois quarts de tous les biens, et dans tous les cas,
il fallait toujours que chaque héritier eût au moins
le quart de ce qu'il aurait eu s'il n'y avait pas eu de
legs mis à sa charge.

Jadis, d'après la loi des 12 tables, la liberté de
léguer était tellement illimitée qu'on pouvait épuiser
en legs tout son patrimoine. En effet, on lisait dans
la loi des 12 tables : « Uti legassit super pecunia
tutelave suæ rei, ita jus esto. »

On songea donc à restreindre cette liberté exces-

---

1. Merlin invoque le § 6 du titre des Institutes : *De hered.
quali.*; après avoir dit au § 5 que l'héritier majeur de vingt-cinq
ans ne peut revenir sur son acceptation, et ajouté que ce bénéfice
avait été accordé cependant par Adrien dans un cas spécial, et
par Gordien à tous les militaires, Justinien dit, en faisant al-
lusion à son bénéfice d'inventaire : « Sed nostra benevolentia commune omnibus subjectis imperio *nostro hoc* præstitit. » Mais la
suite ne montre-t-elle pas qu'il ne faut pas prendre cela à la lettre : Justinien s'attache seulement au résultat général qui est
d'éviter tout préjudice pour l'héritier : il détermine en effet
quelle sera la conséquence du bénéfice d'inventaire, et il n'est
pas question de renonciation ; les Institutes se bornent à dire :
« Licet adire hereditatem et in tantum teneri quantum valere
bona hereditatis contingit. »

sive; et cela dans l'intérêt même du testateur : plusieurs, en effet, mouraient intestats, car les héritiers institués se refusaient souvent à faire adition pour un profit nul ou presque nul.

Deux lois avaient d'abord paru sur ce point : la loi *Furia* et la loi *Voconia*. Ni l'une ni l'autre n'avaient atteint le but qu'on s'était proposé; ce fut la loi *Falcidia* qui limita d'une manière efficace les pouvoirs du testateur.

Primitivement, pour que l'héritier institué retînt à son profit le quart des biens que lui attribuait la loi *Falcidia*, il n'était pas nécessaire qu'il ait fait un inventaire des valeurs héréditaires, car la loi Falcidia n'avait pas exigé l'accomplissement de cette condition. Mais Justinien, dans le chapitre II de sa novelle 1° *de heredibus et Falcidia* imposa à l'héritier, s'il voulait retenir la quarte falcidienne, l'obligation de constater dans un inventaire l'actif de la succession.

Justinien semble redouter que les héritiers ne détournent des valeurs héréditaires sous le prétexte d'exécuter la loi Falcidia, et aussi bien dans l'intérêt des légataires que dans celui des héritiers, il exige qu'on dresse un inventaire[1].

Nous avons déjà dit dans quels termes et en présence de quelles personnes cet inventaire était dressé.

---

1. *Novelle* 1°, ch. II.... « Quoniam tuenda nobis ubi que est deficentium voluntas, heredes, si voluerint hac utilitate potiri, puram servare legis potestatem sancimus : et non per ea quæ forte subripiunt, aut malignantur, introducere pertentent Falcidiam, cum utique si nihil malignati essent, non forte conpetent : fiat igitur inventarium ab herede.... »

Lorsque l'héritier a fait l'inventaire, il ne paye les legs qu'après avoir acquitté les dettes (car il faut en premier lieu payer les créanciers), et, en outre, il retient contre les légataires la quarte Falcidienne.

S'il n'a pas fait inventaire, l'héritier n'est pas seulement contraint à payer les créanciers, bien que l'actif héréditaire soit insuffisant à l'acquittement des dettes, mais encore il est contraint à remettre aux légataires tout ce qui leur a été légué, sans pouvoir déduire la quarte Falcidienne, sans même pouvoir faire supporter aux légataires une déduction résultant du payement des dettes héréditaires, de telle sorte, dit Cujas, que même si les dettes absorbent tout l'actif héréditaire, l'héritier qui n'a pas voulu faire inventaire, sera contraint à acquitter intégralement les legs [1].

C'est bien la pensée qui a dicté la rédaction du § 2, chap. II, Nov. 1° : « Si vero non fecerit inventarium secundum hanc figuram, sicut prædiximus, non retinebit Falcidiam ; sed complebit legatarios et fideicommissarios ; licet puræ substantiæ morientis transcendat mensuram legatorum datio [2]. »

Il peut arriver, ainsi que l'avons dit plus haut, qu'un héritier ait fait inventaire, qu'il l'ait même terminé, en remplissant toutes les conditions qui lui sont imposées, dans le délai fixé par Justinien, et

---

1. Cujacii opera. Comm. m. lib. sexto codicis, l. XXII. « Etiam si æs alienum defuncti absumat bona omnia, tamen heres, qui noluit facere inventarium, præstet integra legata. »
2. Novella 1°, cap. II, § 2.

que pourtant cet héritier ne jouisse pas des avantages du bénéfice d'inventaire.

Cela a lieu, avons-nous dit, lorsque l'héritier n'a pas commencé par faire adition pour faire inventaire ensuite, mais s'est réservé le droit d'accepter ou de répudier l'hérédité après la confection de l'inventaire. Dans cette hypothèse l'inventaire qui ne permet pas à l'héritier de n'être tenu des dettes qu'*intra vires*, lui est cependant utile, car, s'il y a des legs et des fidéicommis à sa charge, il lui permet de n'acquitter les legs et les fidéicommis qu'après avoir commencé par déduire les dettes et après avoir retenu la quarte falcidienne.

Cujas exprime cette pensée dans son commentaire sur la loi 22 [1].

Le troisième avantage que procure le bénéfice d'inventaire consiste en ce que l'héritier conserve les créances qu'il a contre le *de cujus*.

Loi 22, § 9 : « .... Si vero et ipse aliquas contra defunctum habeat actiones : non hæ confundantur, sed similem cum aliis creditoribus per omnia habeat fortunam : temporum tamen prærogativa inter creditores servanda. »

Comme, d'après ce § de la loi 22, la position de l'héritier bénéficiaire, quand il se trouve lui-même créancier, doit être complétement semblable à celle des autres créanciers, il en résulte qu'il aura non-

---

1. Cajacii *opera, loc. cit.* II.... Et in hoc tantum ei prodest inventarium fecisse, ut legatariis vel fideicommissariis non teneatur, nisi deducto ære alieno et deducta Falcidia. »

seulement un droit de concours, mais qu'il pourra
se payer lui-même et imputer ce qu'il aura ainsi
touché dans le compte qu'il présentera aux créanciers et légataires survenant plus tard[1], sauf aux
créanciers qui lui sont préférables à exercer contre
lui les mêmes recours auxquels il aurait droit contre
tout créancier payé.

Nous verrons bientôt en effet que l'héritier bénéficiaire a le droit de payer les créanciers et les légataires dans l'ordre dans lequel ils se présentent, et
sans distinction entre eux[2].

C'est un principe en cette matière que l'acquisition de la succession ne saurait préjudicier à l'héritier qui a manifesté l'intention de n'accepter que
sous bénéfice d'inventaire.

Il en résulte cette conséquence qu'il y a certains
frais qui ont été faits par l'héritier et qu'il peut retenir, dans la distribution de l'actif héréditaire, afin
de rentrer dans ses déboursés. Ce sont les frais qu'il
a faits soit dans l'intérêt de tous les créanciers,
comme les frais d'insinuation du testament, ceux
d'inventaire; soit à l'occasion des funérailles du défunt.

La loi 22 au § 9 dit : « In computatione autem

1. Mühlenbruch (t. XXXXI, § 1468, A, 2). Il exige pour cela
que l'héritier soit de bonne foi, condition qui n'existerait pas,
selon lui, s'il y avait insolvabilité évidente. — Cujacii, *opera. loc.
cit.*, « Inter cæteros creditores defuncti et ipse numeretur, et ipse
sibi solvat, quod defunctus debuit. »
2. Loi 22, C. *De J. delib.*, § 9.

patrimonii damus ei licentiam excipere et retinere, quidquid in funus expendit, in testamenti insinuationem, vel in inventarii confectionem, vel in alias necessarias causas hereditatis approbaverit sese persolvisse[1]. »

Un autre effet préjudiciable de l'acceptation d'une hérédité, consiste dans l'obligation de respecter les actes de disposition que le défunt a pu faire des choses appartenant à l'héritier. Celui qui accepte la succession sous bénéfice d'inventaire doit-il subir ce préjudice comme celui qui l'accepte purement et simplement?

Cette question a été controversée par les commentateurs de la loi 22.

Voët n'accorde à l'héritier bénéficiaire la revendication de sa propre chose ainsi vendue par le défunt, qu'autant qu'il n'en retrouverait pas l'estimation dans le profit retiré par lui de la succession[2]. Mais n'y aurait-il pas là un sacrifice imposé à l'héritier? Nous pensons donc que l'opinion professée par Mühlenbruch, qui admet d'une manière absolue la revendication au profit de l'héritier, serait plus con-

---

1. Cujacii, *opera*, *loo. cit.* ..... Et deducat item sumptum quem fecit in auctionem forte rerum hereditariarum, ut ex pecunia inde redacta absolvat creditores hereditarios ; et deducit, ut dixi, omne quod sibi debuit defunctus : ergo aditione non confunditur actio quam habuit cum defuncto ; videlicet cum adivit facto inventario ex beneficio hujus legis : omisso autem inventario actiones confundantur.

2. Voët. *ad Pandect.*, de *J. delib.*, n° 18.

forme au but qu'on s'est proposé par le bénéfice d'inventaire[1].

L'héritier qui a accepté la succession sous bénéfice d'inventaire doit payer les créanciers et les légataires à mesure qu'ils se présentent.

Ainsi, les premiers créanciers qui se présentent devront être payés les premiers, et si d'autres se présentent ensuite, et que l'actif héréditaire soit épuisé, ils n'auront rien. « Eis satisfaciant, qui primi veniunt creditores : et si nihil reliquum est, posteriores venientes repellantur : et nihil ex sua substantia penitus heredes amittant ; ne dum lucrum facere sperant, in damnum incidant[2]. »

Si ce sont des légataires qui se présentent et qui réclament le montant de legs qui leur ont été faits, il faut que l'héritier les paye, soit avec les choses même de la succession, soit avec le produit de leur vente.

« Sed et si legatarii interea venerint : eis satisfaciant ex hereditate defuncti, vel ex ipsis rebus, vel eorum forsitan venditione[3]. »

Il peut arriver que des créanciers se présentent et réclament le payement de ce qui leur est dû à l'héritier, à une époque où celui-ci n'a plus entre les mains aucune valeur, l'actif héréditaire étant épuisé soit au profit des créanciers, soit au profit des léga-

1. Mühlenbruch, t. XXXXI, § 1469, p. 382
2. L. 22, C. de J. delib., § 4.
3. Ibid.

taires. Les créanciers qui viennent tardivement auront-ils le droit de recourir contre ceux qui se sont
présentés les premiers et qui ont absorbé l'actif
héréditaire?

Supposons : 1° que des légataires se soient présentés d'abord et aient été remplis de leurs legs ;
2° que des créanciers aient reçu le montant de leurs
créances.

1° Les créanciers qui n'ont point été payés parce
qu'ils se sont présentés trop tard pourront recourir
contre les légataires et leur enlever ce qu'ils ont reçu
de l'héritier ; mais ces créanciers ne peuvent ici
s'adresser à l'héritier lui-même qui n'a rien à se reprocher, ni aller attaquer ceux qui ont acheté des
biens de la succession dont le prix a servi à payer
les créanciers, les légataires ou les fidéicommissaires.

§ 5. Sin vero creditores, qui post emensum patri-
monium necdum completi sunt, superveniant : neque ipsum heredem inquietare concedantur, neque
eos qui ab eo comparaverint res, quarum pretia in
legata vel fideicommissa vel alios creditores proces-
serunt.

Quant à la raison du recours accordé aux créanciers contre les légataires, elle est énergiquement
exprimée par cette phrase du § 5 même loi : « Cum
satis absurdum sit, creditoribus quidem jus suum
persequentibus legitimum auxilium denegari, lega-
rariis vero, qui pro lucro certant, suas partes legis
accommodare. »

2° Nous supposons maintenant que ce sont, non plus des légataires, mais des créanciers qui ont absorbé l'actif héréditaire. La lutte s'engagera cette fois, non pas comme dans l'hypothèse précédente, entre des légataires d'une part, et des créanciers de l'autre, mais entre des créanciers, les uns qui ont reçu le montant intégral de ce qui leur était dû, les autres qui n'ont point été payés. Ceux-ci peuvent-ils recourir contre les premiers? Oui, s'ils leur sont préférables.

Telle est la décision fort équitable qui se trouve dans le § 6 ibid :

Sin vero heredes res hereditarias crediicribus hereditariis pro debito dederint in solutum : vel per dationem pecuniarum satis eis fecerint : liceat aliis creditoribus, qui ex anterioribus veniunt hypothecis, adversus eos venire, et posterioribus creditoribus secundum leges eas abstrahere vel per hypothecariam actionem, vel per condictionem ex lege, nisi voluerint eis debitum offerre. »

Mais jamais ceux qui se présentent à un moment où l'actif héréditaire est épuisé ne peuvent poursuivre l'héritier, pourvu qu'il n'y ait aucun reproche à lui adresser, et qu'il n'ait pas détourné de valeurs héréditaires.

« Contra tamen ipsum heredem (secundum quod sæpius dictum est) qui quantitatem rerum hereditariarum expendit nulla actio extendatur[1]. »

1. L. 22, C. de J. delib., § 7.

Remarquons que ce n'est jamais que contre des créanciers ou contre des légataires qu'un recours est accordé par la constitution à ceux qui ne se présentent que tardivement. Ils n'ont pas le droit de poursuivre l'héritier, et il en devait être ainsi, car celui-ci, en payant les premiers qui se sont présentés, n'a fait que se conformer aux injonctions de la loi.

Les créanciers qui se présentent tardivement, avons-nous dit, ne peuvent recourir contre les créanciers déjà payés, qu'autant qu'ils leur sont préférables, soit parce qu'ils ont une hypothèque et que ceux qui ont été payés à leur préjudice ne sont que chirographaires, soit parce que ceux-ci étant également créanciers hypothécaires, ils ont des hypothèques préférables. Ainsi le recours n'appartient jamais, contre les créanciers déjà payés, qu'à des créanciers *qui anterioribus veniunt hypothecis.*

Il semble qu'on en devrait conclure que les créanciers hypothécaires qui ne se présentent que tardivement, outre leur recours contre les créanciers payés à leur détriment, devraient pouvoir s'adresser aux acheteurs des biens héréditaires qui sont frappés d'hypothèques à leur profit; il n'en est pourtant rien, et la loi 22 s'exprime ainsi dans le § 7 déjà cité : «....Sed nec adversus emptores rerum hereditariarum, quas ipse heres pro solvendis debitis vel legatis vendidit, venire alii concedatur : cum satis anterioribus creditoribus a nobis provisum est, vel ad posteriores creditores, vel ad legatarios pervenientibus, et suum jus persequentibus. »

Nous devons donc conclure de ce texte que la vente des biens héréditaires faite par l'héritier bénéficiaire purge les hypothèques ; et cependant il n'apparaît pas que le droit romain ait astreint cet héritier à l'observation d'aucunes formes. Seulement cet affranchissement de l'hypothèque, dont le but est de soustraire l'héritier à des recours en garantie, n'est admis qu'autant que le prix a été employé à payer des légataires ou des créanciers [1].

Cet effet remarquable de purger les hypothèques, attribué à la vente faite par l'héritier, n'appartient pas au contraire à la dation en payement. Faite à un légataire, elle laisse subsister les droits des créanciers hypothécaires ; à un créancier, ceux des créanciers antérieurs en rang [2].

Ceci ne saurait être douteux, en présence de ces mots de la loi 22 : « Sin vero heredes res hereditarias creditoribus hereditariis pro debito dederint in solutum.... liceat aliis creditoribus, qui ex anterioribus veniunt hypothecis, adversus eos venire.... vel per *hypothecariam* actionem, vel per condictionem ex lege. »

Une question s'est élevée au sujet de la dation en payement. Il est des auteurs qui ont cru pouvoir attribuer à l'héritier bénéficiaire, le droit exorbitant de forcer les créanciers à recevoir en payement des biens de la succession [3]. Mais comment admettre un

1. L. 22. *C. de J. deliber.*, § 5 et 8.
2. *Ibid.*, § 6 et 8.
3. Hugo, *System.* § 5 et 8.

tel droit si on ne montre un texte formel? Or ce n'est pas à coup sûr du § 6 de la loi 22 qu'on argumentera : il est évident que ce texte ne fait que régler quels seront les effets de la *datio in solutum* quand elle aura lieu, et qu'il ne saurait attribuer à l'héritier bénéficiaire le droit de contraindre les créanciers à recevoir en payement des biens héréditaires[1].

Les créanciers, légataires, fidéicommissaires, en un mot tous ceux qui poursuivent la succession, peuvent contester le résultat de l'inventaire et ne pas accepter les assertions de l'héritier. Si donc ils pensent que l'actif héréditaire est plus considérable que l'héritier ne l'a dit, ils ont le droit d'en fournir la preuve, et pour atteindre ce but, ils ont à leur disposition tous les modes de preuves qui leur sont offerts par les lois : tantôt, ils feront mettre à la torture les esclaves héréditaires[2] aux termes d'une constitution de Justinien qui les y autorise; tantôt, ils mettront l'héritier dans la nécessité d'affirmer par serment que l'actif héréditaire est bien tel qu'il l'a déclaré; mais ils ne déféreront le serment qu'autant que les autres moyens de preuve leur feraient défaut.

Mais il peut arriver que l'actif héréditaire pa-

---

1. L. 22. C. *de Jure delib.*, § 6.
2. Ils devront jurer toutefois sur les saintes Ecritures que s'ils en viennent à ce moyen, ce n'est pas en haine des esclaves, mais à défaut d'autres ressources. La question pouvait être appliquée d'ailleurs même aux esclaves affranchis par le testament du défunt. Loi 22. § 10. C. *de J. delib*, Loi 18. C , de quæstionibus. Loi 1.§1. C. *de jur.*, *propter calumn.*

raisse moins considérable qu'il ne l'est en réalité;
parce que l'héritier a détourné des valeurs héréditaires, ou, ce qui revient au même, parce qu'il les
a fait détourner : dans ce cas, il peut être contraint
à restituer au double ce qu'il a détourné ou ce qu'il
a fait détourner. Tel est le châtiment qui frappe
l'héritier de mauvaise foi.

Nous n'avons pas encore dit quelle était la situation de l'héritier pendant les délais pour faire inventaire s'il était poursuivi par des légataires, des
créanciers, ou des fidéicommissaires.

Pendant les trois mois qui lui sont accordés pour
faire inventaire dans le premier cas, et pendant
l'année qui lui est accordée dans le second, l'héritier poursuivi repousse les créanciers, les légataires
et les fidéicommissaires.

« .... Intra tres menses, vel intra annale spatium,
secundum anteriorem distinctionem, nulla erit licen-
tia, neque creditoribus, neque legatariis, neque
fideicommissariis, heredes vel inquietare, vel in judi-
cium vocare, vel res hereditarias quasi ex hypothe-
carum auctoritate vindicare : sed sit hoc spatium
ipso jure pro deliberatione heredibus concessum. »

Il est bien entendu, que pendant ces délais, la
prescription ne courra pas contre les créanciers de la
succession :

« ....: Nullo ex hoc intervallo creditoribus hereditariis circa temporalem prescriptionem præjudicio
générando.... »

La généralité des termes employés, les motifs

donnés à l'appui de cette suspension des poursuites contre l'héritier, doivent faire penser qu'il en eût été à l'égard du droit d'exécution comme à l'égard du droit d'action; cependant on admet généralement que cette même suspension n'aurait pas été opposable à ceux qui seraient venus revendiquer, à titre de propriétaire, les objets détenus par la succession[1].

Pour pouvoir invoquer à son profit les avantages que nous venons de signaler, il faut que l'héritier se soit conformé aux prescriptions de la loi; si, après avoir fait adition ou après s'être immiscé, il n'a pas soin de faire inventaire comme la constitution de Justinien le lui commande, et que les délais soient expirés, alors cet héritier est tenu des dettes *ultra vires hereditatis*, et puisqu'il n'a pas voulu exécuter les prescriptions de la loi, il n'obtient aucun des avantages qu'elle offre.

Après avoir réglé toute la matière du bénéfice d'inventaire, exposé les avantages qui en résulteraient pour l'héritier, indiqué les conditions auxquelles ils étaient subordonnés, il restait à savoir si les héritiers pourraient encore réclamer et obtenir un délai de délibération. L'empereur ne crut pas devoir le refuser à ceux qui le demanderaient, et afin de ne pas rompre avec la tradition, il permit encore, à ceux qui l'aimeraient mieux, de s'adresser à lui-

1. Voët, *ad Pandect.*, de *Jur. deliber.*, n. 17. — Mühlenbruck, t. XXXXI, § 1469, A. I.

même ou à ses juges, pour leur demander un délai pour délibérer. Ce délai ne pouvait excéder neuf mois, s'il était accordé par les juges; et une année, s'il était accordé par l'empereur : jamais, pour quelque raison que ce fût, ce délai ne pouvait être prorogé, et si, par impossible, un plus long délai avait été accordé, la concession en eût été nulle pour tout ce qui aurait excédé le temps fixé par la loi.

« .... Ut neque est imperiali largitate aliud tempus eis indulgeatur; sed et si fuerit datum, pro nihilo habeatur.... semel enim, et non sæpius peti concedimus. »

Ainsi, par le bénéfice d'inventaire, Justinien n'avait pas abrogé celui de délibération, mais il ne les avait pas cumulés l'un avec l'autre. C'était aux héritiers à choisir celui dont ils préféraient jouir. S'ils faisaient inventaire, par cela seul ils acceptaient, mais ils n'étaient tenus que jusqu'à concurrence des biens. S'ils demandaient un délai pour délibérer, ils pouvaient, à l'expiration du délai, se prononcer pour la renonciation ou pour l'acceptation; mais en cas d'acceptation, ils étaient tenus des dettes au delà des biens.

Une difficulté, dont il ne sera peut-être pas inutile de dire ici quelques mots, s'élève sur la loi 22, si on compare le texte du § 13 à celui du § dernier de la loi 36, au Code, livre III, titre xxviii, *De inofficioso testamento*.

Voici la décision donnée par chacun de ces textes:

1° Dans le § 13, il est question de ceux qui ne veulent pas se contenter du bénéfice d'inventaire et qui demandent, malgré tout ce que fait Justinien pour les en détourner, un délai de délibération. Ceux-là obtiennent un délai de neuf mois, s'ils s'adressent aux juges; un délai d'une année, s'ils s'adressent à l'empereur; et, dans aucun cas, ce délai ne sera prorogé. Par conséquent, il résulte bien du texte de ce paragraphe que l'héritier ne peut être contraint à prendre parti, répudier ou faire adition, qu'au bout de neuf mois dans un cas, d'une année dans l'autre.

« .... Sed quia quidam vel vana formidine, vel callida machinatione, pro deliberando nobis suppliandum necessarium esse existimant, quatenus eis liceat annale spatium tergiversari, et hereditatem inspicere, et alias contra eam machinationes excogitare, et camdem deliberationem flebilibus adsertionibus repetita prece sæpius accipere : ne quis nos putaverit antiquitatis penitus esse contemptores, indulgemus quidem eis petere deliberationem, vel a nobis, vel a nostris judicibus, non tamen amplius ab imperiali quidem culmine *uno anno*; a nostris vero judicibus *novem mensibus*.... »

La loi 36, dans le § dernier, suppose qu'un testateur a exhérédé son fils après avoir institué un étranger. Le fils exhérédé veut intenter contre le testament de son père, la *querela inofficiosi testamenti*, et il a pour intenter cette *querela* un certain délai : quel sera le point de départ de ce délai? Sera-ce le jour même de la mort du testateur? Sera-ce le jour où l'héritier a fait adition?

Herennius Modestinus pensait que le délai dans lequel le fils devait agir utilement contre le testament du père, courait à partir de la mort du testateur.

Ulpien pensait, au contraire, que le délai dans lequel le fils devait intenter la *querela* ne commençait à courir qu'à partir de l'adition faite par l'héritier, car ce n'était qu'alors que l'institution devenait entière et l'exhérédation définitive.

Justinien, qui expose ces deux opinions, se décide à adopter la seconde, et la consacre dans la loi 30, constitution de l'année 531.

Après avoir fixé le moment à partir duquel courra le délai et dans lequel la *querela* doit être intentée, cette loi fixe un délai dans lequel l'*heres scriptus* doit nécessairement prendre parti ; ce sera six mois, si l'*heres scriptus* et le fils exhérédé habitent la même province ; une année, dans le cas contraire.

« .... Ubi testator decesserit alio scripto herede, et speratur de inofficioso querela : sancimus necessitatem habere scriptum heredem, si quidem presto est in eadem commanens provincia *intra sex mensium* spatium : sin autem scorsum utra pars in diversis provinciis degit, tunc intra annale tantummodo spatium simili modo per continuum a morte testatoris numerandum, omni modo adire hujusmodi hereditatem, vel manifestare suam sententiam, quod hereditatem minime admittat.... »

Ainsi, le § 13 *sed quia*, que nous avons cité en premier lieu, donne habituellement neuf mois à l'héritier, qui hésite sur le parti qu'il prendra ; et le § 2 de la loi 30 ne donne à l'héritier qu'un délai de six mois.

Y a-t-il contradiction entre ces deux textes : Quelle peut-être la raison de cette différence?

Nous croyons que chacun de ces textes se rapporte à une hypothèse tout à fait différente ; l'héritier dont il est question dans le § 13 de la loi 22 est un héritier qui hésite et délibère, mais ceux qui attendent impatiemment qu'il prenne parti pour l'adition ou la répudiation, ne sont que des légataires, des fidéicommissaires, des créanciers, qui ont intérêt sans doute à ce que l'héritier se prononce, mais enfin qui ne risquent pas de perdre les droits qu'ils peuvent avoir contre la succession, parce que l'héritier laisse passer un temps considérable avant de se décider. Voici pourquoi la loi 22, qui s'occupe de délai de délibération, permet aux juges d'accorder neuf mois : ce délai est long sans doute, mais personne n'en souffre.

Au contraire, dans l'hypothèse prévue par la loi 30, donner un long délai à l'héritier institué, et ne lui permettre de faire adition ou de répudier qu'au bout de neuf mois, c'eût été mettre le fils, frappé d'exhérédation et en butte à la honte qu'attache à son nom une mesure semblable, dans une situation qui aurait pu gravement compromettre ses droits. En effet, le délai dans lequel le fils exhérédé doit intenter la *querela* ne commence à courir qu'à partir du jour où l'héritier fait adition; on comprend qu'il était utile d'imposer à l'héritier l'obligation de faire adition dans un délai plus court que le délai habituel, afin de ne pas laisser le fils exhé-rédé dans une situation aussi pénible, et de lui permettre de connaître promptement son sort. Si donc le temps pendant lequel l'héritier peut dé-libérer avant de prendre parti est différemment fixé par ces deux lois, c'est qu'à coté de l'héritier, dans la seconde, se trouve une personne intéressée plus que toute autre à ce que l'héritier institué prenne parti dans un sens ou dans l'autre.

C'est bien la pensée qu'exprime le § 2 de la loi 36 : « Ut non liceat heredi, quando voluerit, adire : ne per hujus modi tramitem interim filius defraudetur debito naturali. »

Telle est l'explication qui a été fournie par Cujas dans son commentaire :

« Neque quicquam obstat dicto § simili que modo lex *Scimus* § ultimo de inofficioso testamento quam objicit Accursius, quia scilicet illa lex est de herede cunctante et deliberante, et de die in quem illa deliberatio datur, qui est angustior in specie dictæ legis *Scimus* § ultimo quam præscribatur in §. Sed quia, ne scilicet fiat longior mora filio notato infa-mia exheredationi qui acturus est inofficiosi testa-menti adversus heredem scriptum, qui non potest agere antequam is adierit : ergo ut mature adeat, nec diutius moretur filium defuncti exheredatum, dantur eis tantum sex menses ad deliberandum a judice cùm soleant dari novem in § sedquia. Sed id facit odium exheredationis. »

DEUXIÈME PARTIE.

ANCIEN DROIT FRANÇAIS

Il convient de distinguer ici les pays de droit écrit et les pays de droit coutumier.

Quant aux pays de droit écrit, notre tâche est bien facile, et ce que nous avons précédemment dit nous dispense de nous étendre longuement. Dans cette partie de la France, en effet, on observait autrefois la constitution de Justinien que nous venons d'analyser. (Loi 22. Code. Liv. VI, t. XXX.)

On l'y observait sans aucune restriction : ainsi l'héritier qui voulait jouir du bénéfice d'inventaire ne devait point demander « le *jus deliberandi*. »

D'ailleurs il suffisait, conformément à la constitution de Justinien, que dans les trente jours, l'héritier commençât un inventaire qui devait être achevé dans les soixante jours suivants.

5

Dans les pays de droit coutumier, l'héritier pour jouir de ce bénéfice devait obtenir des lettres royaux qui se délivraient dans les chancelleries des Parlements ; dans les pays de droit écrit, au contraire, tout héritier pouvait, en faisant inventaire dans le temps et de la manière dont le prescrit la loi 22, jouir du bénéfice accordé par cette loi sans obtenir de lettres royaux à cet effet.

Pothier donne la raison de cette différence :

« La raison est, dit-il, que la loi 22 ainsi que les autres lois romaines ayant par la permission du roi, force, autorité, et caractère de loi dans ces provinces, un héritier n'a pas besoin d'avoir recours au roi pour obtenir de lui un bénéfice que la loi accorde[1]. »

« La première condition du bénéfice d'inventaire, dit Lebrun, c'est les lettres ; mais elles ne sont nécessaires que dans le pays coutumier ; car tout le monde convient que c'est une faculté qui, étant généralement accordée par la loi *Scimus, C. de Jure deliber.*, n'a pas besoin, dans le pays de droit écrit, de titre particulier ni de grâce qui le confirme ; ce qui s'observe dans le Parlement de Paris pour les provinces de son ressort, qui sont régies par le droit romain, suivant les arrêts rapportés par Papon, liv. XXI, tit. X, arrêt 1. Aussi maître Charles du Molin, sur l'art. 24 du titre des successions de la coutume de Bourgogne qui porte que l'héritier bénéficiaire est tenu de prendre des lettres, a dit : « Sed in pa-

---

1. Pothier, *Des Successions*, ch. III, sect. 3, § 3.

tria juris scripti nulla opus est interpretatione, sed descriptione solemni[1]. »

Le bénéfice d'inventaire existait dans les pays de coutume : toutefois il mit beaucoup de temps à s'y établir, et encore n'y fut-il admis qu'exceptionnellement et sous des restrictions très-notables.

Ce n'est qu'au quinzième siècle qu'on a sur l'application du bénéfice d'inventaire des données positives. Masuer, qui vivait dans la première moitié de ce siècle, en parle dans son livre de la Pratique[2], où est retracé le droit coutumier de l'Auvergne ; vers le même temps, dans le Dauphiné, Guy-Pape composait un traité sur ce sujet. Au siècle suivant, Imbert en traite avec quelque détail au chapitre VIII de sa Pratique, qui se réfère principalement aux usages du Poitou ; Barthélemy de Chasseneux s'en occupe également dans ses observations sur la coutume de Bourgogne[3] ; et Rebuffe qui vers la même époque professait à Paris le droit canon, en fait également mention dans son commentaire sur les ordonnances royales[4].

Quant aux coutumes rédigées, celles qui datent du quinzième siècle et des premières années du siècle suivant, sont muettes en général sur le bénéfice d'inventaire ; ainsi, il n'en est nullement question

1. Lebrun et Espiard, liv. III, ch. IV, n° 2.
2. T. XXXII, n° 26.
3. Succ., § 13, gl. ult.
4. *Ad regias constit.; Tract. de restitutionibus*, art. 1, ;l. 1, n° 32.

dans la première rédaction de la coutume de Paris,
qui remonte à 1510. Il faut faire toutefois quelques
exceptions : c'est ainsi que, dès 1459, il est fait
mention du bénéfice d'inventaire dans la coutume
du duché de Bourgogne (VII, art. 22); l'ancienne
coutume de la Ville et Septène de Bourges, dont on
n'a pas la date précise, mais qui paraît remonter
au quinzième siècle, en parle également (ch. CXLVI).

Au commencement du siècle suivant, la coutume
de Melun, rédigée en 1506 (art. 107), celles d'Ar-
tois (art. 70 à 81), et d'Orléans (art. 259), en 1507;
celle d'Auvergne (art. 308-309), en 1510, contien-
nent à ce sujet quelques dispositions. Viennent ensuite celles de Marche et de Bourbonnais, en 1521;
de Lille, en 1533; de Nivernais, en 1534; de Bretagne et de Berry, en 1539, qui toutes s'occupent du
bénéfice d'inventaire. Dès lors les dispositions rela-
tives à cette matière deviennent plus fréquentes; ce
n'est guère, toutefois, qu'à partir de 1560 environ,
qu'il en est question dans presque toutes les coutumes.

DU BÉNÉFICE D'INVENTAIRE DANS LES PAYS DE DROIT COUTUMIER.

Nous diviserons cette étude en plusieurs sections.

Dans une première section, nous nous demanderons quels étaient ceux qui pouvaient invoquer le bénéfice d'inventaire.

Dans une seconde section, nous rechercherons à quelles conditions était subordonné le bénéfice d'inventaire.

Dans une troisième, nous nous occuperons de la préférence donnée à l'acceptation pure et simple sur l'acceptation bénéficiaire.

Section I. — *Qui pouvait invoquer le bénéfice d'inventaire?*

En droit romain, les héritiers institués par testament étaient placés sur la même ligne que les héritiers *ab intestat;* tous représentaient également la personne du défunt et, tenus dès lors d'une manière absolue de remplir ses obligations, tous pouvaient recourir au bénéfice d'inventaire. C'est ce qui se conserva dans les pays de droit écrit.

Mais en pays coutumier, où c'était une maxime qu'*institution d'héritier n'a point lieu*[1], l'héritier *ab intestat* pouvait seul invoquer ce bénéfice, parce que seul il était tenu au delà des forces de la succession. Toutefois, la coutume de Metz (XI, art. 1), se séparant du droit commun des pays de coutume, reconnaissait deux sortes d'héritiers, testamentaires et légitimes, et devait, dès lors, les admettre tous

1. Loysel, *Inst. cout.*, r. 304.

également au bénéfice d'inventaire; ce point était
formellement reconnu par la coutume de Berry)
(XIX, art. 9), qui admettait également l'institution
d'un héritier par testament. Mais, en dehors de ces
exceptions, c'était une règle établie que le légataire
universel ne pouvait accepter bénéficiairement. En
Normandie, au témoignage d'un commentateur de
la coutume, cette faculté lui était refusée bien qu'il
fût tenu personnellement et *ultra vires* des dettes de
la succession; c'est ce qu'aurait décidé un arrêt de
de 1720[1]. Dans les autres provinces, le légataire
universel n'était considéré que comme successeur
aux biens; il n'était donc tenu des dettes que dans
les limites du montant de la succession, « parce
« qu'il serait contre la nature du bienfait qu'il fût
« onéreux à celui qui en est honoré[3]. » Aussi le
parlement de Paris avait décidé, par un arrêt de
1626, que les légataires universels n'avaient pas à
obtenir de lettres de bénéfice d'inventaire, et les
avocats avaient été avertis, lors de cet arrêt, de ne
pas donner pareil conseil aux parties[3].

Bourjon et Ferrière placent sur la même ligne que
le légataire universel le donataire universel par contrat de mariage[4]. Pothier, au contraire, le considère
comme un véritable héritier, et, l'assimilant à l'hé-

1. V. Merlin, *Rép.*, v° *légataire*, § 8, art. 1, n° 13.
2. Bourjon, *Droit commun*, liv. V, t. IX, p. 3, ch. III, t. IV, n° 16.
3. *Journal des audiences*, liv. I, ch. CVIII.
4. Bourjon, *Dr. comm.*, l. V, t. VII, p. 1, ch. XIII, n° 3. — Ferrière, *Dictionnaire*, v° *Bénéf. d'inv.*

ritier testamentaire des pays de droit écrit, le déclare tenu *ultra vires*, et, dès lors, lui reconnaît le droit de recourir au bénéfice d'inventaire[1]. Les idées n'étaient donc pas bien arrêtées sur ce point; quelques coutumes tranchaient formellement la question dans le sens de l'opinion de Pothier, et déclaraient en conséquence le bénéfice d'inventaire applicable aux institutions contractuelles. Telle était la disposition des coutumes d'Auvergne (art. 309), de Marche (art. 249), de Bourbonnais (art. 223) et de Nivernais (XXXIV, art. 20).

On ne considérait pas comme continuateur de la personne du défunt quiconque recueillait sa succession *ab intestat*. A côté des héritiers légitimes, des héritiers du sang, se trouvaient les successeurs irréguliers qui, n'étant considérés que comme succédant aux biens, n'étaient pas tenus *ultra vires* des dettes du défunt. Notre droit ancien ne rangeait pas le conjoint dans cette catégorie. Pothier le considère comme un vrai héritier, et le place sur la même ligne que le parent[2]. Sans être aussi formel dans cette assimilation, Lebrun reconnaît également que le conjoint est tenu de toutes les dettes de la succession, et que le bénéfice d'inventaire lui est applicable[3]. Mais à l'égard des successeurs irréguliers,

1. Introduction au titre XVII de la cout. d'Orléans, append., § 2, n° 23.
2. Introd. au t. XVII de la cout. d'Orléans, n° 35.
3. Lebrun, *Succ.*, l. III, ch. IV, n° 79.

tels que le prince ou le seigneur recueillant la succession par droit de confiscation, de déshérence, de
bâtardise ou d'aubaine, ou l'abbé succédant au pécule de son religieux, ce bénéfice était sans application[1], parce qu'il n'était pas nécessaire.

Il faut toutefois faire une observation également
applicable à tous ceux qui ne succèdent qu'aux
biens, successeurs irréguliers ou légataires universels : c'est que, s'ils jouissaient d'une sorte de bénéfice d'inventaire inhérent à leur titre, sans avoir
à remplir les formalités exigées des héritiers véri-
tables, notre droit ancien y mettait la condition
qu'un inventaire régulier constatât, avant toute
immixtion dans les biens de la succession, quelles
en étaient les forces. Faute de prendre cette précaution, les successeurs aux biens étaient, par suite
d'une présomption de fraude, obligés, d'une manière
absolue, à l'acquittement des dettes. L'opinion la
plus générale voyait même là une présomption qui
n'admettait pas de preuve contraire[2]. Toutefois Ri-
card[3] rejetait ce point de vue, et bornait l'effet du
bénéfice d'inventaire à l'admission de la preuve par
commune renommée pour établir les forces de l'hérédité contre ces successeurs, qu'il regardait comme
encore admissibles à se décharger des dettes par
l'abandon des biens. De plus, l'idée d'obligation illi-

1. Pothier, *Succ.*, ch. vi.
2. Poth., *Succ.*, ch. v, art. 2, § 3.
3. *Dispositions conditionnelles*, ch. iv, sect. 1, nos 112 et suiv.

mitée comme conséquence du défaut d'inventaire était contestée à l'égard du seigneur justicier et du fisc. Toutefois, Bacquet, Lebrun et Pothier s'accordent à repousser cette distinction[1], et la coutume de Poitou en avait une disposition expresse dans son article 300.

Établi en faveur de l'héritier, le bénéfice d'inventaire ne s'appliquait pas à l'acceptation de la communauté par la femme ou ses héritiers, si ce n'est dans la coutume de Cambray (VII, art. 15), qui s'éloignait en cela du droit commun. L'ordonnance de 1629 décidait ce point dans son article 127. Mais, tout en refusant à la femme le droit d'accepter bénéficiairement, une jurisprudence introduite vers le milieu du seizième siècle, et dont un arrêt du 14 août 1567 est un des premiers monuments, lui reconnut, moyennant la confection d'un fidèle inventaire, l'avantage de n'être tenue que jusqu'à concurrence de son émolument. L'article 228 de la nouvelle coutume de Paris, et l'article 187 de la nouvelle coutume d'Orléans consacrèrent formellement ce bénéfice au profit de la femme, et c'était le droit commun du royaume[2]. Cet avantage appartenait d'ailleurs aux héritiers de la femme aussi bien qu'à elle-même, si ce n'est toutefois dans le duché de Bourgogne, où des arrêts de 1665 et de 1669 en

---

1. Bacquet, *Droit de déshérence*, ch. III, n° 9. — Lebrun, *Succ.*, l. III, ch. IV, n° 79. — Pothier, *Succ.*, ch. V, art. 2, § 3. — Loyseau, *Déguerpissement*, l. III, ch. I, n° 15.

2. Pothier, *Communauté*, n° 734.

exclurent les héritiers : il en était de même dans les
ressorts de Mons, Malines, Bruxelles, Hollande,
Utrecht[1]. Certaines coutumes des Pays-Bas refusè-
rent même à la femme le droit de renoncer. En
France, ce droit de renoncer avait été d'abord introduit en faveur des veuves nobles[2]; et, du temps de
Loyseau[3], plusieurs coutumes ne le reconnaissaient
pas encore ; selon ce jurisconsulte, c'est dans ces
coutumes qu'aurait pris naissance le droit pour la
femme de n'être tenue que jusqu'à concurrence de
son émolument; et, à une époque, l'extension de ce
bénéfice aux coutumes qui avaient admis, dès le
principe, le droit de renoncer, avait fait question.

SECTION II. — *Conditions du bénéfice d'inventaire.*

I. *Des lettres royaux.* — L'obtention de lettres
royaux était, d'après le droit commun des pays
coutumiers, la condition essentielle du bénéfice d'inventaire. Ces lettres étaient délivrées dans les chancelleries. S'il en devait être ainsi, c'est que la loi de
Justinien qui accordait le bénéfice d'inventaire n'a-
vait pas force ni caractère de loi dans les pays de
droit coutumier. Cette loi ne pouvait donc pas donner
ce bénéfice, et il fallait qu'ils l'obtinssent du roi.

1. Merlin, *Rép.*, vo *acceptation de communauté.*
2. Loysel, *Instit.*, r. 112 et 113.
3. *Déguerpissement*, l. IV, ch. II, nos 3, 6, 7 et 8.

Cependant toutes les coutumes ne donnaient pas la même décision à cet égard, et il y avait des divergences qu'il convient de signaler ici.

Il y avait quelques coutumes qui accordaient expressément le bénéfice d'inventaire, et dans ces coutumes l'obtention des lettres royaux n'était pas exigée.

« Par la même raison, dit Pothier, qu'elles ne le sont pas dans les pays de droit écrit[1]. » C'est-à-dire parce que la coutume n'ayant force de loi que par la permission du prince, la concession qu'elle faisait était réputée faite par le prince même.

Les coutumes qui accordaient expressément le bénéfice d'inventaire, et où, par suite, il n'était pas nécessaire, pour l'obtenir, d'obtenir des lettres royaux, étaient les coutumes de Berry, celles de Bretagne, celle de Sedan[2].

La coutume de Bretagne disait : « Nul n'est héritier qui ne veut : et celui qui se voudrait porter héritier sous bénéfice d'inventaire serait tenu de le déclarer dans quarante jours, s'il est au duché : et s'il est hors, dedans trois mois : à faute de quoy, il sera tenu et réputé héritier pur et simple. »

Et ailleurs : « Il est permis à l'héritier d'accepter la succession sous bénéfice d'inventaire[3]. »

---

1. Pothier, Success., ch. III, art. 2, § 3.
2. Cout. de Bretagne, art. 514, t. IV, Grand coutumier.
   Cout. de Berry, art. 19, t. II, id.
   Cout. de Sedan, art. 176, t. III, id.
3. D'Argentré, sur l'art. 514 de la Coutume de Bretagne. Il l'op-

La coutume de Sedan, dans son article 176 (des successions et partages), disait : « Celuy qui est habile à succéder, se peut déclarer héritier simple ou se porter héritier par bénéfice d'inventaire; et à cette fin présenter requête au bailly ou son lieutenant, sans pour ce obtenir autres lettres du souverain. »

Et enfin la coutume de Berry : « Les héritiers *ab intestat* ou testamentaires, peuvent eux porter héritiers par bénéfice d'inventaire, en faisant la déclaration par devant le juge ordinaire du lieu dedans quarante jours après la succession diférée, et qu'ils en sont advertis. »

Il en était de même pour les bailliages de Nancy, Vosges, et Allemagne. (Cout. nouv. II, art. 6.)

Il y avait un grand nombre de coutumes qui parlaient du bénéfice d'inventaire, mais qui ne l'accordaient pas expressément, telles que les coutumes de Paris et d'Orléans.

Que décider, dans ces coutumes, qui, sans autoriser expressément le bénéfice d'inventaire, en supposaient seulement l'existence par des dispositions qui en réglaient l'exercice?

« Il n'est pas douteux, disait Pothier, que dans ces coutumes, il faut obtenir des lettres pour jouir du bénéfice d'inventaire; car, quoique ces coutumes parlent du bénéfice d'inventaire, elles ne l'accordent pas, elles n'en parlent que parce qu'elles en suppo-

posait aux usages de la France qu'il qualifiait ainsi : « *Diplomatariæ scilicet nimium nationis.* »

sent la pratique en usage : l'héritier ne tient donc pas, dans ces coutumes, ce bénéfice de la loi municipale qui ne l'accorde par aucune disposition : il faut donc qu'il l'obtienne du roi[1]. »

À plus forte raison, décidait-on de même pour les coutumes muettes.

Quoique Dumoulin eût blâmé l'usage de ces lettres du prince[2], il y avait tendance à le généraliser; l'intérêt du fisc n'y était pas étranger sans doute. L'article 127 de l'ordonnance de 1629 en faisait une loi générale, mais il ne reçut pas d'exécution[3]. On chercha à l'introduire dans les pays de droit écrit; mais les parlements de Toulouse et de Bordeaux maintinrent toujours l'inutilité des lettres, malgré des édits de 1697 et 1704[4].

« Cependant dans ces derniers temps, dit Henrys, le roi ayant augmenté le nombre de ses secrétaires, et leur ayant attribué de nouveaux droits, ils ont obtenu un édit au mois de mars 1697 qui fait défense à tous juges, même à ceux des pays de droit écrit, d'admettre aux bénéfices d'âge ou d'inventaire, sans lettres, nonobstant toutes coutumes, arrêts et usages contraires, à peine de 500 livres d'amende

1. Pothier, ch. III, art. 2, § 3, *Success.* Lebrun, ch. IV, nº 3, l. III. Denizart, vº *Bénéfice d'invent.*, n. 3. Merlin, *Rép.* vº *Bénéf. d'invent.*, n. 1.]

2. Note sur l'art. 9 du tit. 19 de la *Coutume de Berry.* — « Ce n'est qu'une cérémonie inutile, » dit aussi Bretonnier (sur Henrys, liv. VI, ch. IV, q. XI, obs. 10.)

3. Denizart, vº *Bénéf. d'invent.*, nº 3.

4. Boutaric, *Inst. de Just.*, liv. II, t. XIX, § 5.

contre le juge qui aura rendu la sentence, et de nullité d'icelle. Ce qui a encore été confirmé par un
autre édit du mois de mars 1704[1]. »

Ces édits confondaient le bénéfice d'âge avec le
bénéfice d'inventaire ; cependant il y avait une
grande différence à faire. Le bénéfice d'âge a toujours
été une grâce du prince, par laquelle il accordait
aux mineurs la capacité de disposer de leurs meubles,
et la faculté de jouir des fruits et revenus de leurs
immeubles ; c'était l'effet d'une majorité qui ne pouvait être accordée que par le prince, suivant la loi,
1° au Code *De his qui veniam ætatis impetrant*[2].

Il n'en était pas de même du bénéfice d'inventaire, qui avait succédé au droit de délibérer, que le
préteur accordait aux héritiers du défunt, pour examiner les forces de la succession, et se déterminer à
l'accepter ou à y renoncer ; la grâce du prince n'é-
tait pas nécessaire pour cela. Enfin, pour l'un, la loi
voulait qu'il dépendît de la grâce du prince ; pour
l'autre, elle l'accordait de plein droit. En effet, il
était évident que l'intention du roi n'avait point été
de déroger à la disposition du droit ni à l'usage du
pays de droit écrit, puisque par une déclaration de
1704, qui était postérieure à ces deux édits, faite en
interprétation de l'édit des insinuations laïques, il
était dit que dans les pays où le bénéfice d'inventaire avait lieu, sans qu'il fût besoin de lettres, les

1. Bretonnier sur Henrys, liv. V, ch. IV, q. 14.
2. Loi 1° au Code, *de his qui veniam ætatis impetrant.*

héritiers étaient tenus de faire insinuer l'acte d'acceptation ou jugement qui leur permettra de se dire ou porter héritier bénificiaire.

« C'est pourquoi, disait Bretonnier, les parlements qui regardaient ces édits comme des *édits bursaux*, ne s'y arrêtent point, quand il n'y a que ce seul défaut. Mais les secrétaires du roi qui ont intérêt à la chose, prennent le parti de ceux qui soutiennent la nullité de l'inventaire, faute d'avoir obtenu des lettres, et, sur une simple requête, ils font casser au conseil et les sentences et les arrêts, et jettent par ce moyen les parties en de nouveaux procès et en des frais immenses. »

Une fois obtenues, les lettres devaient être entérinées par le juge à qui elles étaient adressées. Le juge chargé de l'entérinement était celui du lieu de l'ouverture de la succession. Cet entérinement s'ordonnait sur les conclusions du procureur du roi.

L'héritier qui voulait jouir du bénéfice d'inventaire devait avoir soin d'obtenir les lettres royaux avant d'avoir fait aucun acte d'héritier. On comprend qu'il en devait être ainsi: en effet si l'héritier avait commencé par faire acte d'héritier, il se serait obligé envers les créanciers de la succession, et les lettres du bénéfice d'inventaire n'auraient pu lui servir, car ces lettres pouvaient bien lui permettre d'accepter la succession sans s'obliger sur ses propres biens envers les créanciers, mais elles ne pouvaient pas le décharger de l'obligation qu'il avait contractée vis-à-vis d'eux par une acceptation pure et simple. Le droit étant une fois acquis aux créanciers, comment les lettres auraient-elles eu pour effet de les en priver?

Il pouvait arriver que l'héritier, avant d'avoir obtenu des lettres, et avant de les avoir fait entériner, ne se fût pas immiscé sans doute, mais eût pris la qualité d'héritier bénéficiaire : dans ce cas que décidait-on? On ne regardait cette déclaration faite par l'héritier que comme une simple éclaration de l'intention qu'il avait d'obtenir des lettres royaux et non pas comme une acceptation qui l'empêchait d'y avoir recours.

L'héritier devait-il demander ces lettres dans un certain délai?

Tant qu'il n'avait pas fait acte d'héritier, était-il recevable à les obtenir?

Pothier pensait que l'héritier qui n'avait pas fait acte d'héritier était toujours à temps d'obtenir des lettres royaux[1]; mais tous les auteurs ne pensaient pas de même.

Imbert prétendait que les lettres devaient être obtenues dans l'an du décès[2], et que, faute de les obtenir dans ce délai, il fallait insinuer une clause qui relevât l'héritier de ne les avoir pas obtenues dans l'année.

Pothier, qui rapporte l'opinion d'Imbert, ne pensait pas que cela s'observât.

1. Pothier, *Success.*, ch. III, art. 2, § 3.
2. Imbert, *Pratique*, page 60.

Il pouvait arriver qu'il y eût plusieurs héritiers, qui tous voulussent être héritiers sous bénéfice d'inventaire : chacun d'eux devra-t-il obtenir des lettres et les faire entériner ?

En vue de diminuer les frais, on avait admis, conformément à l'avis de Dumoulin[1], que si l'un de plusieurs cohéritiers avait obtenu en son nom des lettres de bénéfice d'inventaire, les autres pourraient, sans payer de nouveaux droits, se les faire déclarer communes par sentence; et cet usage s'était maintenu, nonobstant diverses déclarations, et en dépit d'un arrêt du conseil de 1676, qui le prohibait expressément[2].

Dans les pays de droit écrit, où les lettres royaux n'étaient pas en usage, on y suppléait par une simple déclaration de l'héritier à la fin de l'inventaire ou dans le premier acte fait depuis[3].

Une loi de l'Assemblée constituante abolit définitivement l'usage des lettres de chancellerie, dont l'obtention fut remplacée dans la pratique d'alors par une demande en justice[4].

De l'inventaire. — L'héritier qui veut jouir du bénéfice d'inventaire doit faire un inventaire des biens de la succession. Ce bénéfice n'est appelé *d'inventaire* que pour cette raison[5].

1. Dumoulin. Sur l'art. 150 de la *Coutume de Paris*.
2. Ferrière, comm. de la *Coutume de Paris*, art. 342.
3. Ferrière, *Dictionnaire*, v° *Bénéf. d'inv.*
4. Loi des 7-11 septembre 1790, art. 21.
5. Pothier, *Success.*, ch. III, art. 2, § 3 de l'*Inventaire*.

6

Cet inventaire devait être dressé, soit que l'héritier se trouvât dans une province où il était obligé d'obtenir des lettres pour jouir du bénéfice d'inventaire, soit au contraire que la succession à laquelle il était appelé fût ouverte dans un pays où les lettres n'étaient pas nécessaires. Ainsi la condition d'un inventaire était partout exigée; mais il y avait divergence sur les détails.

Dans le ressort de Bordeaux, il n'était pas nécessaire de recourir au ministère d'un fonctionnaire public; il suffisait d'une description de biens faite par l'héritier et affirmée par serment[1]; mais en général il fallait que l'inventaire fût dressé par un officier public ou un notaire. L'ordonnance de Blois (art. 104) laissait le choix. Un édit de 1622 créa des offices de commissaires aux inventaires; on reconnut néanmoins que les notaires conservaient leurs droits, et que les officiers royaux ne pouvaient imposer leur ministère[2].

Il n'aurait pas suffi qu'il se trouvât un inventaire dicté par le défunt[3], mais celui qui était fait par l'un des cohéritiers servait à tous les autres[4].

L'inventaire était surtout nécessaire pour les meubles, dont il devait contenir la description; celle des immeubles n'était pas exigée; il suffisait d'indiquer

1. Lapeyrère, *Décis. somm.*, lettre I, n. 50.
2. Despeisses, *Success.*, p. 3, t. I. s. 2, n. 28. — Serres, *Instit.*, liv. t. XIX, § 5.
3. *Ibid.* n. 27.
4. *Ibid.* n. 27.

les titres de propriété, comme aussi les autres titres de la succession[1]. Il n'était pas nécessaire d'estimer les meubles : « La prisée n'y est pas non plus nécessaire, disait Pothier[2], lorsque peu après on a fait une vente publique des meubles qui en constate la valeur. » Cependant, s'il était de notoriété publique que le défunt n'avait laissé aucuns meubles ?

L'héritier était-il alors dispensé de faire un inventaire ?

Lebrun et Pothier pensaient que dans le cas où le défunt ne laisserait aucuns meubles, celui qui voulait jouir du bénéfice d'inventaire devait faire dresser un procès-verbal qui constatait qu'il ne s'en était pas trouvé : procès-verbal tenait lieu d'inventaire[3].

L'ordonnance de 1629 exigeait l'apposition des scellés avant l'inventaire[4]; mais on ne se conformait pas à cette prescription, si ce n'est toutefois quand l'héritier habitait la maison du défunt[5]. Il n'était pas nécessaire que l'inventaire fût conclu et affirmé devant le juge[6].

L'intervention d'officiers publics dans la confection de l'inventaire rendait moins nécessaire la

---

1. Lebrun, l. c., n. 17. — Pothier, *Success.*, l. c., § 3.
2. Pothier, l. c., § 3.
3. Pothier, *Success.*, ch. III, art. 11, § 3. — Lebrun, *Success*, ch. IV, l. III.
4. *Ordonnance* de 1629, art. 128.
5. Lebrun, l. c., n° 17. — Pothier, *Success.*, l. c., § 3.
6. Pothier, *Success.*, l. c., § 3.

présence des créanciers et légataires ; cependant, dans les pays de droit écrit, on exigeait, en général, qu'ils y fussent appelés, du moins ceux qui sont connus[1]. Pothier pensait que les créanciers qui s'étaient fait connaître devaient être appelés à l'inventaire[2]. La novelle 1° que nous avons citée plus haut voulait de plus que les légataires qui se trouvaient là fussent appelés[3]. Quant aux créanciers, ils se présentaient en s'opposant à ce que le scellé fût levé en dehors de leur présence.

Dans nos pays de droit coutumier, l'inventaire devait-il être commencé dans un certain délai, puis achevé dans un autre? En un mot, appliquait-on la disposition de la constitution de Justinien qui voulait que l'inventaire fût commencé dans les trente jours et achevé dans soixante autres jours à compter de la mort du défunt?

Dans les pays de droit coutumier, il était toujours temps de faire inventaire : aucun délai n'était marqué pour cela et Pothier pensait que l'héritier pouvait toujours faire inventaire tant qu'il n'avait pas disposé des effets de la succession. Ferrière pensait, au contraire, que le défaut d'inventaire dans les trois mois, depuis l'acceptation bénéficiaire, entraînait la déchéance[4].

1. Serres, *Instit.*, l. II, t. XIX, § 5.
2. Pothier, *Success.*, ch. III, art. 2, § 3.
3. *Novella*, 1°, cap. II.
4. Pothier, *Success.*, ch. III, art. 2, § 3. — Ferrière, *Diction....* v° *bénéf. d'inv.* — D'après les coutumes de Metz (XI, 5), de

La déclaration d'acceptation bénéficiaire pouvait précéder ou suivre l'inventaire[1]. Peu importait également, dans les pays où les lettres de chancellerie étaient nécessaires, que l'obtention des lettres se fît avant ou après l'inventaire.

L'inventaire devait être, avant tout, fidèle. Que décidait-on dans le cas où quelques effets de la succession avaient été omis dans l'inventaire par l'héritier?

S'il n'y avait qu'une omission, sans intention mauvaise, parce que ces objets avaient échappé à la connaissance de l'héritier, il n'y avait pas de déchéance du bénéfice d'inventaire.

Mais il en aurait été autrement, et la déchéance aurait été encourue, si les créanciers avaient prouvé que l'héritier avait détourné des valeurs héréditaires ou les avait sciemment omises[2]. Sur ce point l'ancienne jurisprudence s'était séparée du droit romain. On se rappelle, en effet, que la constitution de Justinien se

Gorze (X, 16) et de Normandie (92), l'inventaire devait être fait dans les quarante jours du décès; celle de Sedan (177) fixait ce délai à 20 jours, mais à partir de l'acceptation; celle du duché de Bouillon (XVII, 17) donnait un mois depuis l'impétration des lettres.

1. Pothier, *Success.*, ch. III, art. 2, § 3.
2. Despeisses, l. c., n° 31. — Serres, loc. cit. — Lapeyrère, lettre II, n° 3. — Selon Ferrière (*Diction.*, v° *bénéf. d'inv.*), cette déchéance n'avait pas lieu en pays de droit écrit. Domat (*Lois civiles*, l. 5, t. I, § 2, n° 3), en reconnaissant que la pratique française a repoussé la peine de la restitution au double, laisse au juge le droit de prononcer la peine qu'il trouvera juste, même la déchéance, si l'héritier s'est rendu indigne du bénéfice d'inventaire.

contentait en pareil cas de prononcer la restitution
au double contre l'héritier[1].

L'ordonnance de 1667 (t. VII, art. 1) fixait, pour
procéder à l'inventaire, un délai de trois mois depuis
l'ouverture de la succession; mais elle envisageait
cet inventaire comme un moyen donné à l'héritier
de s'éclairer sur la force de la succession, afin de
prendre parti. Dans ce but, outre ce délai, quarante
jours étaient donnés à l'héritier pour délibérer, à
partir de l'achèvement de l'inventaire. Ce délai n'empêchait pas les créanciers d'intenter leur action contre l'héritier présomptif. Seulement, si le délai n'était
pas encore expiré lors de l'échéance de l'assignation,
il avait le reste pour procéder à l'inventaire ou pour
faire la déclaration. Aussi, durant ce délai, la prescription courait contre les créanciers, puisqu'ils
pouvaient agir dès l'instant du décès du défunt[2].

Toutefois, pendant ce délai, l'héritier pouvait être
contraint au payement des legs qui auraient été faits
en faveur de causes pieuses[3].

Bien que l'inventaire se fît au profit de l'héritier,
toutefois il n'était pas fait à ses dépens, mais à ceux
de l'hérédité. Chacun des héritiers devait y contri-

1. Code LVI. T. XXX, loi 22, Scimus..., § 10, in fine.... Illo videlicet observando, ut si ex hereditate aliquid heredes subripuerint,
vel celaverint, vel amovendum curaverint, postquam fuerint convicti, in duplum hoc restituere, vel hereditatis quantitati com-
ctari compellantur.
. Despeisses, Success., p. 3, t. 1, § 2, n° 22.
3. Despeisses, Success., l. c. n° 22.

buer en proportion de sa part héréditaire, non pas également[1].

De la caution. — Une autre condition exigée seulement dans les pays de droit coutumier, et d'après une déclaration de 1566, dans le ressort du Parlement de Grenoble[2], consistait dans l'obligation, pour l'héritier bénéficiaire, de fournir une caution; en général, ce n'était que pour la valeur du mobilier et des fruits que cette garantie était donnée. Le défaut de caution emportait déchéance; habituellement les lettres du bénéfice d'inventaire en faisaient une condition. « Mais en vérité, disait Bretonnier, dans ses observations sur Henrys[3], c'est se moquer du prince que de le faire parler de la sorte, car cette caution est toujours un valet du Châtelet, qui est une caution banale qui n'a pas le sol. » Mais, même au Châtelet, on avait reconnu aux créanciers le droit de ne pas se contenter de cette garantie illusoire, et d'exiger un cautionnement sérieux[4].

---

1. Despeisses, *Succes.*, l. c. Cela avait été jugé au parlement de Dijon, le 15 mai 1612. Bouvet, en ses arrêts, t. II, sous le mot *Hoirie*, q. 14.

2. Bretonnier sur Henrys, l. VI, ch. iv, q. 11.

3. *Ibid.*

4. Lebrun, l. c., n° 12. — Ferrière, *Diction.*, v° *bénéf. d'inv.* Dehizart, v° *bénéf. d'inv.* n° 3.

SECTION III. — *De la préférence donnée à l'acceptation pure et simple sur l'acceptation sous bénéfice d'inventaire.*

Cette préférence était anciennement établie dans les pays de droit coutumier. C'était l'usage que le parent, bien qu'en degré plus éloigné, qui offrait d'accepter purement et simplement la succession du *de cujus*, fût préféré au parent en degré plus proche que lui, qui l'avait acceptée sous bénéfice d'inventaire.

Beaucoup de coutumes parlaient de cette préférence; les coutumes de Paris et d'Orléans avaient des dispositions qui la limitaient et qui, par conséquent, la supposaient comme un droit très-anciennement établi.

Pothier[1] pensait que ce droit d'exclusion de l'héritier bénéficiaire, par l'héritier même le plus éloigné, mais qui acceptait purement et simplement, devait avoir lieu même dans les coutumes qui ne s'en étaient pas expliquées. Du reste, ce droit n'était pas en usage dans les pays de droit écrit, si ce n'est dans le Parlement de Bordeaux : il était en effet de pure institution française.

Pothier, sur ce droit de préférence, s'exprime ainsi dans son *Traité des Successions :* « Il faut con-

---

1. Pothier, *Succes.*, ch. III, art. 111. § 1. De l'origine de cette préférence, sur quoi elle est fondée.

venir que ce droit est fort bizarre et qu'il paraît injuste qu'un parent soit privé d'une succession qui
lui est déférée par la loi, par un parent plus éloigné,
pour avoir usé du bénéfice qui lui était présenté par
la loi même. »

Masuer donnait les raisons de ce droit, qui paraissait à Pothier *bizarre et injuste* :

« Si ille qui est proximior vult succedere per
beneficium inventarii, alius existens in ulteriore
gradu volens succedere simpliciter, præfertur favore
defuncti, creditorum et legatariorum. »

Ainsi cette exclusion aurait pour base, suivant
Masuer, l'intérêt du défunt, celui des créanciers,
celui des légataires :

1° *Favore defuncti*. On avait trouvé qu'une acceptation pure et simple faisait plus d'honneur à la
mémoire du défunt qu'une simple acceptation sous
bénéfice d'inventaire. En effet, dans le cas d'une
acceptation sous bénéfice d'inventaire, les biens de la
succession sont séparés des biens du défunt, et si la
succession est insolvable, vendus sous le nom du défunt, par ses créanciers. Il en résulte une flétrissure
qu'il n'encourrait pas si l'héritier avait accepté purement et simplement, car, dans ce cas, les dettes
de la succession s'étant confondues avec celles de
l'héritier, comme ses biens se sont mêlés aux siens,
il en résulterait que ce seraient les biens de l'héritier qui seraient vendus et non pas ceux du défunt.

D'ailleurs, pour déférer les successions, ne faut-il
pas tenir compte de la volonté du défunt, la recher-

cher, la présumer? Or, entre deux héritiers, celui-ci offrant d'accepter purement et simplement la succession du défunt et par conséquent de préserver son nom de toute souillure, et celui-là se disposant à accepter sous bénéfice d'inventaire, n'est-il pas évident que le défunt n'eût pas hésité un seul instant à préférer le premier? Or, ce qu'il eût fait, pourquoi la loi ne le ferait-elle pas?

2° *Favore creditorum.* On doit venir au secours des créanciers. Il est donc naturel qu'on préfère pour héritiers ceux qui, par une acceptation pure et simple, assurent le payement de leur créances.

3° *Favore legatariorum.* On se demande en quoi les légataires peuvent avoir intérêt à ce que l'héritier pur et simple soit préféré à l'héritier sous bénéfice d'inventaire? Il y a entre les légataires et les créanciers, au cas d'une acceptation pure et simple, cette différence que les seconds sont payés par l'héritier, même au cas où les biens de la succession sont insuffisants, tandis que les premiers ne reçoivent jamais le montant de leurs legs, s'il n'y a pas de quoi les acquitter dans les biens de la succession. D'où il semble résulter qu'il est indifférent au légataire que l'héritier soit héritier pur et simple ou soit héritier bénéficiaire. Cependant il faut reconnaître qu'il est plus avantageux aux légataires de voir accepter la succession purement et simplement que sous bénéfice d'inventaire : en effet, tant que l'héritier pur et simple ne justifie pas qu'il n'y a pas de quoi payer les legs dans les biens de la succession, il peut être contraint au payement, même sur ses propres biens, *au lieu*, dit Pothier, *qu'on ne peut se venger sur ceux de l'héritier.*

Mais quels sont les héritiers bénéficiaires qui peuvent être exclus par les héritiers purs et simples?

Dans l'origine, cette préférence donnée à l'acceptation pure et simple sur l'acceptation bénéficiaire était pratiquée d'une manière absolue et sans distinction entre les héritiers directs et les héritiers collatéraux; mais sans doute parce que ce droit d'exclusion du parent le plus proche par les parents plus éloignés, avait pour résultat très-regrettable, surtout dans la ligne directe, d'intervertir l'ordre légal de la transmission des biens, il ne tarda pas à être restreint à la ligne collatérale.

Ainsi il n'y avait que les héritiers de la ligne collatérale qui pouvaient être exclus de la succession par un héritier pur et simple.

Les coutumes de Paris et d'Orléans s'expliquaient ainsi sur ce point dans leurs articles 342 (C. de Paris), 348 (Cout. d'Orléans):

« L'héritier en ligne directe qui se porte héritier par bénéfice d'inventaire, n'est exclu par autre parent qui se porte héritier simple. »

Lebrun et Pothier pensaient que cette distinction était si naturelle et qu'elle était fondée sur des raisons si favorables, qu'elle devait être suppléée dans les coutumes qui préféraient indistinctement l'héritier simple à l'héritier bénéficiaire.

Quelles sont les personnes qui, en se portant héri-

tiers purs et simples, peuvent exclure l'héritier bénéficiaire ? Est-il nécessaire que celui qui exclue
l'héritier bénéficiaire soit parent du défunt au même
degré que lui ? Les coutumes n'exigeaient pas que
celui qui voulait exclure l'héritier bénéficiaire par
une acceptation pure et simple fût appelé conjointement avec lui à la succession ; ainsi un parent,
bien qu'il fût d'une parenté plus éloignée, pouvait,
en offrant d'être héritier pur et simple, exclure
l'héritier bénéficiaire.

Des coutumes s'expliquaient expressément sur ce
point, comme les coutumes de Melun, de Péronne,
de Lille, du Nivernais, etc. D'autres, comme celles
de Paris et d'Orléans, ne le disaient pas expressément, mais le supposaient par leurs dispositions.

Pour exclure un héritier bénéficiaire, il fallait
être parent du défunt : un étranger n'aurait pu
exclure un parent du *de cujus*.

On décidait ainsi que le survivant de deux conjoints n'avait pas le droit d'exclure un parent héritier du défunt, en offrant d'être héritier pur et
simple ; et pourtant le survivant de deux conjoints
avait le droit de succéder, à défaut de parents, au
prédécédé. Mais ce droit qui appartenait au survivant des conjoints n'avait d'autre but que d'exclure le fisc quand il n'y avait pas d'autres parents ;
de sorte que s'il y en avait, si éloignés qu'ils fussent, le survivant était étranger à la succession.

Les jurisconsultes se demandaient si dans les coutumes qui admettaient des héritiers testamentaires,

des héritiers *ab intestat* pouvaient, en se portant héritiers purs et simples, exclure des héritiers testamentaires qui avaient accepté sous bénéfice d'inventaire ? On décidait que cette exclusion n'était
pas possible, parce que les héritiers appartenaient à
deux ordres différents. Seule la coutume de Berry
permettait cette exclusion ; mais elle était restreinte
à son territoire.

On se demandait également si un héritier testamentaire pouvait être exclu par un héritier du même
ordre et testamentaire comme lui ?

Lebrun pensait qu'entre héritiers testamentaires,
celui qui acceptait purement et simplement devait
exclure celui qui n'acceptait que sous bénéfice d'inventaire.

La règle que nous venons d'étudier recevait une
exception : elle avait lieu à l'égard des mineurs.
Le mineur qui se portait héritier pur et simple ne
pouvait exclure l'héritier qui acceptait sous bénéfice
d'inventaire et qui était en plus proche degré que
lui.

C'était une disposition des coutumes de Paris et
d'Orléans.

Si on n'accordait pas au mineur la préférence, c'est
qu'il pouvait toujours, si la succession était onéreuse, demander et obtenir une *restitution in inte-
grum;* or, *cette restitution,* si elle avait lieu, ne rendait
pas la condition des créanciers meilleure et n'as-
surait pas l'acquittement des dettes mieux qu'une
acceptation bénéficiaire.

On accordait cependant la préférence au mineur qui offrait de donner une caution et s'engageait ainsi à ne pas revenir par des lettres de rescision sur l'acceptation pure et simple qu'il avait faite.

Mais il n'y avait d'exception à la règle à l'égard du mineur qu'autant qu'il était parent du défunt à un degré plus éloigné que celui qu'il s'agissait d'exclure : si donc, il était parent au même degré, malgré la crainte de la restitution, dès qu'il acceptait purement et simplement, il était préféré.

On décidait que les créanciers d'un parent qui aurait eu droit d'exclure l'héritier bénéficiaire en se portant héritier pur et simple, ne pourrait l'exercer pour lui au cas où il aurait refusé de le faire. *En effet*, dit Pothier, *le droit de défendre l'honneur d'un défunt est comme personnel aux parents, et il ne peut être exercé par d'autres* [1].

L'héritier pur et simple qui voulait profiter de l'avantage que lui offrait la coutume et exclure l'héritier bénéficiaire avait un certain délai passé lequel il ne pouvait plus exercer son droit de préférence.

Le délai dans lequel il devait exercer son droit était un délai d'une année qui courait à partir *du jour de l'appréhension sous bénéfice d'inventaire*, c'est-à-dire du jour que l'héritier bénéficiaire avait présenté et fait entériner ses lettres.

Mais pour exercer valablement son droit dans le délai, que devait faire l'héritier pur et simple? Il

[1]. Poth., *Succ.*, ch. III, art. 111, § 3.

ne suffisait pas qu'il manifestât, dans le délai d'un an, son intention de se porter héritier pur et simple; on exigeait, en outre, qu'il signifiât cette déclaration à l'héritier bénéficiaire. L'héritier bénéficiaire auquel cette déclaration était signifiée, devait, s'il voulait conserver la succession, renoncer au bénéfice d'inventaire, et se déclarer héritier pur et simple. Cet héritier bénéficiaire qui voulait repousser l'héritier pur et simple devait agir dans le délai de quarante jours : c'était dans cet intervalle qu'il devait renoncer au bénéfice d'inventaire.

Le délai de 40 jours, aux termes de l'art. 342 de la Cout. d'Orléans, courait du jour qu'un autre *avait apparu héritier simple*, c'est-à-dire du jour qu'un autre lui avait signifié qu'il se portait héritier pur et simple.

Toutefois, l'héritier bénéficiaire qui avait laissé échapper le délai de quarante jours sans faire connaître son intention de renoncer à son bénéfice, n'était pas déchu par cela seul; pour qu'il le fût, il fallait que l'héritier pur et simple, à l'expiration des quarante jours, l'assignât devant le juge du lieu où la succession était ouverte, et obtînt une sentence qui le déclarait déchu de la succession.

Jusqu'à ce que cette sentence fût rendue, il était toujours permis à l'héritier sous bénéfice d'inventaire, quoique après les quarante jours expirés, de conserver la succession, en déclarant qu'il renonçait au bénéfice d'inventaire et qu'il se portait héritier pur et simple. Il y avait des coutumes qui ne

s'étaient pas expliquées sur le délai dans lequel l'héritier bénéficiaire devait renoncer à son bénéfice :
on décidait que dans ces coutumes ce délai devait
être accordé à l'arbitrage du juge devant qui cet héritier bénéficiaire aurait été assigné par celui qui
voulait l'exclure.

Par application de cette règle de notre vieux droit
français : *Le mort saisit le vif*, on décidait que l'héritier bénéficiaire qui était exclu était censé n'avoir
jamais été héritier, et avait possédé sans droit de
propriété les biens de la succession ; au contraire,
on considérait l'héritier pur et simple, qui avait
exclu l'héritier bénéficiaire, comme ayant été saisi
des droits et des biens de la succession dès l'instant
même de la mort du défunt.

On donnait donc au refus de l'héritier bénéficiaire de se porter héritier pur et simple, un
effet rétroactif au temps de l'ouverture de la
succession.

Toutefois, l'héritier bénéficiaire qui avait été exclu
par l'héritier pur et simple et qui était censé n'avoir
jamais été héritier ni propriétaire des biens de la
succession, en avait été au moins administrateur :
jusqu'à ce que l'héritier pur et simple se fût présenté, il avait eu le pouvoir d'un administrateur.
On en tirait cette conséquence, que tout ce que l'héritier bénéficiaire avait fait l'avait été valablement et
devait être conservé, si toutefois cela n'excédait pas
les bornes d'une administration. Tout ce qui excédait
au contraire les bornes d'une administration n'était

pas valable ; on ne pouvait l'opposer à l'héritier pur et simple.

C'était ainsi, par exemple, que les payements qui avaient été faits à l'héritier bénéficiaire jusqu'à son exclusion, étaient valables et opposables à l'héritier pur et simple, même si l'héritier bénéficiaire était devenu depuis cette époque insolvable. Mais si l'héritier bénéficiaire avait donné des meubles de la succession, l'héritier pur et simple pouvait revendiquer ce qui avait été donné par le bénéficiaire exclu, car rien ne dépasse plus les bornes de l'administration que la donation.

Enfin, l'héritier bénéficiaire exclu de la succession par l'héritier pur et simple devait lui rendre compte de tout ce qui lui était parvenu.

« Ce compte, dit Pothier, devait être composé en « recettes comme celui qu'un héritier bénéficiaire « rend aux créanciers quand il juge à propos d'a- « bandonner les biens de la succession[1]. »

1, Poth., Succ., ch. III. art. 111, § 5.

TROISIÈME PARTIE.

ÉPOQUE INTERMÉDIAIRE.

Nous venons de voir comment était réglé le bénéfice d'inventaire dans nos coutumes ; nous avons vu quelles étaient les restrictions et quels étaient les entraves que l'usage, en admettant en France ce bénéfice institué par Justinien, n'avait pas tardé à y apporter.

Avant de nous demander ce que le bénéfice d'inventaire est devenu dans nos lois modernes, et quelles décisions contient le Code Napoléon à cet égard, il ne sera peut-être pas inutile de jeter un rapide coup d'œil sur notre législation intermédiaire.

En ce point, d'ailleurs, notre tâche est facile : aussi bien, jusqu'à la promulgation du Code Napoléon, il faut reconnaître qu'à peu de choses près, le bénéfice d'inventaire est demeuré ce qu'il était dans notre droit coutumier.

C'était donc au Code Napoléon qu'il appartenait d'affranchir le bénéfice d'inventaire des restrictions qui avaient été apportées à son exercice par nos coutumes ; il est juste néanmoins de dire que ce travail fut commencé en 1790.

On se rappelle que dans les pays de droit coutumier, l'héritier qui voulait accepter la succession du défunt sous bénéfice d'inventaire, devait, à cet effet, obtenir dans les chancelleries des lettres royaux qu'il faisait entériner ensuite par le juge du lieu où la succession s'était ouverte.

Avant 1789, ces lettres n'étaient, il est vrai qu'une affaire de forme[1], et elles s'expédiaient sans aucune difficulté à la grande chancellerie. Cette nécessité, inutilement dispendieuse, de l'obtention des lettres royaux fut abolie par la législation intermédiaire. C'est la loi des 7, 11 septembre 1790 qui contient cette abrogation.

Les chancelleries établies près des cours supérieures, les présidiaux, et enfin l'usage des lettres royaux qui s'y expédiaient, furent supprimés par l'article 20 de cette loi ; et l'article 21 de la même loi s'exprimait ainsi :

« En conséquence, et à compter des mêmes époques, il suffira, dans tous les cas où lesdites lettres étaient ci-devant nécessaires, de se pourvoir par-devant les juges compétents pour la connaissance im-

---

1. Exposé des motifs, par M. Treilhard, 19 germinal an XI. *Législation de la France*, Locré, t. X, Comm. IX, n° 30.

médiate du fond; et l'on se conformera, pour le bénéfice d'inventaire, aux lois de chaque lieu, autres
que celles qui requièrent à cet effet des lettres
royaux[1]. »

Ce fut ainsi que l'usage des lettres royaux fut
aboli, et remplacé dans la pratique par une demande
en justice.

Cette nécessité, d'une demande en justice, n'a pas
même été conservée par le Code Napoléon; de la
sorte, aujourd'hui, le bénéfice d'inventaire est accordé de plein droit et directement à l'héritier par
la loi elle-même, et sans aucune intervention du
juge : nous verrons bientôt ce que doit faire celui
qui est appelé à une succession s'il veut l'accepter
sous bénéfice d'inventaire.

1. Loi des 7, 11 septembre 1790, art. 20, 21.
Décret relatif à la forme de procéder devant les autorités ad-
ministratives judiciaires en matière de contributions, de travaux
publics et de commerce, et à la suppression des cours, tribunaux
et juridictions d'ancienne création.
Les articles 20 et 21 sont remarquables en ce qu'ils suppriment
l'usage des lettres de rescision qu'il fallait obtenir pour attaquer
certains contrats. Aujourd'hui l'article 1304 du Code civil
place sur la même ligne les actions en nullité et en rescision, et
en limite pareillement la durée à dix années seulement.

QUATRIÈME PARTIE.

DROIT FRANÇAIS ACTUEL.

Nous avons déjà eu l'occasion de dire que notre loi civile, en admettant le bénéfice d'inventaire, l'avait affranchi des entraves et des restrictions qui le gênaient dans notre ancien droit.

Ce fut ainsi qu'à la différence du droit romain et des pays de droit écrit, le Code Napoléon autorisa le cumul de la délibération et du bénéfice d'inventaire. Or, on se rappelle que si la constitution de Justinien permettait bien encore aux héritiers de délibérer, elle leur offrait le choix entre la délibération avec ses conséquences dangereuses, et le bénéfice d'inventaire avec ses avantages certains. Le droit pour l'héritier de délibérer et de faire inventaire tout ensemble résulte formellement de l'article 795 du Code Napoléon, qui accorde à l'héritier trois mois

pour faire inventaire, et quarante jours pour délibérer.

Le droit d'exclusion de l'héritier bénéficiaire par
le parent qui se porterait héritier pur et simple, a
paru aux rédacteurs, comme il paraissait à Pothier , un droit bizarre et injuste : ils n'ont donc
pas voulu le conserver dans nos lois.

Déjà, l'article 83 du projet qui fut présenté par
Cambacérès, abolissait ce droit d'exclusion formellement; mais les rédacteurs de notre Code ont pensé
avec raison qu'il n'était pas besoin d'une disposition
expresse à cet égard, et que la disposition absolue
de l'article 774 suffisait pour écarter désormais
toute idée de préférence entre l'un et l'autre mode
d'acceptation. En effet, l'article 774 laisse l'héritier
libre de choisir entre une acceptation pure et simple
et une acceptation bénéficiaire; il les met donc
toutes les deux sur la même ligne, et ne témoigne
aucune préférence pour l'une ou pour l'autre.

Article 774 : « Une succession peut être acceptée
purement et simplement, ou sous bénéfice d'inventaire [1] ».

Si notre Code civil a repoussé, avec raison, les
rigueurs que déployait sans motifs le droit coutumier contre les acceptations bénéficiaires, que d'ailleurs il autorisait, il n'a pas cru devoir, à l'exemple

1. Pothier, *Success.*, ch. III, art. 111, § 1.
2. Merlin, *Répert.*, v°. bénéf. d'inv., n° 19; Merlin, *Répert.*, v°.
effet rétroactif, sect. III, § 6, n° 4; Chabot, art. 774, n° 13.

du droit de Justinien, offrir aux héritiers avec une sorte d'empressement ce moyen commode d'imposer au défunt, dont ils sont peut-être les enfants, les hontes toujours inséparables d'une faillite. Il nous a semblé que notre loi moderne avait su se tenir à égale distance des sévérités du droit coutumier, et de l'enthousiasme du droit de Justinien : le Code Napoléon ne s'est montré ni trop favorable, ni trop peu favorable au bénéfice d'inventaire.

Le droit romain reconnaissait plusieurs classes d'héritiers, et distinguait surtout les héritiers nécessaires des héritiers volontaires qui devaient faire adition : dans notre législation, nous ne connaissons plus d'héritiers nécessaires; l'héritier peut toujours répudier; il peut enfin accepter sous bénéfice d'inventaire.

Nous définirons le bénéfice d'inventaire : Le droit pour l'héritier qui accepte ainsi, de n'être tenu des dettes et charges, que jusqu'à concurrence des biens de la succession, et de ne pas confondre ses droits avec ceux du défunt.

M. Treilhard donnait bien la pensée du législateur quand il s'exprimait ainsi :

« On ne laissera pas nécessairement l'héritier entre la crainte d'une ruine totale par une acceptation hasardée et la certitude d'un dépouillement absolu par une renonciation méticuleuse!. »

L'acceptation bénéficiaire est donc un moyen terme entre l'acceptation pure et simple et la renonciation.

1. Locré, t. X. com. IX, n° 30. Exposé des motifs.

CHAPITRE I.

Nous diviserons ce chapitre en quatre sections.—
1° De la déclaration d'acceptation sous bénéfice d'inventaire; — 2° De l'inventaire; — 3° Des délais dans lesquels doit avoir lieu l'acceptation sous bénéfice d'inventaire; — 4° De l'interdiction de l'acceptation bénéficiaire par le défunt.

SECTION I. — *De la déclaration d'acceptation sous bénéfice d'inventaire.*

La déclaration d'un héritier, dit l'article 793, qu'il n'entend prendre cette qualité que sous bénéfice d'inventaire, doit être faite au greffe du tribunal de première instance dans l'arrondissement duquel la succession s'est ouverte; elle doit être inscrite sur le registre destiné à recevoir les actes de renonciation.

L'acceptation pure et simple d'une succession peut être tacite, aux termes de l'article 778, comme elle peut être expresse; il n'en est pas de même des renonciations et des acceptations sous bénéfice d'inventaire : ni l'une ni l'autre ne sauraient être tacites. Le législateur présume toujours que celui qui est appelé à recueillir une succession entend l'accepter purement et simplement.

En exigeant cette déclaration au greffe, notre Code s'est montré plus rigoureux que le droit romain, qui attachait à la simple confection de l'inventaire dans un certain délai l'acceptation bénéficiaire.

Il a voulu qu'il en fût ainsi afin qu'il n'y eût pas de doute sur l'intention de l'héritier de n'accepter que sous bénéfice d'inventaire. D'autre part, il a voulu que ce mode d'acceptation, qui peut exercer sur les droits des tiers une si grande influence, fût rendu public comme la renonciation. C'est ainsi qu'avertis par cette déclaration, les tiers peuvent prendre les mesures conservatoires que nous trouvons dans les articles 807, 808, 809, 820, 821, C. N.

Il n'est pas nécessaire que la déclaration soit faite avant l'inventaire, car, aux termes de l'article 794, elle peut être faite valablement soit avant, soit après. L'héritier doit déclarer qu'il entend ne prendre cette qualité que sous bénéfice d'inventaire : la déclaration qu'il entend se porter héritier ne suffirait pas, bien qu'il eût fait faire inventaire, et quoique la loi n'exige pas une pareille déclaration au greffe pour la qualité d'héritier pure et simple.

La déclaration faite au greffe doit être inscrite sur le registre destiné à recevoir les actes de renonciation. Elle ne serait pas nulle par cela seul qu'elle aurait été portée sur une feuille volante.

Pour faire cette déclaration, le successible est assisté d'un avoué, à qui une vacation est allouée à cet effet par le § 18 de l'article 10 du tarif.

D'après une décision ministérielle du 13 juin 1823, l'acte d'acceptation est soumis à un droit fixe de 2 francs, en vertu de l'article 68, § 2, n° 7 de la loi du 22 frimaire an VII, comme rentrant dans les actes conservatoires ou de formalité faits au greffe. La loi du 28 avril 1816 a porté ce droit à 3 francs (art. 44, n° 10). L'acte d'acceptation ne pouvait être mentionné dans la loi de l'an VII, puisqu'alors cette acceptation n'avait pas lieu au greffe.

C'est au greffe du tribunal dans l'arrondissement duquel la succession s'est ouverte que doit être faite cette déclaration; ce lieu est déterminé, aux termes de l'article 110, par le domicile du défunt.

Comme une renonciation, la déclaration d'acceptation bénéficiaire peut être faite par un fondé de pouvoir, et, dans ce cas, la procuration doit être annexée au registre. Il est évident que la procuration dont le fondé de pouvoir doit se trouver muni doit être spéciale, mais est-il nécessaire qu'elle soit faite en la forme authentique? Il nous semble qu'il suffit qu'elle soit sous seing privé, pourvu qu'on

l'annexe au registre. En effet, la loi n'ayant pas
déterminé la forme de la procuration dans ce cas
particulier, on reste dans les termes du droit commun, qui (art. 1985) se contente d'un acte sous
seing privé. Décider autrement, ne serait-ce pas imposer des frais inutiles à la succession, et par conséquent aux créanciers? D'ailleurs, une procuration,
qu'elle soit sous seing privé, qu'elle soit authentique,
ne remplit-elle pas exactement de même le but de
la loi?

Section II. — *De l'Inventaire.*

La seconde condition exigée par la loi pour l'acquisition du bénéfice d'inventaire, est écrite dans
l'article 794.

« Cette déclaration n'a d'effet qu'autant qu'elle
« est précédée et suivie d'un inventaire fidèle et
« exact des biens de la succession, dans les formes
« réglées par les lois sur la procédure, et dans les
« délais qui seront ci-après déterminés. »

Il résulte de cet article qu'il faut :

1° Qu'un inventaire soit fait;

2° Que cet inventaire soit fidèle, exact, régulier;

3° Qu'il soit fait dans les délais déterminés par
la loi.

1° Il faut un inventaire.

Il est évident qu'il ne saurait y avoir une acceptation bénéficiaire sans inventaire. L'inventaire est
la condition essentielle et *sine qua non* du bénéfice

d'inventaire. L'héritier, avant de procéder à la confection de l'inventaire, doit-il recourir à l'apposition des scellés ? Cette question était résolue diversement par les anciens auteurs. Lebrun[1] disait : « Il est nécessaire de faire apposer le scellé avant l'inventaire, principalement lorsque l'héritier demeure dans la maison du défunt ; autrement il sera présumé s'être immiscé et l'inventaire sera inutile. » A l'appui de son opinion, Lebrun citait plusieurs arrêts qui l'avaient décidé ainsi, et il s'appuyait de l'opinion d'Henrys[2]. Toutefois, si l'héritier n'était pas demeurant dans la maison du défunt, il ne lui paraissait pas aussi nécessaire qu'il fît apposer le scellé. « Mais, disait Lebrun, il doit observer au moins la précaution qui lui est imposée par l'article 13 du titre des successions de la coutume de Bourges, de faire fermer exactement les lieux à la fin de chaque vacation de l'inventaire, et, pour ne donner aucun soupçon de sa conduite, qu'il sache qu'il doit accomplir les conditions du privilége que la loi accorde, duquel il peut déchoir par la moindre contravention à la loi. » Rien dans notre loi n'oblige l'héritier à requérir l'apposition des scellés avant de procéder à l'inventaire : l'article 794 n'en dit rien, et l'article 810 suppose même qu'il peut arriver que les scellés n'aient pas été apposés ; mais il sera prudent, de la part de l'héritier, d'en

1. Lebrun, *Tr. des succ., du bénéf. d'invent.*, l. III, ch. IV, 16.
2. Henrys, t. I, l. VI, ch. IV, question 11.

requérir l'apposition afin de mettre sa responsabilité à couvert.

Si le défunt n'a laissé aucun effet mobilier, il suffit de faire dresser un procès-verbal de carence (art. 924, C. de proc.).

Ce procès-verbal est indispensable pour satisfaire à la condition de l'inventaire exigé par la loi ; et Pothier, avons-nous dit plus haut, pensait que la notoriété publique que le défunt n'avait laissé aucuns meubles ne pouvait pas dispenser l'héritier d'en faire dresser un[1].

Sans doute, c'est à l'héritier qui veut accepter bénéficiairement que la loi impose l'obligation de faire inventaire, et régulièrement, c'est à sa diligence qu'il devra être dressé. Mais comme ce que veut la loi, c'est qu'il y ait un inventaire, il ne serait pas raisonnable d'obliger l'héritier à refaire une opération qui serait déjà faite. Nous pensons donc que si un inventaire régulier et récent avait été dressé, soit par un héritier qui a renoncé, soit par un curateur à la succession vacante, soit même par le *De cujus* lui-même, l'héritier qui voudrait accepter bénéficiairement n'aurait qu'à faire dresser un procès-verbal de récolement[2].

2° Il faut que l'inventaire soit fidèle et exact.

Il faut que l'héritier ne commette sciemment au-

1. Pothier. *Tr. de success.*, ch. III, art 3, § 3.
2. Lebrun, des *Succes. du bén. d'inv.*, liv. III, ch. 4, n. 14.
« *Celui que le défunt aurait fait, même peu auparavant son décès, ne serait pas suffisant, s'il n'était récolé.* »

cune omission ni, à plus forte raison, aucun recelé
ni divertissement.

« L'héritier qui s'est rendu coupable de recelé, ou
« qui a omis sciemment et de mauvaise foi, de com-
« prendre dans l'inventaire des effets de la suc-
« cession, est déchu du bénéfice d'inventaire »
(art. 801).

Indépendamment de toute omission frauduleuse
de la part de l'héritier, il faut que l'inventaire com-
prenne, en fait, tous les meubles de la succession.
Cependant, l'inexactitude de l'inventaire ou, en d'autres termes, la simple omission, sans fraude dans
l'inventaire, de plusieurs effets de la succession ne
saurait faire déchoir l'héritier du bénéfice d'inventaire. C'est ce qu'enseignait Pothier[1]. L'omission des
choses que le défunt avait déposées en mains tierces,
disait Lebrun[2], étant sans fraude, ne vicie point
l'inventaire, selon Paul de Castres, sur la loi finale
(C. *de jur. deliberandi*).

Les objets omis dans l'inventaire n'en seraient
pas moins sans doute le gage des créanciers ; et l'héritier devrait compléter l'inventaire, en y ajoutant
ces objets ; mais il ne pourrait pas être poursuivi
sur ses biens personnels.

Il n'est pas nécessaire que l'inventaire contienne
une description solennelle des immeubles ; il suffit
d'en inventorier les titres.

---

1. Pothier, succ., ch. iii, sect. iii, § 3.
2. Lebrun, l. III, ch. iv, n. 7.

D'Argentré[1], sur l'article 514 de la coutume de Bretagne, avait cru que cette description était nécessaire.

Lebrun[2] dit que l'opinion contraire avait prévalu.

Il faut enfin que l'inventaire soit régulier : « .... dans les formes réglées par les lois sur la procédure, » dit notre article 794. (C. de procéd., art. 942, 943, 944.)

Un inventaire privé et à l'amiable serait insuffisant ; il doit être dressé par un notaire. Il appartient en général à l'héritier qui veut accepter bénéficiairement de choisir celui qui devra procéder à l'inventaire : le tribunal ne désignerait le notaire qu'autant qu'il y aurait plusieurs héritiers qui ne s'accorderaient pas sur ce point.

Est-il nécessaire d'appeler à la confection de l'inventaire les créanciers connus ?

Pothier distinguait sur ce point entre les créanciers opposants, d'une part, et les créanciers non opposants de l'autre ; et s'il voulait que les premiers fussent appelés, il ne l'exigeait pas pour les seconds[3].

Nous pensons que cette distinction a été conservée par notre législateur. Il est vrai que cela ne résulte pas de l'article 942 du C. de procéd. civ. qui détermine les personnes en présence desquelles doit être fait l'inventaire et ne parle pas des créanciers ; mais la pensée de la loi à cet égard nous paraît être dans la combinaison des articles 820 et 821 du C.

1. D'Argentré, sur l'art. 514, ancienne *Cout. de Bret.*, gl. 3.
2. Lebrun, liv. III, ch. iv, n. 17.
3. Pothier. *Success.* ch. iii, art. 3, § 3.

8

Nap., d'une part; 931 et 937 du C. de procéd., d'autre part.

En effet, les articles 820 et 821 (C. Nap.) autorisent les créanciers à requérir l'apposition des scellés et à former opposition à la levée, quand ils ont été apposés; l'article 931 du C. de procéd. civ. veut que les opposants soient appelés à la levée des scellés, et la levée des scellés, aux termes de l'article 937 du même Code, doit avoir lieu au fur et à mesure que se fait l'inventaire : il résulte bien de ces dispositions que les créanciers opposants doivent être appelés à la confection de l'inventaire.

Que déciderons-nous si l'inventaire n'est pas régulier?

Dirons-nous que l'inobservation des formalités prescrites par l'article 943 du C. de procéd. fera perdre à l'héritier le bénéfice d'inventaire? Mais où cette disposition se trouve-t-elle écrite dans la loi? Et s'il n'existe pas un texte à cet égard, est-il permis de la prononcer?

On examinera d'abord si l'irrégularité est de nature à entraîner la nullité de l'inventaire; or, dans le silence de la loi sur ce point, ne convient-il pas de distinguer les formalités substantielles d'avec celles qui ne le sont pas?

Mais l'inventaire fût-il nul par suite de l'omission d'une formalité substantielle, dirons-nous que l'héritier est déchu du bénéfice d'inventaire, si d'ailleurs on ne lui impute aucune fraude? Les déchéances sont de droit étroit, et il n'y a aucun texte qui nous autorise en pareil cas à faire perdre à l'héritier le bénéfice d'inventaire. Seulement il devra recommencer l'inventaire, payer personnellement les frais du premier, et même, il faudra, s'il y a lieu, l'admettre à recourir contre le notaire[1].

SECTION III. — *Des délais dans lesquels l'acceptation sous bénéfice d'inventaire doit avoir lieu.*

L'article 795 dit : « L'héritier a trois mois pour faire inventaire, à compter du jour de l'ouverture de la succession. »

Il a de plus pour délibérer sur son acceptation ou sur sa renonciation un délai de quarante jours qui commence à courir du jour de l'expiration des trois mois donnés pour l'inventaire, ou du jour de la clôture de l'inventaire s'il a été terminé dans les trois mois. Après l'expiration des délais ci-dessus, dit l'article 798, l'héritier, en cas de poursuite dirigée contre lui, peut demander un nouveau délai que le tribunal, saisi de la contestation, accorde ou refuse suivant les circonstances.

Cette prolongation de délais est facilement accordée par les tribunaux.

Que devons-nous conclure de ces deux articles et quelle est la situation faite à l'héritier ?

1. Vazeille, art. 794, n. 8, Demante, t. III, n. 116 *bis*. Fouquet, *Encycl. du droit*, v. *bén. d'invent.*, n. 39. Demolombe, liv. III, t. I, ch. v, n. 143.

Nous ne dirons pas que l'héritier, une fois les délais qui lui ont été accordés expirés ne peut plus faire inventaire, il en conserve toujours le droit; mais que jusqu'à l'expiration des délais, il ne peut être contraint à prendre qualité. Donc l'héritier peut repousser ceux qui le poursuivent au moyen d'une exception dilatoire; il l'opposera à ceux qui l'attaquent, soit qu'il se trouve dans les délais que la loi lui accorde dans l'article 795, soit qu'il se trouve dans ceux que le juge lui accorde aux termes de l'article 798. Cependant il existe entre ces deux cas une différence qu'il importe de signaler : Dans le premier cas, c'est-à-dire, quand l'héritier est dans les délais légaux, les frais faits pour le poursuivre sont à la charge de la succession; dans le second, au contraire, on distingue : l'héritier justifie-t-il qu'il n'avait pas eu connaissance du décès ou que les délais ont été insuffisants, soit à raison de la situation des biens, soit à raison de contestations survenues, les frais de poursuite restent à la charge de la succession; s'il ne fait pas cette justification, les frais restent à sa charge personnelle (799).

De ce que les créanciers peuvent agir contre l'héritier avant l'expiration du délai pour faire inventaire et délibérer, nous devons tirer cette conséquence que la prescription court contre les créanciers pendant le délai; rien ne les empêche en effet de l'interrompre par une demande judiciaire.

Nous avons dit que même après l'expiration des

délais, l'héritier conservait le droit de faire inventaire. Mais demandons-nous jusqu'à quand l'héritier conserve le droit d'accepter bénéficiairement?

Ce droit, dans un article du projet qui ne fut pas
adopté tel qu'il avait été proposé, cessait au bout
d'une année à compter du jour de l'expiration des
délais; de sorte qu'une fois cette année écoulée, l'héritier n'avait plus que deux partis à prendre : accepter purement et simplement ou renoncer; mais le
bénéfice d'inventaire lui était désormais refusé.
(Locré, t. X, p. 115[1].)

Les considérations sur lesquelles se fondaient
ceux qui proposaient cette limitation du droit de
l'héritier, d'accepter sous bénéfice d'inventaire,
avaient une valeur qu'il est impossible de méconnaître : ils craignaient que l'intérêt des créanciers
ne se trouvât compromis, si, à une époque où les
forces de la succession ne seraient plus connues,
l'héritier était admis à faire une acceptation sous
bénéfice d'inventaire. Malgré les raisons données par
M. Treilhard à l'appui de cette disposition, le dernier alinéa de l'article 800 qui la contenait fut sup-
primé; il fut donc entendu que même après l'expi-

---

1. Cet article du projet qui limitait à une année le temps pendant lequel le bénéfice d'inventaire pouvait être obtenu, avait sans
doute été inspiré par cet ancien usage, dont Lebrun constatait
l'existence et en vertu duquel les lettres de bénéfice d'inventaire
devaient être obtenues dans l'an du jour du décès; faute même
de les avoir obtenues à temps, il fallait une clause insérée dans
le lettres pour en être relevé.

ration des délais soit ceux de la loi, soit ceux de la justice, l'héritier conserverait le droit d'accepter bénéficiairement.

L'héritier conserve donc indéfiniment, même au delà de trente années, le droit de se porter héritier bénéficiaire; et qu'on ne dise pas qu'à cette époque, il sera impossible ou du moins extrêmement difficile de faire un inventaire : il y aura toujours moyen de faire dresser un procès-verbal de carence, et d'attribuer ainsi à celui qui, au bout de trente années, a perdu la faculté de répudier, l'avantage qu'on est heureux de lui conserver de n'être tenu des dettes qu'*intra vires bonorum*.

Ainsi l'héritier conserve indéfiniment le droit de se porter héritier bénéficiaire à moins que certains événements, spécialement prévus par l'article 800, ne se soient accomplis, et ne l'aient ainsi privé de la faculté de faire inventaire.

L'art. 800 ne réserve en effet cette faculté à l'héritier que « s'il n'a pas fait d'ailleurs acte d'héritier, ou s'il existe pas contre lui de jugement passé en force de chose jugée qui le condamne en qualité d'héritier pur et simple. »

1° L'héritier ne peut plus accepter bénéficiairement s'il a fait acte d'héritier. Qu'est-ce que faire acte d'héritier? c'est faire un acte qui suppose nécessairement chez celui qui est appelé à la succession l'intention d'accepter : telle est la définition de *l'acte d'héritier* donnée par l'article 778, du C. N.

Il est évident que l'héritier qui a fait un acte de

cette nature, par exemple qui a vendu un immeuble de la succession, a perdu la faculté d'accepter ensuite sous bénéfice d'inventaire. En effet, en agissant ainsi, cet héritier est devenu héritier pur et simple ; or cette acceptation pure et simple fait désormais obstacle aussi bien à l'acceptation bénéficiaire qu'à la renonciation.

La loi, dans l'article 801, a donné la même décision et édicté une déchéance de même sorte pour le cas où l'héritier aurait sciemment détourné ou recelé des valeurs héréditaires.

La déchéance du bénéfice d'inventaire est le châtiment que la loi inflige à l'héritier bénéficiaire qui a détourné ou qui a recelé des objets de l'hérédité.

Les jurisconsultes romains ne donnaient point à cet égard la même solution. Pour eux, le vol des valeurs héréditaires n'était pas l'équivalent d'une adition de l'hérédité : si les jurisconsultes français ont donné une décision toute différente, c'est qu'ils n'ont pas voulu qu'une personne, pour se soustraire aux graves inconvénients qui parfois résultent d'une acceptation pure et simple, pût invoquer le délit qu'elle a commis : or, le détournement des valeurs héréditaires est un de ces actes que l'héritier bénéficiaire ne peut expliquer qu'en prétendant qu'il a commis un vol, et on se rappelle la maxime : « *Nemo auditur propriam turpitudinem allegans.* »

En réalité cependant, il est impossible de méconnaître qu'il n'y ait eu vol au préjudice des cohéri-

tiers et des créanciers de la succession, et nous déciderions volontiers que celui qui se serait rendu coupable de ce détournement ou de cette omission frauduleuse devrait être poursuivi comme l'auteur d'un
vol.

2° L'article 800 ne réserve à l'héritier la faculté
de se porter héritier bénéficiaire que s'il n'existe
pas contre lui de jugement passé en force de chose
jugée, qui le condamne en qualité d'héritier pur et
simple. »

C'est ce second cas qui a donné lieu aux difficultés
les plus graves.

Lorsqu'il existe contre l'héritier un jugement
passé en force de chose jugée qui le condamne en
qualité d'héritier pur et simple, l'héritier est-il déchu
envers et contre tous de la faculté d'accepter bénéficiairement ?

En d'autres termes, cette déchéance est-elle
absolue ?

Est-elle relative ?

Sur cette question plusieurs systèmes ont été
proposés : nous les exposerons tour à tour.

1° *Opinion.* Elle donne au jugement qui condamne l'héritier en qualité d'héritier pur et simple
un effet absolu[1].

Donc tout jugement, soit contradictoire, soit par
défaut, soit en premier, soit en dernier ressort, qui a

---

1. Malleville, t. II, p. 261. Merlin, *Répert.*, v°. *Success.* S. 1,
§ 5, n. 4, et question de droit, v°. Héritier, § 8. Vazeille, art. 800,

condamné le successible en qualité d'héritier pur et simple, équivaut de sa part à un acte d'héritier dès que la condamnation est devenue irrévocable.

Les partisans de cette première opinion se fondent sur le texte même de l'article 800.

Personne ne doute, disent-ils, que celui qui a fait acte d'héritier, c'est-à-dire un acte supposant nécessairement l'intention d'accepter, ne soit héritier pur et simple envers et contre tous. Or, le texte même de l'article 800 ne prouve-t-il pas que chez le législateur existait l'intention de faire produire au jugement passé en force de chose jugée les mêmes effets qu'à l'acte d'héritier? Le jugement et l'acte d'héritier, contenus dans la même phrase, et intimement unis, ne sont-ils pas, pour l'héritier, les deux formes d'une acceptation pure et simple?

Et d'ailleurs, ajoutent-ils, il en devait être ainsi; car l'indivisibilité de la qualité d'héritier pur et simple ne permettrait pas l'application à cette matière de la règle consacrée par l'article 1351.

Au premier argument que nous oppose ce système, nous répondrons que de ce que la loi a écrit deux dispositions dans la même phrase, il n'y a évidemment pas à en conclure qu'elle ait voulu leur faire produire les mêmes effets.

Nous opposerons enfin un argument qui montrera

n. 2. Taulier, t. III, p. 356 et suiv. Malpel, n. 194. Bonconne, t. III, p. 339 s.

jusqu'à quel point les rédacteurs de nos lois ont consacré le principe de la chose jugée entre les parties, et lui ont fait produire ses plus rigoureuses conséquences : Rien n'est plus indivisible que l'état des personnes, et pourtant cette indivisibilité (art. 100, C. N.) n'empêche pas que les jugements qui prononcent sur une question d'état n'aient de force qu'entre ceux qui ont été parties ou appelés dans l'instance. Et il en devrait être ainsi : de ce qu'une qualité est indivisible, il suit bien qu'elle ne peut pas être attribuée ou refusée pour partie ; mais il n'en résulte nullement qu'elle ne puisse être attribuée à l'égard des uns et refusée à l'égard des autres.

2ᵉ *Opinion.* Le second système consiste à distinguer les jugements rendus soit par défaut, soit en premier ressort qui, faute d'opposition ou d'appel, sont ainsi passés, dit-on, en force de chose jugée, d'avec les jugements rendus soit contradictoirement et en dernier ressort, soit après opposition ou appel, lorsque le jugement était par défaut ou en premier ressort. D'après ce système, ce n'est que dans le premier cas que l'effet du jugement est absolu ; et l'on écarte l'objection déduite de l'article 1351, en disant que si le successible est héritier pur et simple, à l'égard de tous, ce n'est point par l'effet du jugement qui l'a condamné en cette qualité, mais bien par l'effet de sa propre volonté, résultant de l'adhésion qu'il a donnée à ce jugement, en ne l'attaquant point par la voie de l'appel ou de l'opposition qui lui était ouverte. En un mot il n'y a pas alors *res judicata*, mais plutôt *res confessa* [1].

Cette opinion est inadmissible, parce que, comme la première, elle dénature l'objet et le but de l'article 800, en lui faisant trancher une question dont il ne s'occupe pas, une question d'acceptation pure et simple. Et, en effet, si l'article 800 avait eu cet objet, est-ce bien là et sous cette rubrique que nous le trouverions?

Enfin, et c'est là une fin de non recevoir insurmontable que nous opposons à ce système ingénieux, les termes de notre article 800, « *jugement passé en force de chose jugée,* » n'ont pas dans le langage scientifique, le sens restreint que cette distinction prétend leur donner. Sous ces mots, on comprend en général tout jugement, de quelque manière qu'il ait été rendu, et qui ne peut point être réformé par les voies légales. Si cette formule désigne quelquefois seulement les jugements par défaut ou en premier ressort, ce n'est que par exception, et lorsque le jugement passé en force de chose jugée est opposé, par antithèse, au jugement rendu en dernier ressort. (Art. 1262-1263-2056-2061) (2157-2215.)

L'opinion que nous combattons prétend voir dans le fait de celui qui laisse passer un jugement en force de chose jugée une intention arrêtée de sa part de

1. Marcadé, art. 800. Massé et Vergé sur Zachariæ, t. II p. 311.

devenir héritier pur et simple, mais n'arrive-t-il pas quelquefois qu'un jugement passe en force de chose jugée et qu'on l'ignore? Comment y voir alors l'intention par le successible de faire acte d'héritier?

Dira-t-on également que le successible qui aura lutté jusqu'au bout sera devenu héritier pur et simple parce qu'il aura manifesté l'intention de le devenir? On le voit donc, tout condamne le deuxième système.

3e *Opinion*. Cette troisième opinion propose une distinction qui nous paraît devoir être repoussée.

Les partisans de ce système distinguent en effet entre l'hypothèse où le débat, sur lequel le jugement est intervenu, avait pour objet principal et direct la question de savoir si l'héritier avait fait un acte d'acceptation pure et simple, et l'hypothèse où le débat n'avait pour objet qu'une prétention formée par un créancier de la succession contre l'héritier, sans que la question d'acceptation y ait été agitée.

Au premier cas, ils donnent au jugement rendu contre l'héritier un effet absolu; au second, ils ne lui font produire qu'un effet purement relatif[1].

Mais est-il bien exact de dire que l'hypothèse à laquelle cette opinion applique l'article 800 soit bien

---

1. Cass. 24 mars 1812, Kénor, Sirey, 1812, I, 325; Montpellier 1er juillet 1828, Gondal, Sirey, 1829, II, 118; Toulouse, 25 juillet 1828, de Sordat, Sirey 1829. II. 293; Favard, *Répert.*, vo *Exception*, § 4, n. 2; Belost-Jolimont sur Chabot, art. 800, observ., 2.

celle que cet article a prévue? Si, dans la discussion, quelques conseillers d'État ont paru penser que l'article prévoyait le cas où le débat porterait sur la qualité d'héritier, il résulte de cette même discussion, et surtout des termes de notre texte, qui a été emprunté à Pothier, lequel ne s'occupait que du cas où le successible, condamné comme héritier pur et simple, n'avait pas pris qualité, il en résulte, disons-nous, que l'article 800 n'a trait qu'à cette dernière hypothèse.

Enfin peut-on croire que l'article 800 écrit par le législateur dans la matière du bénéfice d'inventaire ait pour objet de trancher une question d'acceptation, et de nous apprendre ce que nous devons entendre par acte d'héritier?

Et d'ailleurs à quoi bon les deux dispositions finales de l'article 800? Si le successible qui est condamné en qualité d'héritier pur et simple par un jugement passé en force de chose jugée est désormais, à l'égard de tout le monde, héritier pur et simple parce qu'il a fait acte d'héritier, ne suffisait-il pas, dans l'article 800, de dire: « L'héritier conserve la faculté de faire inventaire et de se porter héritier bénéficiaire s'il n'a pas fait d'ailleurs acte d'héritier? » Et qu'était-il besoin d'ajouter: « Ou s'il n'existe pas de jugement passé en force de chose jugée qui le condamne en qualité d'héritier pur et simple. » Ce qui après tout ne serait qu'un pléonasme.

4ᵉ *Opinion*. — Eclairée par les travaux préparatoires et l'historique de l'article 800, cette quatrième opi-

nion, seule, nous paraît avoir donné une saine interprétation de la loi.

Si un successible est poursuivi par un créancier,
après l'expiration des délais pour faire inventaire et
pour délibérer, et qu'il soit condamné envers lui,
faute de pouvoir opposer l'exception dilatoire, même à
l'égard de tous les autres créanciers, ce successible
sera déchu de la faculté de se porter héritier bénéficiaire; mais il n'aura pas perdu, à l'encontre de
ceux-ci, la faculté de renoncer.

Ainsi le jugement passé en force de chose jugée
et qui condamne l'héritier en qualité d'héritier pur et
simple, a un effet absolu, mais seulement en ce sens
qu'il enlève désormais à l'héritier la faculté d'accepter sous bénéfice d'inventaire.

A part les arguments très-sérieux que les partisans de ce système invoquent avec force, on remar-
quera tout d'abord que cette interprétation nouvelle
a cet avantage sur les trois qui précèdent de faire
produire à l'article 800 une décision que, par la
place que lui a assignée le législateur, il était naturel
de lui demander.

Ce système est fondé surtout sur ce que l'article
800 dans le projet présenté par la section de législa-
lation portait une disposition finale ainsi conçue :
« Cette faculté (d'accepter sous bénéfice d'inventaire)
ne s'étend pas au-delà d'une année, à compter de
l'expiration des délais ; l'héritier ne peut ensuite
qu'accepter purement et simplement. » Locré. (Lég.
fr., t. X, p. 115.)

Or, d'après sa rédaction, le sens de l'ancien article 800 était celui-ci : « En règle générale, la faculté
d'accepter bénéficiairement ne durera qu'un an, et
même elle pourra être perdue, avant l'expiration de
ce délai, lorsque le successible aura fait acte d'héritier ou lorsqu'il aura été condamné en qualité d'héritier pur et simple. »

De la sorte, anciennement, la faculté de se porter
héritier bénéficiaire recevait de la loi deux limites :
l'une, préfixe, invariable, déterminée à l'avance ;
c'était l'expiration d'une année après les délais ; l'autre, variable, pouvant se présenter avant l'expiration
de l'année, et enlever ainsi prématurément à l'héritier le droit d'accepter sous bénéfice d'inventaire. Or
qu'ont fait les rédacteurs de l'article 800 quand ils
ont retranché, en faisant disparaître le second alinéa
de l'article 800, la disposition qui limitait à un an
la faculté d'accepter sous bénéfice d'inventaire ?

Ils n'ont entendu maintenir comme limite à
l'exercice de cette faculté que les deux faits qui sont
contenus dans la dernière partie de l'article 800 et
celui que contient l'article 801.

De cette manière, la limite invariable, préfixe, a
disparu ; seule, la limite variable est demeurée.

L'héritier conserve donc indéfiniment la faculté
de se porter héritier bénéficiaire ; il n'est déchu de
cette faculté que dans deux cas : 1° s'il fait acte
d'héritier ; 2° s'il existe contre lui un jugement qui
le condamne en qualité d'héritier pur et simple.

Dans la première hypothèse, le successible, ayant

librement choisi la qualité d'héritier pur et simple, l'est à l'égard de tout le monde ; dans la seconde, il peut bien encore renoncer vis-à-vis de ceux qui n'ont pas été parties au procès ; mais il est impuissant désormais à réclamer la qualité d'héritier bénéficiaire. Il est déchu du bénéfice d'inventaire d'une façon absolue, *erga omnes;* il n'est héritier pur et simple que d'une manière relative (art. 1351.)

Tel est le système auquel nous croyons devoir nous ranger[1].

Section IV. — *De l'interdiction de l'acceptation bénéficiaire par le défunt.*

Nous terminerons ce premier chapitre par la discussion d'une question qui n'a jamais cessé d'être débattue, celle de savoir si le *De cujus* peut interdire à son successeur le bénéfice d'inventaire en lui enjoignant de ne pas faire inventaire et d'accepter purement et simplement?

Cette question est toute différente de celle qui consisterait à se demander s'il dépend du défunt d'assurer à son héritier les avantages de l'acceptation bénéficiaire sans faire d'inventaire. Sur ce dernier point, le doute ne nous semble guère permis; admettre la solution affirmative, ce serait par trop faciliter la fraude. Mais c'est une question bien dé-

1. M. Valette, *Revue étrangère et française*, t. IX, p. 257.

licate que celle de savoir si le *De cujus* peut interdire
le bénéfice d'inventaire.

. Remarquons d'abord que pour ceux qui pensent
que les légataires universels sont tenus *ultra vires*,
et que le bénéfice d'inventaire leur est utile, cette
question peut s'élever dans deux hypothèses :

1° Ils se demandent si le *De cujus* peut interdire
l'inventaire à un héritier légitime.

2° S'il peut adresser la même prohibition aux successeurs qu'il a désignés dans son testament.

C'était également à ce double point de vue que
nos anciens auteurs des pays de droit écrit envi-
sageaient la question, puisque, soit qu'il s'agît
d'un héritier ab intestat, soit qu'il s'agît *d'un héritier testamentaire*, pour l'un comme pour l'autre,
il y avait obligation de supporter les charges et
dettes *in infinitum*, à moins d'acceptation bénéficiaire.

Quant à nous, qui pensons que les héritiers légitimes, seuls représentants de la personne du
défunt, seuls sont appelés à supporter les dettes de
la succession *ultra vires*, nous n'avons qu'à nous
demander si le *De cujus*, s'adressant à un héritier
présomptif, peut lui imposer l'obligation d'accepter
purement et simplement. Mais il est bien entendu
que pour donner à la question de l'intérêt, nous
supposons que le *De cujus* a fait un légataire pour le
cas où son héritier présomptif ne se soumettrait pas
à la condition qu'il lui impose.

Ainsi Paul a dit : « Dans le cas où mon héritier

9

légitime ne voudrait pas se soumettre au payement
de toutes les dettes que je laisse, et conséquemment
aurait la prétention de n'accepter ma succession que
sous bénéfice d'inventaire, je lègue l'universalité de
mes biens à Pierre; car encore qu'un légataire universel ne soit tenu des obligations du défunt que
dans la mesure des forces de l'hérédité, j'aime mieux
voir un étranger n'exécuter que pour partie mes
obligations, que de voir ma mémoire en quelque
sorte outragée par la répudiation que Paul, mon héritier, ferait de mes engagements ! »

Examinons ce que pensaient nos anciens auteurs
sur ce point.

Sous l'ancienne jurisprudence, on décidait généralement que la prohibition de l'inventaire était
non avenue, et des auteurs appliquaient cette
doctrine même au cas où le défunt aurait eu la
précaution d'instituer éventuellement un autre héritier.

Dans l'opinion de ceux qui pensent que la prohibition dont il s'agit est nulle, c'est *a fortiori* qu'on
invoque cette ancienne doctrine, attendu que le Code
est bien plus favorable au bénéfice d'inventaire que
ne l'était notre ancien droit.

Lebrun rapporte plusieurs arrêts qui avaient jugé,
tant pour les pays de droit écrit que pour les pays
de coutume, que le testateur ne pouvait faire cette
défense. Ces arrêts l'avaient jugé même pour les héritiers testamentaires.

Pothier était également de cet avis.

« La raison en est, dit-il, que quoique un testateur puisse instituer son héritier sous telles conditions que bon lui semble, ce ne peut pas être néanmoins sous des conditions contraires aux lois. Or, telle est la condition qui lui défendrait d'avoir recours au bénéfice d'inventaire, puisqu'elle lui défend ce que la loi veut lui accorder. La question doit encore moins souffrir de difficulté à l'égard des héritiers légitimes qui tiennent de la loi leur qualité d'héritier et non du défunt[1]. »

Henrys[2] a examiné très-sérieusement la question.

« Cette question est des plus célèbres, dit-il, et comme les raisons qu'on peut dire pour ou contre balancent sa décision, elle a aussi formé des partis contraires. Elle mérite donc que nous lui prêtions notre plume et fassions une controverse. »

Après avoir examiné dans un premier paragraphe les raisons et les autorités pour établir que le testateur peut prohiber le bénéfice d'inventaire; dans un second, il se demandait quelles étaient les raisons et les autorités pour montrer que, nonobstant la prohibition du testateur, l'héritier peut n'accepter que sous bénéfice d'inventaire.

« Pour bien résoudre cette question, disait-il, il faut supposer que quand un droit est introduit pour l'utilité publique, on ne peut pas y déroger. »

1. Pothier, *Success*, ch. III, art. 2, § 2.
2. Livre V, ch. IV, q. 30. T. III, Henrys.

« Outre les textes cités, la loi Neratius, ff. *de religiosis, et sumpt. funer.*, y est expresse, et encore plus la loi 2, § 1, *sed quis de jurejur. propter calumn.* où l'empereur décidant que ce serment ne peut être remis, et qu'on ne s'en peut dispenser par quelque prétexte que ce soit, il en rend cette raison : « *Quia non pro commodo privatorum, sed pro communi utilitate præsentem legem posuimus.* »

Donc si ce n'est pas pour la seule commodité des particuliers, mais pour le bien public qu'on a introduit le bénéfice d'inventaire, il faudra inférer de là qu'il ne peut être prohibé.

« Toute la difficulté, disait ailleurs Henrys, est donc de savoir quelle a été l'intention de Justinien en la loi *Scimus;* et si, introduisant le bénéfice d'inventaire, il a plutôt songé aux particuliers qu'au public, et à la sûreté des héritiers qu'à la conservation des hoiries. »

Après avoir examiné quelles étaient les raisons de croire que l'empereur n'avait eu d'autre visée que celle des héritiers, et qu'il n'avait songé qu'à les assurer, Henrys s'exprimait ainsi : « Mais cependant il y a plus d'apparence de dire qu'encore que l'empereur n'ait pas parlé du public, il n'a pas laissé d'y songer; que ça été son principal motif et sa fin dernière : qu'il n'a considéré l'intérêt des héritiers qu'en tant qu'il réfléchissait sur le public et regardait la société civile : qu'à la vérité, Justinien a fait cela pour inviter les héritiers à l'acceptation des hoiries qui leur sont échues; mais que

c'est afin de conserver la mémoire des défunts et
l'honneur des familles : que c'est afin de pourvoir à ce
que les créanciers ne perdent pas leurs dettes, et que
les légataires ne soient pas frustrés de leurs legs :
en un mot, que la volonté du testateur ne soit élu-
dée. Une hoirie ne peut être répudiée et abandonnée
qu'elle ne se consomme en frais, et qu'un curateur
qui la soutient de nom ne tâche en effet à la détruire.
Il est donc plus avantageux aux créanciers et aux
légataires qu'il y ait un héritier que s'il n'y en avait
point ; et l'expérience ne nous enseigne que trop que
c'est mettre en proie une hoirie que de la faire mé-
nager par un curateur. »

Ces dernières raisons fournies par Henrys à l'appui de son opinion sont évidemment puériles ; quant
aux considérations tirées de ce que la prohibition
du bénéfice d'inventaire serait contraire à l'ordre
public, nous avouons qu'elles nous laissent parfaitement insensible. En quoi l'institution du bénéfice
d'inventaire se propose-t-elle un intérêt public ? En
quoi l'ordre public sera-t-il troublé parce que cet
héritier légitime se trouvera dans la nécessité, s'il
veut accepter une succession, de le faire purement
et simplement ?

Pourquoi refuser enfin au défunt de préférer celui
qui offre d'accomplir toutes les obligations qu'il a contractées et de n'en renier aucune, à celui qui ne voit
qu'une bonne opération à faire, et qui, en somme,
montre, par les précautions qu'il prend, que s'il
accepte la succession de son parent, c'est moins

par souci de sa mémoire que par espérance de s'en-
richir sans courir aucun risque ?

Cujas pensait que la prohibition du bénéfice d'inventaire était parfaitement licite.

Il estimait que le testateur pouvait mettre l'héritier qu'il instituait dans cette alternative ou d'accepter la succession qu'il lui laissait sans profiter
du bénéfice d'inventaire, et alors de supporter toutes
les dettes, toutes les charges, de devenir pour ainsi
dire le protecteur de la renommée du défunt, ou s'il
n'avait pas le courage de donner cette preuve de dé-
sintéressement, de répudier l'hérédité.

Cujas [1] est très-affirmatif, car il dit : « Et sine
controversia verum est, posse etiam heredi interdici
confectionem inventarii, quasi volente testatore,
ut is heres, quem scribit, subeat omnia onera hereditaria, sive ea possint ferre sua bona, sive non, ut
suscipiat tuendam famam defuncti, alioquin ut non
sit heres. »

À l'appui de cette décision, Cujas invoque un
argument d'analogie qu'il tire de la loi 13 Code § 1,
arbitrium tutelæ (liv. V, t. 51). Il semble bien en
effet résulter de ce texte que le testateur a pu défendre à un tuteur de faire inventaire. Si le testateur
peut enlever à un enfant la garantie résultant de l'inventaire, et le livrer sans défense à un tuteur entre
les mains duquel il ne sera pas permis de constater
quel actif héréditaire est entré, ne semble-t-il pas

---

1. Cujas. Comm. *in lib. sexto codicis*, loi 22, *de jure. deliter.*

naturel de croire que le testateur puisse faire à l'héritier qu'il institue la même défense, et si cet héritier trouve la condition qui lui est faite trop onéreuse, n'a-t-il pas le droit de la repousser[1]?

A l'appui de la solution qu'il affirme la seule bonne, Cujas invoque encore un autre argument : il le tire de la Novelle première où il est dit que le testateur pour défendre à l'héritier qu'il institue et qu'il grève de legs de profiter de la quarte que lui accorde la loi Falcidia, de sorte que si cet héritier accepte l'institution, il soit dans la nécessité de payer tous les legs sans aucune réduction, et qu'il se contente, pour tout profit, d'exécuter pieusement la volonté du défunt.... « Ut plenum sibi obsequium solvat, plenamque pietatem exhibeat, eam solum habiturus pro lucro et vice lucri. »

Il est impossible de méconnaître qu'il y ait dans le texte cité par Cujas un argument d'analogie qui, pour nous est décisif.

Nous pensons donc que rien ne saurait empêcher le défunt d'imposer à son héritier légitime de n'accepter sa succession que purement et simplement, et que si, en cas pareil, l'héritier légitime refusait d'accepter de cette manière, le légataire universel très-valablement institué prendrait la succession.

---

1. Loi 13, § 1. liv. V, t. LI, Code : « Illo procul dubio observando, ut non audeat tutor, vel curator res pupillares, vel adulti aliterattingere, vel ullam sibi communionem vindicare, nisi prius inventario publice facto, secundum morem solitum res ei tradantur : nisi testatores qui substantiam tranmittunt, specialiter inventarium facere neglexerint ».

Il reste bien entendu que si l'héritier légitime était un réservataire, son refus d'accepter purement et simplement, comme le demande son auteur, ne saurait avoir pour effet de le priver de sa réserve ; seule la quotité disponible lui serait enlevée.

CHAPITRE II.

DES EFFETS DU BÉNÉFICE D'INVENTAIRE.

L'effet principal du bénéfice d'inventaire, nous dirons presque son effet unique, celui dont tous les autres ne sont que des corollaires, consiste en ce que l'héritier qui accepte sous bénéfice d'inventaire, ne confond pas ses biens personnels avec ceux de la succession.

« Ceci, disait Lebrun, est un point fixe, dont on peut dire que dépend toute la matière[1]. »

De cette idée fondamentale dérivent les quatre effets dans lesquels consiste toute l'organisation du bénéfice d'inventaire.

Les voici :

1. L'héritier bénéficiaire n'est tenu des dettes et charges de la succession que jusqu'à concurrence de la valeur des biens qu'il a recueillis ;

2. Comme il n'est tenu que *propter rem*, il peut se décharger du payement des dettes, en abandonnant

---

1. Lebrun. liv. III, ch. IV, n° 22.

tous les biens de la succession aux créanciers et aux
légataires;

3. Il conserve le droit de réclamer contre la succession le payement de ses créances ;

4. Si l'héritier bénéficiaire ne fait pas aux créanciers et aux légataires l'abandon des biens de la succession, il est tenu de les administrer et de rendre
compte de son administration.

• Chacun de ces effets fera l'objet d'une section
particulière.

SECTION I. — *L'héritier bénéficiaire n'est tenu des
dettes et charges de la succession que jusqu'à concurrence des biens qu'il a recueillis.*

L'inventaire qui a été dressé par les soins de l'héritier a révélé aux créanciers et aux légataires
sur quelles valeurs héréditaires ils peuvent compter. Ils poursuivront donc personnellement l'héritier, sur ses propres biens, pour le payement de la
somme à laquelle s'élève l'actif de la succession. Il
est vrai que l'héritier bénéficiaire pourra toujours se
débarrasser de cette poursuite exercée sur ses biens
personnels, en abandonnant aux créanciers et aux légataires les biens qu'il a recueillis dans la succession
du *De cujus;* mais jusqu'à cet abandon, il reste personnellement tenu. C'est ce qui résulte du texte
de l'article 802 qui dispose que « l'effet du bénéfice
d'inventaire est de donner à l'héritier l'avantage de

n'être tenu du payement des dettes de la succession que jusqu'à concurrence de la valeur des biens qu'il a recueillis, » et qui prend le soin d'ajouter : « Même de pouvoir se décharger du payement des dettes, en abandonnant tous les biens de la succession aux créanciers et aux légataires. » Ce n'est donc qu'autant qu'il s'est décidé à faire cet abandon, que l'héritier bénéficiaire n'est plus tenu que sur les biens de la succession, en sorte que ses propres biens demeurent à l'abri de toute poursuite.

Mais ne pourrait-on pas argumenter contre cette décision du texte de l'article 803, et ne serait-il pas permis de conclure des deux derniers alinéas de cet article, qu'en principe l'héritier n'est jamais tenu sur ses biens personnels, même jusqu'à concurrence de l'actif héréditaire? En effet, l'article 803 énumère les cas dans lesquels l'héritier bénéficiaire peut être poursuivi sur ses biens personnels; on semble donc autorisé à en conclure que le principe est : *que les biens de l'héritier sont à l'abri des poursuites des créanciers et des légataires.*

L'héritier bénéficiaire, dit l'article 803, peut être contraint sur ses biens personnels dans deux cas :

1° Quand il a été mis en demeu · de présenter son compte et qu'il ne remplit pas cette obligation (803, 1er alin.).

On comprend l'importance de ce compte; c'est le seul moyen de mettre les créanciers et les légataires en état de distinguer le patrimoine du défunt de celui de l'héritier.

2° Quand, après l'apurement du compte, il se trouve reliquataire.

Mais il est facile de répondre à ceux qui prétendent voir dans l'article 803 deux exceptions qui leur révèlent l'existence d'un principe que nous ne saurions admettre, que si l'héritier bénéficiaire peut être contraint sur ses biens personnels, dans les deux cas prévus, c'est que dans ces deux cas, il s'est obligé vis-à-vis des créanciers et des légataires. La cause en vertu de laquelle il peut être poursuivi, n'est pas sa qualité d'héritier bénéficiaire, mais son fait ou sa faute. En un mot, il ne s'agit plus d'une dette de la succession, mais d'une dette de l'héritier.

Nous ajouterons donc aux hypothèses de l'article 803 : « L'héritier peut être contraint sur ses biens personnels, quand il a commis une faute grave à raison de laquelle il doit aux créanciers et aux légataires des dommages-intérêts.

De plus, nous persisterons dans notre premier sentiment, et nous dirons que ce n'est qu'au cas où il aurait fait abandon des biens de la succession que l'héritier ne serait pas poursuivi sur ses propres biens, mais que, s'il n'abandonne pas les biens de la succession, il sera tenu sur ses biens personnels jusqu'à concurrence seulement de l'actif héréditaire.

L'article 802 dit que l'héritier n'est tenu « que jusqu'à concurrence des biens qu'il a recueillis. » Cela ne doit s'entendre que des biens qui appartiennent au défunt au moment où il est mort : ces biens-là seuls forment le gage des créanciers et des légataires.

Ainsi l'héritier ne sera pas tenu envers eux: 1° sur les biens qui lui auraient été donnés entre-vifs et dont il devrait le rapport à ses cohéritiers, s'il en avait; pas plus qu'il ne serait tenu sur les biens qui auraient été donnés à ses cohéritiers, et qui seraient rapportés par eux[1].

2° Il ne sera pas tenu sur les biens provenant d'une action en réduction intentée contre un donataire entre-vifs pour cause d'atteinte à la réserve (art. 921).

Il suffit de lire les deux articles que nous avons visés pour rester convaincu que ces biens-là ne sont pas dans la succession et échappent aux poursuites des créanciers et des légataires.

Il peut arriver qu'un héritier bénéficiaire cède ses droits successifs, de sorte que le cessionnaire se trouve dans la suite en son lieu et place pour prendre ce qui, une fois les dettes payées, pourrait rester dans l'actif de la succession. L'héritier bénéficiaire transmet dans ce cas au cessionnaire la situation que lui avait donnée le mode d'acceptation qu'il a choisi. Le montant du prix de la cession peut-il être considéré comme le gage des créanciers et des légataires? peuvent-ils poursuivre l'héritier sur les sommes qu'il a reçues? Évidemment non. L'héritier béné-

1. Despeisses prétendait que l'héritier était obligé de faire aux créanciers le rapport des biens qu'il avait reçus en avancement d'hoirie, et plusieurs arrêts statuaient en ce sens. Une telle doctrine n'est plus soutenable en présence de l'article 857. (Despeisses, t. II, p. 220, n. 23.)

ficiaire, ainsi que nous venons de le dire, n'est tenu sur ses biens personnels que jusqu'à concurrence seulement de ceux qu'il a dû inventorier, comme formant le gage des créanciers et des légataires; or le prix de cession des droits successifs n'étant pas dans la succession, n'a pas dû être compris dans l'inventaire.

Qu'on ne dise pas que cette somme payée par le cessionnaire au cédant est un profit retiré de la succession : c'est un profit que fait l'héritier à l'occasion de la succession, mais sans le retirer de la succession elle-même.

L'héritier bénéficiaire qui n'est tenu que sur les biens de la succession doit au moins être tenu, envers les créanciers et les légataires, sur tous les biens de la succession[1].

Mais ce principe ne souffre-t-il pas exception en ce qui concerne les rentes sur l'État qui se trouvent dans la succession et dont des lois spéciales ont prohibé la saisie?

C'est là une question extrêmement délicate, et sur la solution de laquelle les arrêts et les auteurs sont loin de se trouver d'accord.

Pour en comprendre toutes les difficultés, des explications sont nécessaires.

La loi du 24 août 1793 autorisait les oppositions que les créanciers des propriétaires de rentes sur

---

1. Lebrun, liv. III, ch. viii, sect. II, n. 25; Pothier, introduct. au titre XVII de la *Cout. d'Orléans*, n. 50. Demante, t. III, n. 126.

l'État pouvaient faire opérer entre les mains du Trésor public. Ces oppositions étaient de deux sortes : les unes sur le remboursement et l'aliénation de la propriété de la rente, les autres sur le payement annuel.

Les lois du 8 nivôse an VI et 22 floréal an VII, ont déclaré qu'il ne serait plus reçu désormais d'opposition sur le tiers conservé de la dette publique.

Bien que ces deux lois aient été adoptées à une époque où il n'existait qu'une seule espèce de rentes sur l'État[1], celle en 5 pour 100 provenant du tiers consolidé, on admet généralement dans la pratique son application à toutes les parties de la dette publique inscrite.

Il résulte donc de ces lois que jamais les créanciers des propriétaires d'une rente ne peuvent pratiquer d'opposition entre les mains des agents du Trésor; que jamais ils ne peuvent faire subir à l'État aucune procédure de saisie-arrêt.

A coup sûr l'acceptation d'une succession sous bénéfice d'inventaire ne saurait avoir pour effet de soustraire les créanciers du *De cujus* aux conséquences rigoureuses de ses prohibitions, et de même que de son vivant la saisie-arrêt pratiquée entre les mains des agents du Trésor, leur était interdite, de même elle leur demeure interdite depuis l'ouver-

---

1. Loi du 8 nivôse an VI relative à la formation du nouveau grand livre du tiers consolidé de la dette publique. « Art. 4. Il ne sera plus reçu à l'avenir d'opposition sur le tiers conservé de la dette publique inscrite ou à inscrire. »

ture de sa succession, et peu importe à cet égard que l'acceptation soit bénéficiaire ou qu'elle soit pure et simple.

Mais ces créanciers se voient-ils interdit, par les lois de l'an vi et de l'an vii, le droit de faire vendre à leur profit les rentes sur l'État dépendant de la succession de leur débiteur?

En d'autres termes, la prohibition faite aux créanciers du propriétaire d'une rente inscrite au grand livre de former opposition entre les mains des agents du Trésor, peut-elle disparaître sous prétexte que les créanciers n'auraient pas à pratiquer de saisie et pourraient agir directement par voie de transfert forcé? Les lois qui prohibent les saisies-arrêts et les oppositions, sont-elles l'équivalent de lois qui prohiberaient toute vente forcée au profit des créanciers du propriétaire de la rente?

La solution de cette question dépend évidemment de cette autre : Quelle a été la pensée du législateur de l'an vi et de l'an vii? Quelle portée faut-il donner à ces dispositions légales?

Or, le but que ces lois spéciales ont voulu atteindre ne nous paraît pas douteux.

Dirons-nous, comme on le prétend généralement, comme presque tous les auteurs et presque tous les arrêts l'ont décidé, dirons-nous, que ces lois ont voulu placer les rentes sur l'État en dehors de toute main-mise des créanciers du titulaire, même au cas où ils n'auraient à former entre les mains des agents du Trésor aucune opposition? Que les rentes inscrites sur le grand livre échappent au droit de poursuite des créanciers; qu'elles ne sont pas leur gage; que les créanciers n'ont pas à compter sur cette ressource pour le payement et la sûreté de leurs créances? Dirons-nous enfin que ce que ces lois ont voulu prohiber, c'est tout ensemble et les oppositions entre les mains de l'État et les transferts forcés?

Qui ne voit que faire découler ces conséquences de l'article 4 de la loi de nivôse de l'an VI, serait évidemment dépasser le but que le législateur a voulu atteindre et édicter une insaisissabilité qui serait condamnée par tous les principes?

En prohibant les saisies ou les oppositions entre les mains des agents du Trésor sur les rentes dues par l'État, ces lois spéciales n'ont eu d'autre but que celui de débarrasser la comptabilité nationale de difficultés incessantes, et de faciliter à la fois le service des rentes, et le transfert des titres. Donc, (car les lois de l'an VI et de l'an VII n'ont point eu d'autre objet en vue), les créanciers d'une succession, qu'elle soit acceptée purement ou simplement, qu'elle soit acceptée sous bénéfice d'inventaire, ou même plus généralement, *les créanciers*, que leur débiteur vive encore ou qu'il soit décédé, ont le droit de se faire payer sur le produit de la négociation d'une rente sur l'État; ils ont ce droit toutes les fois que, sans débuter par une saisie-arrêt ou opposition, ils pourront en réaliser la vente, car ce que la loi a voulu prohiber, ce ne sont que ces saisies-arrêts et oppositions qui embarrassent la comptabilité nationale.

10

Il n'est donc pas vrai de dire que les rentes sur l'État sont insaisissables, ou du moins il n'est pas permis d'entendre cette expression dans le sens qu'on lui donne généralement si on veut absolument s'en servir. Quand on dit qu'une chose est insaisissable, on exprime cette pensée que cette chose échappe tout à fait aux créanciers, sort de leur gage, ou n'y est jamais entrée; ainsi, quand l'article 592 du Code de procédure donne une énumération des différents objets appartenant au débiteur qui ne pourront être saisis par ses créanciers, il entend bien que ces objets sont insaisissables d'une façon absolue, de sorte que, par exemple, le coucher des saisis ne forme pas le gage des créanciers.

Mais qui oserait soutenir que les rentes sur l'État sont frappées d'une insaisissabilité de même nature? Le soutiendrait-on, en vertu du texte de loi de l'an VI? Mais cette loi, dans son article 4, ne déclare pas les rentes insaisissables, elle prohibe seulement toute opposition ou saisie-arrêt entre les mains des agents du Trésor!

Le soutiendra-t-on en vertu du Code de procédure? Mais qui ne sait que dans ce Code il n'y a pas un seul article mettant les rentes sur l'État dans la classe des choses qui ne peuvent être saisies!

Si le législateur avait voulu qu'il en fut ainsi, n'aurait-il donc pas pris la peine de le dire?

Telle n'a pas été son intention, ainsi que cela résulte des textes que nous invoquons.

Et d'ailleurs aurait-il pu vouloir proclamer cette insaisissabilité, et n'aurait-ce point été procurer aux hommes de mauvaise foi un moyen commode de conserver leur opulence à la face de créanciers indignement trompés ?

, Hé quoi ! un homme est à la tête d'une riche fortune ; il vend ses immeubles, réalise une somme considérable, achète des rentes sur l'État : lui sera-t-il permis désormais de montrer aux créanciers qui se pressent à sa porte les titres de ses rentes en leur portant le défi de les faire vendre comme nous prétendons qu'ils en ont incontestablement le droit !

Disons donc que si les rentes sur l'État sont insaisissables, c'est seulement dans ce sens que l'État ne veut voir pratiquer entre les mains de ses agents ni opposition ni saisie-arrêt, mais qu'elles restent dans le gage des créanciers qui peuvent, si leur débiteur n'y consent pas, si son héritier pur et simple ou bénéficiaire s'y refuse, si les syndics de la faillite ne le veulent faire, qui peuvent se faire autoriser par la justice à vendre ces titres et à se payer sur la somme qui en résulte. En quoi cette vente forcée gênerait-elle la comptabilité nationale ? En quoi les opérations du Trésor s'en trouveraient-elles plus compliquées ? Par rapport à l'État, que le transfert soit forcé ou qu'il soit volontaire, qu'importe : ce n'est jamais qu'un transfert qu'il faut bien qu'il constate, et il doit lui importer peu qu'il ait été consenti librement par le propriétaire du titre qui veut s'en débarrasser ou qu'il ait été ordonné sur là demande des créanciers qui ne peuvent assister plus longtemps à l'opulence scandaleuse de leur débiteur ou de ses héritiers.

Nous pensons donc que le premier devoir de l'héritier bénéficiaire, si dans la succession il existe des rentes sur l'État, c'est de les faire vendre pour payer les créanciers; que s'il s'y refuse, les créanciers doivent demander aux tribunaux d'en ordonner la vente, et que les tribunaux sont dans l'impuissance de s'y refuser, sous prétexte que se serait méconnaître les prescriptions de la loi de l'an VI.

Si les biens de la succession sont le seul gage des créanciers et des légataires, ils sont du moins aussi leur gage exclusif : l'héritier et ses ayants cause peuvent prétendre à ce qui reste, mais seulement à ce qui reste après que les créanciers de la succession et les légataires ont été satisfaits.

Cette règle doit-elle recevoir des exceptions?

Ainsi, permettrons-nous à l'héritier bénéficiaire de se servir pour son usage personnel des meubles qui se trouvent dans la succession, des chevaux, des voitures, du linge? Lui donnerons-nous le droit d'habiter une maison héréditaire? celui de prendre sa nourriture et celle des siens sur les biens de la succession?

Nous décidons sans hésitation, et si rigoureuse que paraisse cette solution, que l'héritier bénéficiaire ne peut retirer aucun avantage personnel des biens de la succession. Sans doute, par cela seul qu'il est héritier bénéficiaire, il est propriétaire et possesseur ; mais à ces qualités vient s'en joindre une autre qui le met dans l'impuissance de pouvoir, sans outrepasser ses droits, retirer des biens de la succession l'avantage même le plus faible : à l'égard des créanciers et des légataires, il est administrateur comptable ; dès lors il est tenu de faire entrer dans son compte toutes les valeurs héréditaires en principal, intérêts, fruits, sans pouvoir par son fait les amoindrir. S'agit-il d'objets héréditaires dont on peut retirer quelque profit en les louant, tels que des maisons, par exemple, il faut que l'héritier bénéficiaire, à peine d'être considéré comme s'étant rendu coupable de fautes graves dans son administration, augmente, en les louant, l'actif de la succession au profit des créanciers et des légataires. S'agit-il d'objets héréditaires qu'il n'est point dans l'usage de louer; dont on se sert, mais dont on ne retire aucun avantage pécuniaire, l'héritier bénéficiaire ne saurait s'en servir; s'il le faisait, il engagerait sa responsabilité, puisqu'aux termes de l'article 805 il doit répondre de la dépréciation ou détérioration causée par sa négligence.

Nous résoudrons donc négativement les questions que nous nous étions proposé de traiter, et nous ne permettrons à l'héritier bénéficiaire ni de se servir des meubles héréditaires, ni de résider dans une maison du défunt, ni enfin, et surtout, de prendre sa nourriture et celle des siens sur les provisions existantes ou sur les fruits de la terre.

Section II. — *Comme l'héritier bénéficiaire n'est tenu que* **propter rem,** *il peut se décharger du payement des dettes, en abandonnant tous les biens de la succession aux créanciers et aux légataires.*

Aux termes de l'article 802, l'héritier bénéficiaire a l'avantage « de pouvoir se décharger du payement des dettes en abandonnant tous les biens de la succession aux créanciers et aux légataires. »

En effet, l'héritier bénéficiaire n'est tenu que *propter rem* et parce qu'il est détenteur des biens de la succession, il est donc naturel qu'à l'exemple du simple détenteur, il puisse s'affranchir des poursuites, par l'abandon.

Mais quel caractère donnerons-nous à cet abandon des biens de la succession aux créanciers et aux légataires?

Cette question a été très-controversée dans notre ancien droit; elle l'est même encore depuis la promulgation du Code Napoléon.

On se demande, comme plusieurs auteurs se le demandèrent autrefois, s'il faut considérer cet abandon de biens comme une véritable renonciation, faisant perdre à l'héritier bénéficiaire la qualité d'héritier, ou si ce n'est pas plutôt une simple décharge de l'administration, qui n'empêche pas l'héritier bénéficiaire de demeurer toujours héritier?

On comprend sans peine l'intérêt de la question :

Si on décide que l'abandon n'est qu'une renonciation de l'héritier bénéficiaire, qui lui enlève la qualité d'héritier, on sera nécessairement amené à adopter les solutions suivantes :

1° L'héritier qui a fait l'abandon que l'autorise à
faire l'article 803 du Code Napoléon perd tout droit
à la succession ; s'il a des cohéritiers, sa part leur
accroit ; s'il est seul, elle est dévolue au degré subséquent ; dans tous les cas, restât-il quelque chose,
une fois la dette et les legs payés, il n'y peut prétendre.

2° L'héritier se trouve affranchi de l'obligation
du rapport : ses cohéritiers n'en sont plus tenus
envers lui (857).

3° Est-il héritier réservataire, il ne pourra pas, si
sa réserve a été entamée par les libéralités du défunt,
agir par l'action en réduction.

4° Cet héritier, par l'abandon, s'est affranchi de
l'obligation de payer les droits de mutation.

5° Tant que la succession qu'il abandonne, c'est-
à-dire à laquelle il renonce, n'a pas été recueillie, il
faut un curateur à succession vacante, car la renonciation de l'héritier a donné à la succession cette
qualité.

Décide-t-on, au contraire, que cet abandon n'est
autre chose qu'une décharge de son administration,
et qu'il reste héritier comme avant, on devra dire :

1° Que s'il reste quelque chose dans la succession
après le payement des dettes et des legs, ce sera l'héritier qui en profitera, bien qu'il y ait renoncé.

2° Que cet héritier doit le rapport à ses cohéritiers, et est en droit de l'exiger d'eux.

3° Qu'il peut, nonobstant l'abandon, intenter l'action en réduction.

4° Qu'il est soumis au payement des droits de mutation.

5° Qu'il n'y a pas à nommer de curateur à la succession, car elle ne devient pas *vacante*.

Nous n'hésitons pas à accepter toute ces solutions, et à les proclamer les seules conformes à la pensée de la loi.

Le texte de l'article 802 détermine de la façon la plus précise le caractère de la faculté qu'il accorde à l'héritier bénéficiaire, et qui consiste à *se décharger du payement des dettes, en abandonnant tous les biens de la succession aux créanciers et aux légataires.*

La rédaction de l'article 802, a, du reste, été empruntée à Pothier, qui sur ce point (introd. au t. XVII de la cout, d'Orléans, § 3) s'exprimait ainsi : « Cet abandon que fait l'héritier bénéficiaire est improprement appelé renonciation à la succession ; car il n'a d'autre effet que de le décharger envers les créanciers. »

Mais, dit-on, le bénéfice d'inventaire constitue au profit de l'héritier qui a accepté ainsi un avantage auquel celui-ci est toujours libre de renoncer.

Nous répondrons que, de ce que chacun est libre de renoncer au bénéfice établi en sa faveur, l'on peut bien inférer que l'héritier bénéficiaire peut renoncer au bénéfice d'inventaire pour se porter héritier pur et simple, mais qu'on ne peut pas en induire qu'il puisse renoncer.

D'ailleurs, comment, sans blesser tous les principes, permettre à cet héritier bénéficiaire de devenir désormais étranger à la succession? Lui sera-t-il permis de s'affranchir ainsi des obligations que par son acceptation même bénéficiaire, il a contractées envers ses cohéritiers et les autres personnes intéressés? Il faut même reconnaître que c'est déjà une faveur bien grande lui faire que de lui permettre d'abandonner les biens et de se décharger de l'administration, car en acceptant bénéficiairement n'avait-il pas pris l'engagement d'administrer la succession et de la liquider?

Nous conclurons de tout ce qui précède : 1° qu'un héritier bénéficiaire qui fait l'abandon des biens de la succession n'aurait pas le droit de se substituer un curateur aux biens délaissés, et d'abdiquer ainsi la qualité d'héritier : il demeure donc chargé de répondre aux actions dirigées contre lui. Donc les créanciers auraient, en pareil cas, agi très-valablement contre cet héritier et ne seraient pas tenus d'agir contre le curateur qu'il aurait fait nommer.

2° Qu'un arrêt d'admission, intéressant une succession, rendu après la renonciation d'un héritier, qui avait accepté sous bénéfice d'inventaire, est valablement signifié, lorsqu'il l'a été à la personne de l'héritier.

Et, pour nous résumer, nous dirons que l'abandon autorisé par l'article 802 n'est pas une renonciation qui dépouille l'héritier bénéficiaire de la qualité d'héritier du *De cujus*, mais que ce n'est, pour l'auteur de cet abandon, qu'un moyen de remettre aux créanciers et aux légataires la possession des biens qu'il leur délaisse et qu'ils feront vendre au mieux de leurs intérêts.

L'article 802 accorde cette faculté d'abandon à tout héritier bénéficiaire; donc, quand il y a plusieurs héritiers, l'un d'eux peut en user, lors même que les autres ne voudraient pas y recourir.

Remarquons que la loi dit dans l'article 802 : « L'héritier abandonnera tous les biens.... » Donc, non-seulement le fonds et le capital, mais les accroissements que les biens ont pu recevoir, ainsi que les fruits et les intérêts que l'héritier bénificiaire a recueillis.

On chercherait en vain dans le Code de procédure les formes dans lesquelles cet abandon doit être fait : le Code Napoléon ne contient également aucune disposition sur ce point.

Il y a des auteurs qui, dans le silence de la loi, enseignent que l'héritier qui se décide à faire abandon doit faire parvenir des notifications individuelles à tous les créanciers et à tous les légataires, afin qu'ils en aient tous certainement connaissance[1].

1. Chabot, t. III, p. 13.

D'autres pensent [1] qu'il serait préférable que l'héritier bénéficiaire qui veut faire l'abandon le déclarât au greffe, et que cette déclaration fût reçue sur les registres destinés aux renonciations et aux déclarations d'acceptation bénéficiaire.

Ceux qui donnent cette décision invoquent les raisons suivantes : 1° Les notifications individuelles sont très-dispendieuses et il est préférable d'enlever cette charge à la succession.

2° N'est-il pas permis d'appliquer par analogie l'article 2174? Aux termes de cet article, le délaissement d'un immeuble hypothéqué doit avoir lieu au greffe. Ce qui se fait pour le délaissement doit se faire pour l'abandon qui n'est qu'une espèce de délaissement, car l'héritier bénéficiaire, comme le tiers détenteur, n'est tenu que *propter rem*.

3° On argumente en faveur de cette opinion, de ce que, s'il est vrai de dire que l'abandon ne soit pas une renonciation, il faut toutefois reconnaître qu'en fait il en produit tous les effets envers les légataires et les créanciers; or la renonciation aurait lieu au greffe (784.)

Mais ces raisons ne font pas qu'il existe un texte dans la loi prescrivant à l'héritier bénéficiaire qui abandonne de faire une déclaration au greffe! Or, en l'absence d'un texte à cet égard, nous ne croyons pas qu'il soit possible de recourir à ce procédé, pas plus qu'il n'est permis de se tirer d'affaire au

---

1. Bilhard, n° 137, traité du Bénéf. d'inv. ; Bioche, *Diction. de procéd.*, v° bénéf. d'inv.

moyen de notifications individuelles, lesquelles ne sont ordonnées nulle part, sont dispendieuses et doivent être écartées.

Il nous semble que la meilleure manière de sortir d'embarras est de dire : l'héritier bénéficiaire ne fera jamais l'abandon des biens héréditaires que sur les poursuites qui seront dirigées contre lui, soit par des créanciers, soit par des légataires, en un mot, pour faire l'abandon que la loi lui permet de faire, il n'aura jamais à agir, il opposera l'abandon *exceptionis ope.* N'est-ce pas la solution de beaucoup la plus juridique? et pourquoi l'héritier bénéficiaire abandonnerait-il, alors que personne ne se présente pour l'actionner? Nous pensons donc que c'est sur la demande des créanciers et des légataires que l'abandon pourra se faire, en réponse à leurs poursuites et par conséquent sans qu'il soit nécessaire, ni de déclaration au greffe, ni de notifications individuelles à des créanciers qui, souvent, ne seraient pas connus.

L'héritier qui se décide à faire cet abandon doit présenter en même temps un compte embrassant tout le temps qu'a duré sa gestion.

L'abandon que fait l'héritier bénéficiaire emporte-t-il l'obligation de payer un droit proportionnel d'enregistrement? En d'autres termes, l'abandon autorisé par l'article 803 constituera-t-il un de ces actes d'aliénation qui tombent sous l'application de la loi de frimaire?

Il nous semble bien que non, et l'héritier qui fait

l'abandon ne nous paraît pas consentir une aliénation au profit de créanciers et de légataires. Que
s'est-il donc passé? Un simple changement dans les
conditions de la procédure, pas autre chose; et la propriété de biens abandonnés reste toujours sur la
même tête : or les droits proportionnels d'enregistrement ne sont perçus qu'autant qu'il se produit
une mutation de propriété. L'héritier bénéficiaire
n'aliène pas plus aux créanciers et aux légataires les
biens qui sont leur gage que ne les eût aliénés le
défunt lui-même si, de son vivant, on fût venir les
saisir contre lui.

Il est arrivé cependant quelquefois que l'abandon
a été considéré comme translatif de propriété et
soumis comme tel au droit proportionnel. On a décidé que l'abandon fait par l'héritier bénéficiaire de
tous les biens de la succession au seul créancier ap-
parent, à la charge par ce dernier de désintéresser
tous les autres créanciers et légataires, s'il en existait, et de garantir l'héritier de toutes les poursuites
et sous la réserve, de la part du créancier, de ses
droits et hypothèques sur les biens abandonnés,
opérait une transmission sujette au droit proportionnel de vente.

Mais il est évident que c'était là une solution
toute exceptionnelle et que commandaient les circonstances. Si l'abandon n'opère pas transmission,
c'est à la condition d'être fait à tous les créanciers
sans exception : c'est ce qui résulte du texte de
l'article 802. Que si l'abandon est fait, comme dans

l'espèce que nous venons de rapporter, en faveur d'un seul créancier, et à charge par lui de désintéresser les autres, il paraît évident que cet arrangement constituerait moins un abandonnement qu'une transmission de propriété en faveur des créanciers qui auraient traité avec l'héritier bénéficiaire.

Comme conséquence du principe que nous avons admis, à savoir que l'abandon ne constitue qu'un changement dans les conditions de la procédure et non pas une transmission de propriété, nous dirons, contrairement à un arrêt de cassation du 12 mars 1839, que, pour consentir valablement l'abandon de l'article 802, un tuteur n'a pas besoin de remplir les formalités qui lui sont imposées par la loi dans les articles 457, 458, pour l'aliénation des immeubles du mineur. N'est-il pas vrai que, par cela seul qu'il a été autorisé à accepter la succession échue au mineur, il a reçu l'autorisation de faire l'abandon des biens aux créanciers et légataires, s'il le juge utile?

Que se passera-t-il lorsque l'héritier bénéficiaire aura abandonné les biens de la succession aux créanciers et aux légataires? Quelle situation nouvelle va se produire?

Les créanciers et les légataires ne sont pas contraints à vendre de suite les biens qui leur ont été abandonnés; ils peuvent attendre de bonnes occasions, et chercher à les vendre le plus haut prix possible : pendant ce temps, ils auront donc à administrer, en attendant la liquidation. Ils devront s'entendre entre eux, et adopter le mode d'administration qui leur paraîtra le plus convenable, sauf à en venir devant le tribunal s'ils ne sont pas d'accord[1]. Il semble raisonnable de décider que les créanciers et légataires, désormais chargés de l'administration des biens de la succession, pour se diriger dans cette administration, devront se conformer aux prescriptions de la loi à l'égard de l'héritier bénéficiaire. Ainsi, pour la vente des biens, on se conformera au Code de procédure civile qui, ainsi que nous le verrons plus tard, règle la manière dont devront être vendus les biens, meubles ou immeubles, dépendant d'une succession acceptée sous bénéfice d'inventaire.

L'héritier bénéficiaire peut-il revenir sur sa détermination, et, une fois l'abandon opéré, reprendre l'administration des biens ? Oui, s'il offre de payer intégralement les dettes et charges de l'hérédité ; auquel cas, il n'y a évidemment aucune bonne raison de lui enlever ce droit.

Mais peut-il revenir sur sa détermination, en ce sens seulement qu'il reprendra l'administration, que les choses seront remises dans le même état qu'auparavant, et qu'il procédera, comme par le passé, à la liquidation de la succession ?

Il ne nous semble pas qu'il puisse avoir cette faculté ; et les créanciers et les légataires peuvent ré-

---

1. Delvincourt, t. II, p. 32, not. 4. — Billard, n° 437. — Vazeille, art. 802, n° 9. — Zachariæ, t. V, p. 195. — Duvergier sur Toullier, t. II, n° 358.

sister en conservant l'administration qu'ils ont prise. Mais s'ils consentent à ce que l'héritier bénéficiaire redevienne administrateur, ils n'ont contre lui que les droits qu'ils avaient avant l'abandon[1].

SECTION III. — *L'héritier bénéficiaire conserve le droit de réclamer contre la succession le payement de ses créances, 802, 2° alinéa et réciproquement, la succession conserve le droit de demander à l'héritier bénéficiaire ce qu'il lui doit.*

L'article 802 conserve à l'héritier bénéficiaire le droit de réclamer contre la succession le payement de ses créances.

L'héritier conserve donc contre la succession, comme un étranger, tous ses droits, soit personnels, soit réels, d'hypothèque, de servitude et autres; de même que réciproquement, la succession conserve contre lui toutes ses créances et tous ses droits personnels ou réels.

Cette proposition est bien la conséquence de la séparation qui s'est opérée entre les deux patrimoines : c'est parce que ces deux patrimoines, celui du défunt, celui de l'héritier, sont et demeurent distincts, que la succession comme l'héritier conserve le droit d'exiger le payement de ses créances.

Ainsi, en sa qualité de créancier, l'héritier est

1. Zachariæ, Aubry et Rau, t. v, p. 206.

dans la même situation que celle des autres créanciers héréditaires : si donc il est créancier chirographaire, il viendra dans les distributions par contribution, au marc le franc, avec les autres créanciers ; s'il est créancier hypothécaire, il se fera colloquer à son rang.

Telle était la décision que donnait Justinien à cet égard : « Si vero et ipse contra defunctum habeat actiones, non hæ confundantur : sed similum cum aliis creditoribus per omnia habeat fortunam. » (L. 22, *Jur. délib.*, Code.)

En sa qualité de créancier de la succession, l'héritier bénéficiaire pourra-t-il faire saisir les biens de le succession et les faire vendre dans les formes de la vente sur saisie ?

Pourquoi l'héritier bénéficiaire, créancier de la succession, agirait-il par cette voie contre elle ? Les articles 806 du Code Napoléon et 988 du Code de procédure ne prescrivent-ils pas certaines formes pour la vente des biens d'une succession acceptée sous bénéfice d'inventaire ? Si la loi a mis à la disposition de l'héritier ce mode spécial de vente, n'avons-nous pas le droit d'en conclure qu'il lui a par cela même virtuellement interdit d'en employer un autre ?

Non-seulement l'héritier bénéficiaire conserve contre la succession les créances qu'il avait contre le défunt, mais même il peut acquérir des droits qui existaient contre la succession, mais non à son profit.

C'est ainsi que le quatrième alinéa de l'arti-clc 1251 accorde le bienfait de la subrogation légale à l'héritier bénéficiaire qui a payé de ses deniers les dettes de la succession.

Par dettes, nous entendons non-seulement les payements faits aux créanciers, mais encore ceux faits aux légataires. Donc l'héritier bénéficiaire qui paye les légataires, aura, pour rentrer dans ses déboursés, l'action même qui appartenait à ceux-ci aux termes de l'article 1017, c'est-à-dire qu'il est subrogé à leur hypothèque légale.

Le texte de l'article 1251, quatrième paragraphe, permet de donner cette décision, car il ne distingue pas; il dit simplement : « La subrogation a lieu de plein droit.... 4° au profit de l'héritier bénéficiaire qui, de ses deniers, a payé les dettes de la succession. »

L'héritier bénéficiaire peut-il exercer pour son compte et à son profit personnel soit le retrait des droits successifs cédés par son cohéritier (art. 841), soit le retrait des droits litigieux cédés par un tiers contre la succession ?

En ce qui concerne le retrait litigieux, nous dirons: La faculté d'exercer le retrait de droits litigieux est accordé en effet par la loi au débiteur ou au possesseur de l'héritage sujet au droit litigieux (1699-1701); or, ici, qui est débiteur ou possesseur de l'héritage? Ce n'est pas l'héritier, mais c'est la succession.

La preuve en est que si l'héritier bénéficiaire, usant de la faculté que lui donne l'article 802, avait fait abandon aux créanciers et aux légataires des biens de la succession, c'est à eux qu'appartiendrait le droit d'exercer le retrait.

Nous en conclurons que l'héritier bénéficiaire ne pourrait exercer le retrait de droit litigieux qu'au nom et dans l'intérêt de la succession.

En sera-t-il de même pour le retrait successoral? A supposer que l'un des cohéritiers de l'héritier bénéficiaire cède ses droits successifs, celui-ci pourra-t-il, invoquant l'article 841, écarter le cessionnaire?

Évidemment non, s'il s'agissait d'un retrait successoral à exercer dans une succession échue au *De cujus*, décédé avant le partage et qui fait partie de sa propre succession; il est clair que, dans ce cas, la faculté d'exercer le retrait successoral appartiendrait à la succession bénéficiaire elle-même, et que ce n'est qu'en sa qualité d'héritier bénéficiaire et d'administrateur de la succession que l'héritier pourrait l'exercer.

Mais supposons qu'un des cohéritiers de celui qui a accepté sous bénéfice d'inventaire cède son droit à la succession à un étranger; l'héritier bénéficiaire pourra-t-il, à son profit, pour son compte, invoquer l'article 841 qui permet même à un seul des cohéritiers d'écarter du partage une personne, même parente du défunt, qui n'est pas son successible et à laquelle un cohéritier aurait cédé son droit à la succession ?

Ne sommes-nous pas ici dans les termes de la loi? N'est-ce donc pas le cas d'appliquer l'article 841 ? Celui qu'il s'agit d'écarter, nous le supposons dans l'espèce, est étranger à la succession ; celui qui veut exercer le retrait est un des héritiers ; or, à coup sûr, l'héritier bénéficiaire est héritier. De plus, si nous interrogeons la pensée du législateur sur l'article 841, nous n'hésiterons pas à donner cette solution et à permettre à l'héritier bénéficiaire d'exercer le retrait successoral pour son propre compte.

La loi a voulu permettre aux héritiers venant recueillir une même succession d'écarter du partage, dans le but de maintenir entre tous l'esprit de conciliation si nécessaire aux intérêts de la famille, ces hommes processifs, qui, par spéculation, se rendent d'habitude cessionnaires et, à bas prix, des droits de cette nature. C'est donc dans l'intérêt des héritiers entre eux, et non pas dans l'intérêt des créanciers, que le retrait successoral a été organisé ; ce n'est donc pas à eux qu'il convient de l'exercer, mais aux cohéritiers, s'ils le jugent utile, et cela sans distinguer si celui qui le prétend faire est héritier pur et simple ou bénéficiaire.

Ainsi il peut arriver qu'un des héritiers d'une succession, qui l'a acceptée sous bénéfice d'inventaire, *écarte des opérations de partage*, aux termes de l'article 841, celui qui aura acheté le droit d'y figurer d'un héritier pur et simple : dans ce cas, l'héritier bénéficiaire retrayant n'aura pas une seule qualité, celle d'héritier bénéficiaire, mais bien deux qualités distinctes et qui ne se confondront pas : 1° la qualité d'héritier bénéficiaire qu'il tient de la loi et de

son acceptation; 2° pour une autre fraction de la
succession; la qualité d'héritier pur et simple, si
celui qui avait cédé ses droits était héritier pur et
simple.

Si donc, il y a deux héritiers, et que l'un d'eux,
héritier pur et simple du *De cujus*, cède ses droits à
un étranger qu'écarte l'autre héritier bénéficiaire, celui-ci supportera une moitié des dettes de la succession *in infinitum*, l'autre moitié jusqu'à concurrence de la moitié des biens recueillis (802) [1].

L'héritier bénéficiaire pourra se porter adjudicataire des biens de la succession. Il n'y a, selon nous,
aucune bonne raison d'enlever à l'héritier ce moyen
de conserver ainsi des biens de famille auxquels il
tient beaucoup. Seulement, dans ce cas, il faut
dire que l'adjudication faite au profit de l'héritier
bénéficiaire ne sera pas attributive de droits nouveaux mais confirmative de droits anciens; et la
remarque a de l'importance, au point de vue du
payement des droits de mutation. Elle a de l'importance à d'autres points de vue encore:

L'héritier bénéficiaire qui se rendrait adjudica-
toire d'un immeuble de la succession invoquerait
donc avec utilité l'article 883 et l'effet déclaratif du
partage, dans le but de repousser ceux qui pendant
l'indivision auraient, sur ces immeubles, obtenu
des droits réels de l'un des cohéritiers. Il en serait
de même de l'hypothèque légale qui frapperait l'im-

1. Zachariæ, Aubry et Rau, t. V, p. 206.

meuble du chef de l'un des héritiers, mari ou tuteur. L'adjudication au profit de l'héritier bénéficiaire ferait entrer dans son patrimoine cet immeuble affranchi, par l'effet déclaratif du partage, de toutes les hypothèques légales ou non qui auraient frappé les biens pendant l'indivision. L'héritier bénéficiaire n'aurait donc à supporter que celles qui auraient grevé l'immeuble héréditaire, du vivant du *De cujus* soit qu'il les ait constituées lui-même au profit d'un de ses créanciers, soit qu'il ait acheté des biens hypothéqués à la dette d'autrui : ce serait le seul cas dans lequel l'héritier bénéficiaire pourrait se voir exproprié des immeubles de la succession dont il s'est rendu adjudicataire.

Qu'on ne dise pas, pour écarter cette solution, que donnait déjà Pothier[1], que cet adjudicataire jouerait les rôles de vendeur et d'acheteur; ce qui n'est pas admissible. Il y a en effet chez l'héritier bénéficiaire deux personnes, l'héritier, et c'est en cette qualité qu'il est vendeur; celui qui a un patrimoine isolé, distinct de la succession, et c'est en cette qualité qu'il est acheteur : c'est donc bien la succession *qui vend à un étranger*.

On a voulu, il est vrai, soutenir que l'héritier bénéficiaire ne pourrait se porter adjudicataire que si les biens étaient vendus à la requête des créanciers, ou même à la requête de l'héritier, mais à la condition que les créanciers soient présents ou dûment appe-

1. Pothier, *Success.*, ch. III, sect. III, art. 2, § 6.

lés ; mais cette distinction n'a aucune véritable base dans la loi, car nulle part la loi n'oblige l'héritier bénéficiaire à appeler les créanciers à la vente.

Ce n'est pas seulement contre la succession elle-même et directement que l'héritier bénéficiaire exerce ses droits, c'est aussi contre les tiers : et il peut les exercer, alors même qu'il en résulterait un recours de ceux-ci contre la succession ; l'héritier bénéficiaire n'étant tenu des dettes de la succession, que parce qu'il en détient les biens, on ne pourrait le repousser par la maxime : « Quem de evictione tenet actio, eumdem agentem repellit exceptio. »

Donc l'héritier bénéficiaire, créancier hypothécaire de la succession, peut exercer son action hypothécaire contre les tiers détenteurs des immeubles hypothéqués à sa créance.

L'héritier bénéficiaire a également le droit de réclamer contre le tiers acquéreur son propre bien vendu par le *De cujus*.

Cette solution avait souffert autrefois certaines difficultés : toutefois, Pothier et Lebrun n'hésitaient pas à reconnaître à l'héritier bénéficiaire, dans ce cas, le droit de revendication. Pothier disait : « On doit décider que, si le défunt avait vendu un héritage appartenant à celui qui est devenu depuis son héritier bénéficiaire, cet héritier pourra revendiquer son héritage, sans que le possesseur puisse exclure son action en lui opposant qu'il a succédé à l'obligation de garantie dont était tenu le défunt qui a vendu l'héritage, car il répliquera que n'étant

héritier du vendeur que sous bénéfice d'inventaire, il
n'est point tenu sur ses propres biens de ses obligations, ni par conséquent de cette obligation de
garantie[1].

Par suite des mêmes principes, nous dirons que
les tiers, débiteurs personnels de l'héritier, ne peuvent pas lui opposer en compensation les créances
qu'ils auraient eux-mêmes contre la succession[1].

L'héritier bénéficiaire peut-il faire la purge, c'est-
à-dire, dégager un immeuble des hypothèques qui
le grèvent en offrant de payer aux créanciers qui
ont des droits réels sur cet immeuble, non pas le
montant intégral de leurs créances, mais une somme
qui suffira peut-être du reste à les désintéresser et
qui n'est que la représentation de la valeur de l'immeuble grevé d'hypothèque?

Purger, c'est contraindre le créancier hypothécaire à recevoir un payement anticipé et souvent
partiel; c'est, en outre, lui enlever, moyennant une
indemnité, la garantie sous laquelle il a placé sa
créance.

Le droit de purger n'appartient donc qu'aux tiers
détenteurs, c'est-à-dire à ceux qui actuellement propriétaires ou possesseurs de l'immeuble à libérer,
sont étrangers au contrat principal, générateur de
la dette garantie, et au contrat accessoire, générateur

1. Pothier, ch. III, sect. III, art. 2, § 7. — Lebrun, l. III.
ch. IV, n° 71.

2. Merlin, *Rép.*, v° comp., § 3, n° 6.

de l'hypothèque. Ceux-là peuvent donc seulement purger, qui n'ont pris vis-à-vis du créancier aucune espèce d'engagement : Ceux-là ne le peuvent faire, qui sont obligés à son égard soit par eux-mêmes, soit par leurs auteurs.

Dans laquelle de ces classes convient-il de ranger l'héritier bénéficiaire ?

1° S'agit-il d'un immeuble héréditaire frappé d'hypothèque au profit d'un créancier du *De cujus*? Il est clair qu'en cas pareil il n'est pas permis à l'héritier bénéficiaire de purger; et la raison en est bien simple : dans le régime de l'acceptation bénéficiaire, les choses se passant, au regard des créanciers héréditaires, comme si le défunt vivait encore, l'héritier bénéficiaire n'est dans ses rapports avec eux qu'un simple administrateur ; c'est le défunt représenté par la succession qui est le véritable propriétaire de l'immeuble hypothéqué, de même qu'il est encore l'obligé personnel. Or, celui-là ne peut point purger qui est personnellement tenu au payement de la dette.

2° S'agit-il d'un immeuble hypothéqué à une dette de la succession et détenu par l'héritier bénéficiaire en une autre qualité que celle d'héritier, par exemple, en vertu d'un achat passé avec le défunt, d'un legs particulier, d'une adjudication sur licitation? Dans ces divers cas, l'héritier bénéficiaire pourra purger. En effet, il n'est qu'un tiers détenteur, car, d'une part, il n'a acquis cet immeuble qu'à titre particulier, et, d'autre part, il n'est pas personnellement tenu au payement de la dette. — Il fera donc très-valablement la purge.

De ce que nous avons reconnu à l'héritier bénéficiaire l'avantage de conserver ses droits contre la succession, nous devons lui reconnaître celui de les exercer contre elle, en dirigeant dans ce but des poursuites judiciaires. Seulement il a fallu, en dehors de sa personne, organiser une représentation de la succession contre laquelle il pût agir, car il ne peut en même temps jouer le rôle de demandeur et de défendeur.

Comment donc agira l'héritier? On distingue :
1° A-t-il des cohéritiers, il agira contre eux : ce sont ses contradicteurs naturels ;
2° N'en a-t-il pas, on nomme un curateur au bénéfice d'inventaire, et c'est contre lui que l'action sera introduite.

Ceci résulte de l'article 996 du C. de proc. civile : « Les actions à intenter par l'héritier bénéficiaire contre la succession seront intentées contre les autres héritiers; et s'il n'y en a pas, ou qu'elles soient intentées par tous, elles le seront contre un curateur au bénéfice d'inventaire, nommé en la même forme que le curateur à la succession va-cante. »

Mais l'article 996 n'a pour but de créer à la succession une représentation que lorsqu'elle en manque. Si donc la succession acceptée sous béné-fice d'inventaire était celle d'un failli, il n'y aurait aucune raison d'augmenter les frais et de compliquor l'administration en nommant un curateur à la succession bénéficiaire, puisqu'en cas de faillite il y a des syndics qui représentent les intérêts du failli.

L'héritier bénéficiaire pouvant intenter les actions qu'il conserve contre la succession, on s'étonne de trouver, au titre *De la prescription*, un article qui établit, au profit de l'héritier bénéficiaire contre la succession, une suspension de prescription.

Art. 2258. « La prescription ne court pas contre l'héritier bénéficiaire à l'égard des créances qu'il a contre la succession. »

Ce n'est pas, à coup sûr, la maxime : *Contra non valentem agere non currit prescriptio* qui sert de fondement à cette décision de la loi.

On cherche, mais sans succès, à expliquer l'anomalie de l'article 2258 en disant qu'on ne peut reprocher d'avoir fait preuve de négligence à celui qui avait quelque raison de demeurer dans l'inaction, puisqu'aussi bien entre ses mains se trouvaient des valeurs héréditaires, gage de sa créance.

L'héritier bénéficiaire qui est créancier de la succession peut avoir des cohéritiers; dans ce cas, au moment même de la mort du *De cujus*, aux termes de l'article 1220, C. Nap., les dettes se sont divisées de plein droit entre tous les héritiers. Il en résulte que, de cette créance de l'héritier contre la succession, il y a certaines portions contre les héritiers, certaines portions contre la succession. La prescription qui est suspendue, quant aux secondes, au profit de l'héritier, aux termes de l'article 2258, ne nous paraît pas devoir l'être quant aux premières; nous déciderons donc que l'héritier devra interrompre la prescription contre ses cohéritiers, s'il veut conserver ses créances pour le tout.

La suspension de la prescription établie par l'article 2258, au profit de l'héritier bénéficiaire, date-t-elle rétroactivement du jour de l'ouverture de la succession, ou seulement du jour de l'acceptation bénéficiaire?

Sans avoir égard à l'article 2258 qui dispose : « que la prescription court pendant les trois mois pour faire inventaire et pour délibérer, » nous déciderons que l'article 2258 étant absolu et ne distinguant pas, il faut reconnaître à la suspension au profit de l'héritier bénéficiaire un effet rétroactif au jour même de l'ouverture de la succession. N'est-ce pas l'application pure et simple de l'article 777 qui décide : *que l'effet de l'acceptation remonte au jour de l'ouverture de la succession?* Or, cet article 777 s'applique aussi bien à l'acceptation bénéficiaire qu'à l'acceptation pure et simple[1].

Déciderons-nous que, de même que la prescription est suspendue au profit de l'héritier bénéficiaire créancier de la succession, elle l'est au profit de la succession créancière de l'héritier bénéficiaire? Aucun texte ne nous autorise à édicter cette récipro-

1. Demolombe, l. III, t. I, ch. v, n° 203. Duranton, t. XXI, n° 316.

cité ; et l'article 2251 veut que la prescription coure
contre toutes personnes, à moins qu'elles ne soient
dans une exception établie par la loi.

Donc, à ne consulter que le principe en cette
matière, il conviendrait de dire d'une manière absolue : La prescription courra contre la succession
au profit de l'héritier bénéficiaire. Toutefois il existe,
à coté du principe précédemment indiqué, un autre
principe qui pourrait bien, en certains cas, faire
donner une solution contraire. En effet, l'héritier est
administrateur des biens de la succession, par
conséquent il a dû poursuivre ses débiteurs, ou sinon
il s'est rendu coupable d'une de ces fautes graves
dont il est responsable aux termes de l'article 804
du Code Napoléon. « *Debuit à semetipso exigere* » ne
serait-ce donc pas le récompenser de sa négligence
que de faire courir à son profit contre la succession
la prescription des créances que celle-ci a contre
lui? Aussi, pour trancher la question qui nous occupe, nous distinguerons plusieurs cas :

1° Si l'héritier bénéficiaire n'a pas de cohéritiers :
s'il est seul, la prescription ne courra pas contre
la succession à son profit, car, s'il en était autrement,
il profiterait de sa négligence, et s'attribuerait un
avantage auquel il ne saurait avoir droit;

2° Si l'héritier bénéficiaire a des cohéritiers, nous
distinguerons dans la créance dont il s'agit, c'est-à-
dire qui existe au profit de la succession contre lui :
1° sa part; 2° celle de ses cohéritiers. Pour la 1re, il
sera vrai de dire *debuit à semetipso exigere*, et nous

donnerons la même solution que dans la précédente
espèce; pour la 2ᵉ, nous dirons que les cohéritiers
pourraient interrompre la prescription et qu'il est
juste que l'héritier profite de leur négligence.

SECTION IV. — *Si l'héritier bénéficiaire ne fait pas
l'abandon des biens, il est chargé d'administrer la
succession et de rendre compte de son administration aux créanciers et aux légataires.*

Avant de chercher quels sont les pouvoirs qui
appartiennent à l'héritier bénéficiaire en vertu de ce
droit d'administration, nous examinerons plusieurs
questions qui dominent toute cette matière.

1° Les créanciers de la succession et les légataires
peuvent-ils exercer des poursuites individuelles?

Ou bien l'administration confiée à l'héritier bénéficiaire n'a-t-elle pas pour effet de neutraliser par
elle-même, et d'une manière absolue, le droit en
vertu duquel tout créancier est autorisé à saisir
les biens mobiliers et immobiliers de son débiteur?

Pour prétendre qu'il en est ainsi, et que les créanciers ne peuvent, en présence de l'administration de
l'héritier bénéficiaire, conserver le droit d'exercer
des poursuites individuelles, on a dit qu'ils étaient
collectivement représentés par l'héritier bénéficiaire,
comme les créanciers d'une faillite le sont par les
syndics, et on a cru pouvoir demander à l'article

2146 du Code Napoléon un argument d'analogie.
Mais cet argument n'est pas concluant : car, d'une
part, les dispositions des articles 443 et 571 du
Code de commerce sont exceptionnelles de leur nature et ne sont pas susceptibles d'extension ; d'autre
part, l'assimilation entre le cas de faillite et celui
d'acceptation, qui peut bien se concevoir quand il
s'agit d'empêcher l'acquisition des droits de préférence entre les créanciers, ne serait pas rationnelle
dans la matière qui nous occupe.

Mais dirons-nous que les créanciers conservent
le droit, nonobstant ce que ferait l'héritier bénéficiaire
pour arriver à la vente de biens héréditaires, de pratiquer des saisies et de faire vendre les biens meubles
et immeubles du défunt? Les créanciers ont incontestablement le droit de faire vendre forcément les
biens héréditaires ; l'héritier bénéficiaire a le droit
de les vendre volontairement : comment concilier
les droits des uns avec le droit de l'autre? Nous
proposons de décider : que les créanciers du défunt
et les légataires n'ont plus la faculté de frapper de
saisie mobilière ou immobilière les meubles et les
immeubles héréditaires dont l'héritier bénéficiaire
s'est mis en mesure de provoquer la vente par des
diligences commencées à une époque antérieure à
leurs poursuites.

« Autrement, disait Pothier (*Introd.* au titre xvii,
C. d'Orl., n° 49), ces poursuites entraveraient le
gouvernement des biens qui se fait par l'héritier
bénéficiaire pour la masse des créanciers. »

Mais dans le cas où l'héritier bénéficiaire vient a discontinuer les diligences qu'il a commencées pour arriver à la vente des objets héréditaires, les créanciers et les légataires peuvent-ils se faire autoriser à continuer, d'après les derniers errements, la procédure par lui autorisée? Ou bien, en cas de négligence de l'héritier bénéficiaire, les créanciers et les légataires rentrent-ils purement et simplement dans l'exercice de leurs droits, et par conséquent, doivent-ils procéder par voie de saisie, suivant la forme ordinaire?

Ce sera cette dernière solution que nous adopterons, et par conséquent, en cas de négligence de l'héritier bénéficiaire, nous déciderons que les créanciers et les légataires rentrent purement et simplement dans l'exercice de leurs droits, qu'ils peuvent et doivent procéder, par voie de saisie, et suivant la forme ordinaire.

Pour permettre aux créanciers et aux légataires de se faire autoriser à continuer, d'après les derniers errements, la procédure commencée par les soins de l'héritier bénéficiaire, en vain argumenterait-on de l'article 1166 du Code Napoléon et de l'article 722 du Code de procédure.

1° Quant à l'article 1166, il ne saurait s'appliquer ici, puisqu'il est inexact de dire que l'héritier bénéficiaire soit débiteur personnel des créanciers héréditaires.

2° Quant à l'article 722, il est d'autant moins permis de l'étendre du cas sur lequel il statue à celui dont il est actuellement question, que l'article 988 (C. de pr. révisé) rappelle les dispositions du titre de la saisie immobilière, déclarées communes au titre du bénéfice d'inventaire, et n'y comprend pas l'article 722 dont il s'agit.

Mais il est bien entendu que l'héritier bénéficiaire ne peut porter dans son compte les frais qu'il aurait faits en pure perte pour les créanciers.

Les créanciers du défunt et les légataires pourront-ils pratiquer des saisies-arrêts entre les mains de ceux qui ont pour créanciers des débiteurs de la succession ?

On a proposé de décider que tant que l'héritier bénéficiaire n'était pas en retard de faire rendre les créances dépendant de l'hérédité, les saisies-arrêts devaient être interdites aux créanciers du défunt et aux légataires.

Ceux qui le décident ainsi se fondent sur ce qu'il paraît exister entre les saisies exécutions et les saisies immobilières d'une part, les saisies-arrêts d'autre part, une différence considérable. La vente des meubles et des immeubles, disent-ils, est un acte de liquidation que la loi laisse l'héritier bénéficiaire libre de faire ou de ne pas faire. Le recouvrement des créances est un acte d'administration auquel l'héritier a le devoir de procéder : donc, pour que les créanciers puissent saisir-arrêter entre les mains de ceux qui sont débiteurs des débiteurs de la succession, il faut que l'héritier bénéficiaire se soit rendu coupable de négligence.

12

Nous ne saurions admettre ici cette décision ni les motifs à l'appui, et de même que nous avons dit plus haut que les créanciers restaient maîtres de pratiquer les saisies exécutions et les saisies immobilières, nous dirons ici qu'ils peuvent saisir-arrêter sans aucune distinction.

Ce n'est pas que pour arriver à cette solution, qui nous paraît la seule juridique, nous croyons pouvoir argumenter, comme plusieurs arrêts et plusieurs auteurs, de l'article 808 du Code Napoléon : on a cru en effet trouver la raison de décider dans cet article qui parle de *créanciers opposants !* Mais qui ne voit que cet argument ne repose que sur une confusion entre la simple opposition, dont le seul effet est d'enlever à l'héritier bénéficiaire la faculté de payer les créanciers et les légataires au fur et à mesure qu'ils se présentent, et la saisie-arrêt dont le but final est de faire attribuer au saisissant les deniers ou valeurs arrêtés !

Nous ne voyons pas par quelles raisons on refuserait aux créanciers de la succession le droit de pratiquer des saisies-arrêts ? Les saisies-arrêts seraient des actes d'exécution, que nous n'hésiterions pas à leur permettre de les faire, mais ce ne sont pas, à vrai dire, des actes d'exécution : ce sont des actes conservatoires qu'ils gardent évidemment le droit de faire. Elles n'ont pas été inventées pour recouvrer les créances, mais comme moyen destiné à éviter les inconvénients qui peuvent parfois résulter des recouvrements de créance. D'ailleurs en quoi peut-il être nuisible, soit à l'héritier bénéficiaire, soit à la masse des créanciers, que des saisies-arrêts soient pratiquées de deux côtés à la fois entre les mains d'un même individu? Deux sûretés ne valent-elles pas mieux qu'une seule?

Si l'héritier au lieu d'accepter sous bénéfice d'inventaire avait accepté purement et simplement, il n'est pas douteux que les créanciers auraient conservé le droit d'opérer des saisies-arrêts pour la conservation de leur gage : or ce que peuvent faire les créanciers de la succession quand l'héritier est pur et simple, pourquoi ne le feraient-ils pas quand il est héritier bénéficiaire?

Quant à la distinction proposée par quelques auteurs entre le cas où il y a négligence et celui où il n'y a pas négligence de l'héritier bénéficiaire, nous avouons qu'elle nous paraît inadmissible : Qui serait donc juge de cette question? Quand les créanciers pourraient-ils savoir qu'ils ont le droit de faire des saisies-arrêts? Comment sera constaté, comment sera prouvé le retard de l'héritier bénéficiaire?

Ce sont autant d'impossibilités. Ce qu'il faut avant tout, c'est que celui qui est débiteur d'un débiteur de la succession, soit mis le plus tôt possible dans l'impuissance de payer ce qu'il doit à un insolvable, or qu'importe par qui la saisie-arrêt sera pratiquée pourvu qu'elle le soit, et qu'importe que l'héritier bénéficiaire et les créanciers en pratiquent chacun de leur côté, puisqu'elles n'ont toutes qu'un même but, faire rentrer dans la succession des valeurs qui augmentent le gage des créanciers !

Nous persistons donc à dire que les créanciers peuvent faire des saisies-arrêts comme ils l'entendent, et qu'ils n'ont pas le devoir d'attendre pour les pratiquer que l'héritier bénéficiaire ait été négligent.

Quelles garanties sont accordées aux créanciers et aux légataires contre les abus possibles de l'administration de l'héritier?

Auparavant, il ne sera peut-être pas inutile de faire remarquer :

1° Que l'héritier bénéficiaire est un administrateur et qu'il n'a été choisi ni par les créanciers ni par les légataires : il leur est imposé.

2° Que l'héritier bénéficiaire administre sa propre chose, et que le reliquat devant lui appartenir, il a intérêt à bien administrer ;

3° Qu'il est administrateur gratuit et qu'il ne peut réclamer aucune indemnité.

Les garanties que le législateur a cru devoir accorder aux créanciers et aux légataires sont au nombre de trois.

Elles consistent : « 1° dans la déchéance du bénéfice d'inventaire que l'héritier peut encourir pour certaines causes.

2° Dans la responsabilité que peuvent entraîner contre lui les fautes mêmes qui ne produiraient pas cette déchéance ;

3° Dans la caution qu'il peut être tenu de fournir.

1° Plus loin, nous nous demanderons quelles sont les causes qui peuvent entraîner, contre l'héritier, les déchéances du bénéfice d'inventaire.

2° Voyons pour le moment quelle responsabilité il peut encourir? Article 804 : « L'héritier n'est tenu que des fautes graves dans l'administration dont il est chargé. »

Quelle est la faute grave dont l'héritier est responsable?

Pothier (*Des success.*, ch. III sect. 3, art. 2, § 4) enseignait : « qu'on n'exigeait pas de l'héritier bénéficiaire d'autre diligence que celle dont il était capable et qu'il avait coutume d'apporter à ses propres affaires; c'est pourquoi il n'était tenu envers les créanciers que de la faute grossière, *lata culpa.* »

Pothier pensait donc que la faute grave dont l'héritier bénéficiaire était responsable, était la faute grave *in concreto* : Les rédacteurs du C. Nap. se sont écartés de ce système. On ne compare pas l'héritier bénéficiaire à lui-même pour savoir si la faute commise dans son administration est grave et s'il en est responsable, on le compare à un bon administrateur, et on se demande non pas s'il aurait agi de même pour ses propres affaires, mais comment aurait agi cet administrateur vigilant.

En d'autres termes, la faute dont il s'agit d'apprécier la gravité est *in abstracto*. Cette manière d'envisager les fautes et d'apprécier les responsabilités est la règle de notre droit nouveau, et rien n'indique que dans cette matière, le C. Nap. ait voulu y faire une exception.

Mais quand l'héritier bénéficiaire dans son administration, se sera-t-il rendu coupable d'une faute grave? C'est là, on le comprend sans peine, une question de fait laissée à l'appréciation des tribunaux. On peut dire à cet égard comme autrefois, que l'héritier bénéficiaire doit administrer la succession de la manière la plus avantageuse aux créanciers sans suivre ses vues particulières, si elles sont opposées au bien commun. — (Nouveau Denizart, v° bénéf. d'inv. § 9, n°. 1).

Si l'héritier bénéficiaire ne répond que de ses fautes graves, c'est qu'il administre d'une part ce qui lui appartient, et que d'autre part il ne reçoit aucun salaire.

L'article 805 ne fait qu'une application particulière de la règle générale de l'article 804, quand il déclare : « Que l'héritier bénéficiaire s'il ne représente « pas les meubles en nature, n'est tenu que de la « dépréciation ou de la détérioration causée par sa « négligence. »

Négligence doit être considérée ici comme synonyme de faute grave.

3° Aux termes de l'article 807, « l'héritier béné- « ficiaire est tenu, si les créanciers ou autres per- « sonnes intéressées l'exigent, de donner caution « bonne et solvable de la valeur du mobilier com-

« pris dans l'inventaire, et de la portion du prix des
« immeubles non déléguée aux créanciers hypothé-
« caires. »

« Faute par lui de fournir cette caution, les meu-
« bles sont vendus, et leur prix est déposé, ainsi que
« la portion non déléguée du prix des immeubles,
« pour être employé à l'acquit des charges de la
« succession. »

Dès que les parties intéressées l'exigent, l'héritier
bénéficiaire est contraint à donner caution; car
l'article 807 dit qu'*il est tenu*.

Donc cela a lieu, sans qu'il y ait aucune distinction à faire entre le cas où l'acceptation bénéficiaire
a été spontanée et librement consentie, et celui où
elle a été imposée.

Il en serait de même, que l'héritier fût solvable et
qu'il eût des biens personnels ou non.

Aux termes de l'article 992 (Cod. de p. civile),
« le créancier ou autre partie intéressée qui voudra
obliger l'héritier bénéficiaire à donner caution, lui
fera faire sommation à cet effet par acte extrajudiciaire signifié à personne ou à domicile. »

D'où il résulte que le droit d'exiger une caution
appartient à chacun des créanciers individuellement.

A la différence de ce qui se passait dans notre ancien droit, les créanciers n'ont aucune hypothèque
sur les biens de l'héritier bénéficiaire comme garantie de son obligation de rendre compte et de payer
le reliquat.

Ainsi, aucune hypothèque ni légale ni judiciaire ne frappe les biens de l'héritier bénéficiaire [1].

Aux termes de l'article 807, la caution ne peut être exigée que dans les cas suivants :

1° Pour la valeur du mobilier compris dans l'inventaire.

De tout ce mobilier soit corporel, soit incorporel;

2° Pour la portion du prix des immeubles non déléguée aux créanciers hypothécaires, c'est-à-dire qui reste libre après le payement des créances hypothécaires.

La caution ne s'applique donc ni 1° aux immeubles dépendant de l'hérédité;

Ni 2° aux fruits ou mobilier non compris dans l'inventaire;

Ni 3° aux fautes que l'héritier pourrait commettre.

Quelles formes doivent être suivies pour la demande en réception de caution? Ces formes sont prescrites par les articles 992 et suiv. du Code de procédure civile.

Le créancier qui veut obliger l'héritier à donner caution fait faire une sommation à cet effet par acte extrajudiciaire signifié à la personne de l'héritier bénéficiaire ou à son domicile.

Dans les trois jours de cette sommation, outre un

---

1. Poth., *Introd.* au tit. XVII n° 54. Merlin, *Rép.*, v° B. Danr., 1.° 71. Lebrun, liv. III, ch. iv, n° 71.

jour par trois myriamètres de distance entre le domicile de l'héritier et la commune où siége le tribunal, il sera tenu de présenter caution au greffe du tribunal de l'ouverture de la succession, dans la forme prescrite pour la réception des cautions (993).

S'il s'élève des difficultés relativement à la réception de la caution, les créanciers provoquants seront représentés par l'avoué le plus ancien (994).

Il faut que cette caution soit bonne et solvable; de plus, comme elle est légale, il faut qu'elle réunisse les conditions requises par les articles 2018 et 2019.

Comme la caution donnée ici par l'héritier est légale, il faut permettre à l'héritier bénéficiaire, s'il n'en peut pas trouver, de donner à la place un gage en nantissement suffisant.

Mais que décider dans le cas où l'héritier bénéficiaire, au lieu d'une caution, s'il était d'ailleurs propriétaire de biens libres, offrirait une hypothèque? La caution, même dans ce cas, devrait-elle être exigée? On serait bien tenté de dire que l'hypothèque présentant plus de sûreté que la caution, puisqu'une caution peut devenir insolvable, il n'y a aucune bonne raison de gêner par de telles exigences l'administration de l'héritier bénéficiaire et d'en entraver la marche. Nous croyons pourtant devoir admettre une solution plus rigoureuse et plus juridique tout ensemble, et décider que, même en pareil cas, la caution est indispensable. Ne convient-il pas de faire remarquer qu'avec la caution, les créanciers

auront tonjours cet avantage d'avoir deux obligés
au lieu d'un seul? Ajoutons enfin que l'hypothèque,
si bonne que soit la garantie qu'elle présente, laisse
toujours craind.e les longues et dispendieuses formalités de l'expropriation.

L'héritier qui est en retard de donner caution ne
peut pas être déchu de la qualité de bénéficiaire par
cette seule raison. Faute par lui de fournir la caution
qu'on est en droit de lui demander, les intéressés
peuvent lui faire retirer le maniement des valeurs
dont la caution devrait répondre. Si donc l'héritier
ne donne pas caution, on vendra immédiatement le
mobilier compris dans l'inventaire, et on versera à
la caisse des dépôts et consignations tout le numéraire de l'hérédité, soit qu'il provienne de la vente
des meubles, soit de celle des immeubles.

Aux termes de l'article 803 du Code Napoléon,
l'héritier bénéficiaire est chargé d'administrer les
biens de la succession, et il doit rendre compte de
son administration aux créanciers et aux légataires.

Ainsi l'héritier bénéficiaire administre les biens
de la succession.

Quels sont les pouvoirs de cet administrateur?
quelle en est l'étendue? quelles limites le législateur
a-t-il cru devoir y mettre? Si cet héritier bénéficiaire, administrateur des biens de la succession,
dépasse les pouvoirs qui lui ont été conférés, que
devient-il, et quelle est la sanction de la loi?

Telles sont les questions extrêmement graves, les
plus graves à coup sûr que soulève cette thèse, et

sur lesquelles il importe de prendre parti, puisqu'aussi bien elles dominent toute cette matière.

Nous nous proposons de les examiner avec grand soin.

Il est des actes que tout le monde reconnaît à l'héritier bénéficiaire le droit de faire et sur lesquels aucune difficulté ne saurait s'élever.

Ce sont : 1° Les actes de pure administration.

2° Les actes qui ne sauraient être rangés dans la classe des actes de pure administration, que cependant la loi permet à l'héritier de faire, en organisant les formes dont elle désire les voir entourés :

1° *Actes de pure administration.* Ceux mêmes qui ne reconnaissent à l'héritier bénéficiaire que des pouvoirs extrêmement restreints, n'hésitent pas à lui permettre de faire des actes de pure administration; il est certain que sans avoir à redouter de devenir héritier pur et simple, il peut faire au moins ceux-là. Seulement, il est tenu des fautes graves qu'il commet dans l'administration dont il s'est chargé, et peut être contraint à réparer le préjudice qu'il a fait éprouver aux créanciers et aux légataires.

C'est ainsi que l'héritier bénéficiaire fait les grosses et les petites réparations; interrompt les prescriptions; prend et renouvelle les inscriptions hypothécaires; touche les revenus, et les intérêts; reçoit les capitaux, le remboursement des rentes; paye les créanciers et les légataires au fur et à mesure qu'ils se présentent, s'il n'y a pas eu d'opposition pratiquée entre ses mains, aux termes de l'article 808; ne les paye, dans le cas contraire, et aux termes du même article, que dans l'ordre et de la manière réglés par le juge.

C'est ainsi encore que l'héritier bénéficiaire loue les maisons et les fermes, et se conforme en ce qui concerne la durée et l'époque du renouvellement des baux à ce que la loi permet pour ces sortes d'actes, aux tuteurs, aux maris, aux usufruitiers.

2° Actes qui ne rentrent pas dans la classe des actes d'administration, que l'héritier bénéficiaire a cependant le droit de faire sans devenir héritier pur et simple, pourvu toutefois qu'il se soumette aux prescriptions établies par la loi.

Sur ce point encore, il n'y a pas de difficulté : aucun doute n'est possible, et la loi est formelle.

1° Vente des immeubles de la succession.

Pour la vente des immeubles de la succession, l'héritier bénéficiaire doit se conformer à l'article 806 du C. N. et à l'article 987 C. de p. civ.

2° Vente des meubles corporels dépendants de la succession.

Pour la vente des meubles corporels, l'héritier bénéficiaire devra se conformer à l'article 805 du C. N. et 989, p. civ.

3° Vente des rentes constituées sur particuliers.

L'héritier bénéficiaire peut les vendre en se conformant à l'article 989, C. p. civ.

Dans ces trois cas, si l'héritier bénéficiaire ne remplit pas les formalités qui lui sont prescrites, il devient héritier pur et simple. Nous nous demande-rons bientôt quelles sont ces formalités.

4° Avec une autorisation de la justice, aux termes d'un avis du conseil d'État de 1808, l'héritier béné-ficiaire opère le transfert des rentes sur l'État au-dessus de 50 fr. Au-dessous de 50 fr. il vend les rentes sur l'État, comme il l'entend et sans employer aucune espèce de formalités.

Suivant l'opinion généralement admise, il en est de même des actions de la Banque de France.

5° Il résulte, suivant nous, de l'article 805 et de l'article 989, p. civ. que l'héritier bénéficiaire peut vendre sans formalités, et sans perdre sa qualité d'héritier bénéficiaire, tous les meubles incorporels dépendants de la succession autres que les rentes sur l'État au-dessus de 50. fr. et les actions de la Banque de France : ainsi les créances, les actions dans les compagnies, les fonds de commerce, les études de notaires, d'avoué, etc., etc. Pour le décider ainsi, nous aurons bientôt l'occasion de donner les raisons sur lesquelles nous nous appuyons.

Voilà, suivant nous, les actes que l'héritier béné-ficiaire, administrateur de la succession, a incontes-tablement le droit de faire, soit seul, soit en rem-plissant certaines formalités, soit en se munissant d'une autorisation, et pourtant qui ne rentrent pas dans la classe des actes de pure administration.

A cet égard, aucune difficulté sérieuse ne saurait s'élever : c'est seulement ici qu'elles commencent de naître.

En dehors des actes que nous avons passés en revue, l'héritier bénéficiaire, administrateur des biens de la succession, est-il sans pouvoirs?

Toutes les fois que nous nous trouverons en présence d'un acte qui, d'une part, ne rentre pas dans les actes de pure administration, qui d'autre part ne figure pas au nombre de ceux directement ou indirectement autorisés par la loi, encore que ces actes soient nécessaires, tout au moins extrêmement utiles, dirons-nous que les accomplir, et cependant prétendre conserver la qualité d'héritier bénéficiaire, soient deux choses inconciliables : que celui qui accepte une succession sous bénéfice d'inventaire se trouve réduit à cette triste alternative ou de faire les actes que lui paraissent commander les intérêts sainement entendus des créanciers et des légataires, partant, de devenir héritiers purs et simples avec tous les inconvénients qui s'attachent à cette qualité, ou de rester inactif, mais de conserver sa qualité d'héritier bénéficiaire, en compromettant tout ensemble et ses propres intérêts, et ceux des créanciers et des légataires?

Remarquons, en effet, que ce n'est pas de savoir si les actes en question seront valablement faits par l'héritier bénéficiaire qu'il s'agit; ce point ne saurait être douteux; mais bien de savoir si, tout en conservant sa qualité d'héritier bénéficiaire, il lui est permis de les faire valablement.

Pour nous décider, en vain nous interrogerions les textes que la loi a consacrés à la matière, objet de cette étude. L'article 803 se borne à dire, en effet, que l'héritier administre les biens de la succession, et les articles qui suivent n'expliquent ni ne définissent l'expression vague de ce mot *administrer* dont nous nous proposons de préciser le sens et de déterminer la portée.

Dans le silence de la loi, que ferons-nous donc?

Dirons-nous, comme la plupart des auteurs, et des arrêts se sont accordés à le dire jusqu'à ce jour, qu'en dehors des hypothèses que nous avons citées, il n'est pour l'héritier bénéficiaire aucun moyen d'agir sans perdre sa qualité d'héritier bénéficiaire, et sans devenir héritier pur et simple?

C'est là, suivant nous, une solution inadmissible, et encore qu'elle ait été toujours presque universellement admise, nous n'hésitons pas à la repousser.

Comment ne pas comprendre, en effet, que trancher dans ce sens et d'une manière aussi absolue cette grave question, c'est condamner l'héritier bénéficiaire, en tenant sans cesse suspendu au-dessus de sa tête le titre dangereux d'héritier pur et simple, à une inaction bien autrement préjudiciable aux intérêts des créanciers et des légataires que ne le seraient les pouvoirs même les plus étendus; le contraindre à demeurer inutile spectateur d'événements dont il lui serait facile peut-être de prévenir ou tout au moins d'atténuer les désastreuses conséquences; le mettre enfin dans l'impuissance de remplir la mission qui lui a été confiée, et dont nous ne tarderons pas à indiquer l'objet?

Pour sortir d'embarras, dirons-nous que la loi ayant eu de fréquentes occasions de déterminer les pouvoirs des administrateurs en général, pour connaître ceux de l'héritier bénéficiaire en particulier, il suffit de se référer aux articles écrits sous d'autres chapitres, mais où il sera néanmoins facile de puiser des raisons de décider ?

Rien de semblable ne paraît exister dans nos lois, et si on interroge notre Code pour se rendre compte de la manière dont sont réglés les pouvoirs des différents administrateurs dont il a dû s'occuper, c'est de leur infinie variété et des nuances qui les distinguent, qu'on demeure surtout frappé.

Il n'est donc pas téméraire d'affirmer que chacun des administrateurs dont un texte de loi a pris soin de régler la capacité, exerce un pouvoir qui lui est propre, et qui ne ressemble en rien à celui des autres. Nous ajouterons qu'il n'en pouvait être autrement, et que tout dépendait du motif en vertu duquel l'administration était confiée à chacun d'eux : il n'y a donc rien d'étonnant à ce que leurs droits ne soient pas les mêmes.

C'est ainsi qu'autre chose sont les pouvoirs du tuteur qui administre aux termes de l'article 450 du Code Napoléon, autre chose ceux du mineur émancipé qui administre aux termes des articles 481, 484 du Code Napoléon. C'est ainsi que le mari n'administre pas les biens de la communauté comme un tuteur administre ceux de son pupille, encore que la loi les qualifie tous deux d'administrateurs ; que la femme séparée de biens exerce des pouvoirs qui lui sont propres ; que celui qui n'est encore que successible, c'est-à-dire qui n'a pas pris parti sur la succession qui lui est dévolue, et qui pourtant l'administre, est loin d'avoir les mêmes pouvoirs que l'héritier bénéficiaire ; au titre de l'absence, enfin, nous savons que les envoyés en possession administrent différemment, suivant qu'ils sont envoyés en possession provisoire ou envoyés en possession définitive.

Les pouvoirs de l'administrateur n'ont donc été tracés nulle part, ou plutôt, ils l'ont été partout sous des traits différents : réunir des décisions aussi dissemblables, et çà et là éparses dans notre Code, les grouper, en former l'administrateur, et prétendre ensuite déterminer les bornes qu'il convient d'assigner à la capacité de l'héritier bénéficiaire en copiant un type qu'on chercherait en vain, c'est là, suivant nous, une tâche impraticable.

Puisque le texte de nos lois fait défaut, interrogeons donc leur esprit.

Il nous semble que la seule manière de déterminer les pouvoirs de l'héritier bénéficiaire, et d'assigner à sa capacité les limites qui lui conviennent, serait d'examiner le caractère de la mission qui lui a été confiée ; le rôle qu'il doit jouer ; le but qu'il s'est proposé d'atteindre en acceptant la successsion sous bénéfice d'inventaire ; les obligations, enfin, qu'il lui faut remplir. De cette façon, peut-être, sera-t-il possible d'arriver à une solution satisfaisante.

13

Or, nous nous refusons à voir dans l'héritier bénéficiaire un de ces administrateurs opérant sur la chose d'autrui, contraint à la conserver intacte entre leurs mains, pour la restituer telle qu'ils l'ont reçue quand leurs pouvoirs seront expirés ; ce n'est même pas un administrateur opérant sur une chose qui peut éventuellement devenir la sienne ; c'est un administrateur qui opère sur sa chose, car l'héritier bénéficiaire est héritier, c'est-à-dire vrai propriétaire de l'hérédité. Par l'acceptation bénéficiaire qu'il a librement faite, il s'est engagé à transformer en numéraire les biens qu'il a recueillis, pour éteindre les dettes de la succession et en acquitter les charges : en un mot, dans son intérêt et dans celui des créanciers et des légataires tout ensemble, c'est à la liquidation générale des biens héréditaires que l'héritier bénéficiaire doit procéder : voilà sa mission.

Mais, dira-t-on peut-être, si tout indique dans la loi que l'héritier bénéficiaire soit contraint à administrer, rien ne semble révéler qu'il soit tenu de liquider ; les articles 805, 806, loin de lui en imposer l'obligation, le laissent parfaitement libre de vendre ou de ne pas vendre les meubles et les immeubles de la succession ; c'est donc une faculté qu'on lui donne, ce n'est pas un devoir qu'on lui impose.

Il sera facile de répondre : Sans doute, l'héritier bénéficiaire demeure, même après l'acceptation, libre de liquider ou de ne pas liquider, comme il demeure libre d'administrer ou de ne pas administrer, car, à nos yeux, ces deux choses se confondent et ne sauraient être distinguées; mais en quel sens cela est-il vrai?

En ce sens seulement qu'il peut, usant du droit que lui confère l'article 803, C. Nap., faire aux créanciers et aux légataires l'abandon des biens de la succession, se décharger ainsi de toutes les obligations qu'une acceptation bénéficiaire entraîne nécessairement après elle; mais s'il n'use pas de la faculté que lui donne l'article 803, il administre les biens héréditaires, ou plutôt, il doit liquider la succession dans son intérêt et dans celui des créanciers : 1° dans l'intérêt des créanciers. Il doit s'efforcer en effet de les payer intégralement; tout au moins de leur donner de gros dividendes; 2° dans son propre intérêt, car ce n'est qu'autant que, par une administration habile, il sera parvenu à faire produire à la succession plus qu'il ne faut pour désintéresser les créanciers et payer les légataires, qu'une fois les dettes éteintes et les charges acquittées, il lui restera entre les mains des valeurs qui l'indemniseront des peines qu'il aura prises : n'est-ce pas d'ailleurs dans ce but qu'il s'est chargé d'accomplir les obligations qu'entraîne avec elle une acceptation bénéficiaire?

Si, d'une part, l'héritier bénéficiaire est propriétaire des biens de la succession; si, d'autre part, quand il ne fait pas l'abandon qu'autorise l'article 803, il est tenu de procéder à une liquidation générale, comment, à moins de le mettre dans l'impossibilité de remplir l'obligation qu'il a contractée, comment lui refuser les seuls moyens de s'acquitter utilement de la mission qu'il a acceptée?

Aussi nous pensons que, les pouvoirs de l'héritier bénéficiaire n'ayant été nulle part déterminés, il ne convient pas de leur assigner d'autre limite que l'intérêt sainement entendu des créanciers et des légataires.

Ce ne sont donc pas seulement des actes d'admi-nistration, dans le sens rigoureux qu'on est accoutumé de donner à ce mot, dont nous reconnaissons à l'héritier bénéficiaire le droit, sans compromettre sa qualité, de se rendre l'auteur, mais tous les actes, si graves qu'ils soient, qui cependant peuvent ê re très-utiles aux créanciers et aux légataires, et dont il serait parfois très-regrettable de voir l'héritier bénéficiaire s'abstenir, dans la crainte incessante où il serait de devenir héritier pur et simple.

C'est ainsi, suivant nous, que si l'intérêt des créanciers et des légataires l'exige, un héritier bénéficiaire, sans devenir héritier pur et simple, pourra plaider comme demandeur et comme défendeur; provoquer un partage de quelque nature que soient les objets qu'il s'agit de partager; transiger au nom de la succession soit en matière mobilière, soit en matière immobilière; accepter soit purement et simplement, soit sous bénéfice d'inventair , une succession échue au *De cujus* et sur laquelle celui-ci n'avait pas pris parti avant sa mort; la répudier si bon lui semble; constituer une hypothèque sur un des immeubles de la succession; compromettre enfin, si grave que soit cet acte, dès l'instant qu'en évitant des frais considérables ou en investissant du pouvoir de juger des hommes d'une grande intelligence et d'une honorabilité parfaite, un compromis sera de nature à procurer aux créanciers et aux légataires quelques avantages.

Si donc tous les actes que nous venons d'énumérer ont été faits utilement, si même, encore que l'événement n'ait peut-être pas répondu à l'attente, tout autorisait à croire qu'on en retirerait un véritable profit, nous prétendons que l'héritier bénéficiaire, en agissant ainsi, n'a fait que remplir la mission qu'il a reçue le jour où il a accepté bénéficiairement, et que, partant, la conséquence de tels actes ne saurait être évidemment de le faire désormais considérer comme héritier pur et simple.

Où trouve-t-on écrite dans la loi cette impuissance à laquelle on veut le condamner, d'accomplir sans compromettre sa qualité d'héritier bénéficiaire, les actes qu'on a coutume de ranger sous le nom d'*actes de maître ou d'héritier ?*

Qu'on nous montre les articles qui ont apporté aux pouvoirs de l'héritier bénéficiaire de telles restrictions ?

Lisons-nous attentivement la loi, nous y trouvons que dans deux cas seulement l'héritier bénéficiaire est déchu du bénéfice d'inventaire, et devient l'héritier pur et simple.

1° Celui qui est prévu par l'article 801 quand l'héritier s'est rendu coupable de détournement ou d'omission frauduleuse; 2° celui prévu par les articles 988-989 C. de procédure civile, quand au lieu de vendre les meubles corporels ou les immeubles avec l'emploi de toutes les formalités prescrites, il les vend dans telles formes qu'il lui plaît.

En dehors des articles que nous avons cités, on chercherait en vain d'autres cas de déchéance : qu'on interroge le titre consacré par le législateur à l'étude du bénéfice d'inventaire, les textes de notre Code qui s'occupent de la transaction, ceux qui, au code de procédure, règlent le compromis, nulle part on ne trouvera que l'héritier bénéficiaire soit réduit à cette dure alternative ou de s'abstenir quand l'inaction est préjudiciable mais de conserver le titre d'héritier bénéficiaire, ou d'agir utilement en le perdant.

On objecte, il est vrai, que les déchéances écrites dans les articles 801 C. N. 988-989 C. p. ne sauraient être limitativement énumérées : En effet, dit-on, ce ne sont pas des peines qui s'y trouvent édictées, ce ne sont que des présomptions de volonté; si le législateur a dit que l'héritier bénéficiaire en agissant ainsi devenait héritier pur et simple, c'est que dans les faits dont il s'est rendu l'auteur, on a vu la preuve que son intention était de renoncer au bénéfice d'inventaire. S'il en est ainsi, chaque fois que nous nous trouverons en présence d'un de ces actes qui supposent nécessairement chez leurs auteurs l'intention de renoncer au bénéfice d'inventaire, n'aurons-nous pas le droit de déclarer qu'en agissant ainsi, il a encouru la déchéance et est devenu héritier pur et simple?

Peu nous importe, dirons-nous, que les déchéances édictées par les articles 801 C. N. 988-989 C. p. soient des peines ou des présomptions de renonciations au bénéfice d'inventaire, ce qu'il y a de sûr c'est que ce sont des mesures rigoureuses, qui tendent à priver l'héritier bénéficiaire de grands avantages, l'exposent à de graves dangers; qui ne sauraient, en conséquence, être étendues sous aucun prétexte des cas prévus formellement par la loi à d'autres hypothèses avec lesquelles on s'efforcera de leur trouver quelque analogie!

Si donc ces articles n'édictent de déchéance que pour les cas qu'ils prévoient, ne faut-il pas reconnaître qu'en édicter d'autres serait introduire dans cette matière un arbitraire que nulle part le législateur n'a entendu y mettre?

Mais, dira-t-on, loin qu'il soit utile aux créanciers et aux légataires, d'accorder à l'héritier bénéficiaire de tels pouvoirs, n'est-ce point au contraire compromettre leurs intérêts en les livrant sans défense aux caprices de la gestion la plus arbitraire et peut-être parfois la plus dangereuse? et n'aboutissez-vous pas ainsi à un résultat diamétralement opposé à celui que vous vous promettez d'atteindre?

Il n'en est rien; et les créanciers et les légataires ont reçu de la loi des garanties qui sont la preuve

la meilleure que les pouvoirs de l'héritier bénéficiaire
sont tout aussi étendus que nous le soutenons, puisque autrement ces garanties n'auraient pas de raison
d'être.

L'héritier s'est-il trompé, a-t-il agi avec négligence, ou même de mauvaise foi, les actes qu'il a
faits sont-ils évidemment contraires aux intérêts de
la masse? L'article 804, qui rend l'héritier bénéficiaire responsable des fautes graves qu'il commet
dans son administration, permet aux créanciers et
aux légataires de demander la réparation du préjudice qu'ils ont éprouvé, et d'obtenir une condamnation à des dommages-intérêts s'il y a lieu; l'obtien-
nent-ils, l'héritier sera tenu de l'acquitter sur ses
biens personnels et indéfiniment!

L'héritier bénéficiaire plaide-t-il comme demandeur ou comme défendeur, que les créanciers et les
légataires n'interviennent-ils? Et n'avons-nous pas
admis que l'acceptation d'une succession sous bénéfice d'inventaire, loin de neutraliser l'exercice des
droits des créanciers, le laissait entièrement libre
entre leurs mains, si bien qu'ils conservaient suivant
nous le droit de faire des poursuites individuelles
nonobstant celles que l'héritier bénéficiaire aurait
commencées?

L'héritier bénéficiaire accepte-t-il une succession
échue au *De cujus* et sur laquelle celui-ci n'avait pas
pris parti? Les créanciers et les légataires préten-
dent-ils qu'une acceptation pure et simple ou même
seulement une acceptation bénéficiaire leur cause un

grave préjudice, que ne font-ils rescinder cette acceptation comme faite en fraude de leurs droits?

L'héritier bénéficiaire répudie-t-il une succession échue au *De cujus*, alors qu'il est démontré que de son acceptation seraient résultés pour la succession qu'il s'agit de liquider de grands avantages dont les créanciers et les légataires se trouvent ainsi privés par une détermination légèrement prise, ceux qui se plaignent de cette répudiation ne peuvent-ils pas la faire annuler si elle a été faite en fraude de leurs droits?

Supposons enfin que l'héritier bénéficiaire néglige de prendre parti sur la succession échue au *De cujus*, les créanciers et les légataires mécontents de cette inaction, n'auront qu'à invoquer l'article 1166, et ils pourront se faire autoriser à accepter du chef de leur débiteur, c'est-à-dire du *De cujus*.

L'héritier bénéficiaire, ainsi que nous lui en reconnaissons le droit, et bien qu'il s'agisse en définitif d'un acte d'aliénation, a provoqué le partage d'un bien qui appartenait au défunt pour une part indivise : si le résultat du partage ne satisfait pas les créanciers, peut-être leur sera-t-il permis d'intenter une action en rescision soit pour lésion de plus du quart, soit pour violence, soit pour dol? Ils peuvent enfin, le cas échéant, intenter l'action en garantie pour cause d'éviction.

N'ont-ils aucun moyen de faire rescinder le partage, c'est sans doute qu'ils n'éprouvent aucun préjudice, ou du moins celui qu'ils éprouvent est si faible, qu'il n'est pas nécessaire de leur fournir le moyen d'en obtenir la réparation!

Ajoutons, que dans tous les cas, l'héritier bénéficiaire qui administre mal peut être personnellement condamné à réparer le préjudice qui résulte de sa mauvaise administration.

On le voit donc, les intérêts des créanciers et des légataires demeurent sains et saufs, et ils ne sauraient souffrir des pouvoirs même très étendus que nous reconnaissons à l'héritier bénéficiaire.

Détourne-t-il des valeurs héréditaires? l'article 801 lui est applicable et il devient héritier pur et simple.

Aliène-t-il des immeubles ou des meubles sans les formalités voulues; il est déchu de bénéfice d'inventaire aux termes des articles 988-989. C. p.

Compromet-il d'une façon quelconque les intérêts de la succession, en augmente-t-il le passif, en diminue-t-il l'actif par sa négligence, son impéritie, son dol, on lui demandera de réparer le préjudice qu'il aura causé, et il sera tenu de le faire sur ses biens personnels; et s'il ne répond que de sa faute grave, c'est que son propre intérêt l'engage à bien administrer la succession, et qu'il serait la première victime de sa maladresse.

Enfin, dans une foule de circonstances dont nous n'avons cru devoir énumérer que les principales, les créanciers et les légataires, dont les droits ne sont point paralysés par l'administration de l'héritier bénéficiaire, ont à leur disposition des moyens faciles

de pourvoir eux-mêmes à leurs intérêts, et de se soustraire aux inconvénients qui résultent parfois de la
mauvaise gestion de l'héritier.

Mais, dit-on, et c'est ici que l'erreur nous paraît
surtout manifeste, pourvu que l'héritier bénéficiaire
agisse utilement, c'est-à-dire dans l'intérêt sainement entendu des créanciers et des légataires, vous
lui permettez de transiger, de partager, de compromettre, etc., etc? Or, la transaction, le partage provoqué, le compromis ne sont autre chose que des
actes d'héritier, c'est-à-dire des actes qui supposent
nécessairement l'intention d'accepter la succession
purement et simplement; n'en est-il pas ainsi aux
termes de l'article 778, C. N., qui prévoit l'hypothèse d'une acceptation pure et simple tacitement
consentie? et l'article 800 ne dit-il pas que s'il ne
fait d'ailleurs *acte d'héritier*, le successible conserve
la faculté de se porter héritier bénéficiaire? D'où
cette conséquence, qu'en faisant des actes de cette
nature, il a dû perdre la qualité d'héritier bénéficiaire
et devenir héritier pur et simple.

Il est facile de répondre à cette argumentation qui
repose sur une confusion, mais qui n'a rien de
sérieux.

On a confondu, jusqu'à présent, et on s'obstine à
confondre deux situations qui, nous le prétendons,
doivent demeurer distinctes, et dans l'une comme
dans l'autre, on a fait produire aux *actes d'héritier*
des conséquences qu'il est bien permis sans doute
d'en tirer, alors qu'on se trouve dans la première

de ces deux situations, mais qu'il n'est pas possible d'en tirer dans la seconde.

Autre chose en effet est être successible, c'est-à-dire appelé à recueillir une succession au sujet de laquelle on n'a pas encore pris parti, et demeurer incertain, hésitant, entre trois voies différentes : l'acceptation pure et simple, l'acceptation sous bénéfice d'inventaire, la répudiation.

Autre chose est avoir pris parti, et s'être prononcé pour une acceptation bénéficiaire.

Si les actes qui supposent nécessairement l'intention d'accepter chez celui qui en est l'auteur donnent au successible, c'est-à-dire à celui qui n'a point encore pris parti, la qualité d'héritier pur et simple, qui osera soutenir que les mêmes actes accomplis par celui qui est déjà héritier bénéficiaire, le feront nécessairement déchoir de sa qualité d'héritier bénéficiaire pour le revêtir de cette qualité d'héritier pur et simple dont il n'a pas voulu? Il nous paraît évident que régler ces deux situations de la même façon, et donner aux actes d'héritier dans l'un et l'autre cas les mêmes effets, c'est faire la loi et ne pas seulement se borner à l'expliquer!

Le texte d'ailleurs est formel et milite en notre faveur :

L'article 778, qui définit l'acte d'héritier un acte qui suppose chez celui qui s'en rend l'auteur nécessairement l'intention, d'accepter est écrit sous cette rubrique : « *De l'acceptation*, » et non sous celle-ci : « *Du bénéfice d'inventaire*. » Il suppose un successible qui prend parti, c'est-à-dire qui fait connaître, pour la première fois, sa volonté d'accepter par un de ces actes qui ont paru à la loi la révéler nécessairement! et quant à l'article 800, dont on croit pouvoir argumenter contre nous et qui se trouve, il est vrai, dans la section consacrée à notre matière, que dit-il? Suppose-t-il un héritier bénéficiaire qui, accomplissant un des actes définis par l'article 778, cesse d'être héritier bénéficiaire et devient héritier pur et simple?

Comment le soutenir en présence de ces mots de l'article 800 : « l'*héritier conserve néanmoins la faculté de faire encore inventaire et de se porter héritier bénéficiaire s'il n'a fait d'ailleurs acte d'héritier.* »

Que conclure de ce texte? une seule chose : que celui qui a fait acte d'héritier, c'est-à-dire qui accepte purement et simplement, ne saurait revenir sur son acceptation pure et simple pour devenir héritier bénéficiaire? Mais il n'est pas permis, au contraire, d'en tirer cette conséquence à savoir que celui qui est héritier bénéficiaire, qui a manifesté l'intention de n'accepter la succession que de cette sorte, perdra la qualité qu'il a prise et deviendra, en agissant ainsi, héritier pur et simple.

Nous ajoutons que la loi, en décidant ainsi, est exempte de tout reproche : quand une personne est appelée à recueillir une succession et qu'on attend qu'elle prenne parti, un acte de la nature de ceux que nous supposons ne peut s'expliquer que d'une seule façon, par l'intention chez celui qui l'a fait d'accepter l'hérédité, et comme pour accepter sous bénéfice d'inventaire il faut faire une déclaration au greffe et dresser un inventaire, il suit de là que l'acceptation tacite des successions ne saurait jamais être qu'une acceptation pure et simple.

Quand une personne, au contraire, ayant déjà accepté bénéficiairement, fait un de ces actes en cette qualité, qu'en conclure ? qu'en agissant ainsi elle a entendu renoncer au bénéfice d'inventaire ? Cela est possible sans aucun doute; mais est-ce bien la seule conclusion qui se présente à l'esprit, et cet acte ne saurait-il cette fois ne s'interpréter que dans ce sens ?

Ne convient-il pas de supposer, au contraire, que celui qui agit ainsi entend conserver la qualité d'héritier bénéficiaire, mais qu'il a cherché à faire un acte utile aux créanciers et aux légataires ?

Il a déclaré au greffe sa volonté de n'accepter que sous bénéfice d'inventaire, et rien n'autorise à croire qu'il ait entendu revenir sur le parti qu'il a cru devoir prendre et qui est si conforme à ses intérêts.

Nous ne voulons pas dire pour cela que la renonciation au bénéfice d'inventaire soit impossible : elle peut être tacite comme elle peut être expresse. Mais dans quels cas la renonciation tacite au bénéfice d'inventaire sera-t-elle présumée ?

Il est d'abord des actes qui ne sauraient s'expliquer autrement que par la volonté bien arrêtée chez l'héritier bénéficiaire de renoncer au bénéfice pour devenir héritier pur et simple. Ce sont ces actes de maître qui jamais ne peuvent être d'aucune espèce d'utilité aux créanciers et aux légataires, et d'où il résulterait nécessairement pour eux une perte sans compensation. Que l'héritier bénéficiaire fasse une donation avec les biens de la succession ; qu'il en dispose par testament; qu'il constitue sur eux une servitude : ne voilà-t-il pas autant d'opérations qui ne peuvent s'interpréter que d'une seule manière, par l'intention dans laquelle il se trouve de devenir héritier pur et simple ?

C'est ce qu'il faudrait également dire, si l'héritier bénéficiaire accordait des remises aux débiteurs de la succession, car ce serait une véritable libéralité leur faire, ou renonçait en leur faveur au bénéfice du terme : il ne peut jamais y avoir, en effet, aucun avantage pour la masse à ce que l'héritier bénéficiaire agisse ainsi.

Voici autant de cas dans lesquels il devient héritier pur et simple, non parce qu'il est déchu du bénéfice d'inventaire, mais parce qu'il a manifesté d'une manière qui n'est pas douteuse l'intention d'y renoncer, de se soustraire ainsi aux obligations qu'il impose, comme de se résigner à ne pouvoir plus à l'avenir en réclamer les avantages.

Il est au contraire une foule d'actes qui peuvent sans doute s'expliquer par l'intention chez l'héritier bénéficiaire de renoncer au bénéfice, mais qui ne laissent pas de pouvoir s'expliquer très-naturellement d'une manière différente.

Ainsi, quand un héritier bénéficiaire a transigé, compromis, etc., quelle a été sa pensée? a-t-il voulu revenir sur le parti qu'il avait pris et cesser d'être héritier bénéficiaire? C'est là une question d'intention délicate comme toutes les questions de cette nature, qu'il est impossible de trancher *à priori* et que, sur la demande introduite par les créanciers et les légataires mécontents de l'administration de l'héritier bénéficiaire, le tribunal peut être appelé à trancher. Il est clair que, pour résoudre cette question, l'utilité qu'il était permis d'attendre de la transaction, ou du compromis, de l'acte en un mot que l'héritier bénéficiaire a cru devoir faire, de même que les avantages qui en sont résultés, devront être pris en très-sérieuse considération.

Pour nous résumer, nous ne croyons pouvoir mieux faire que de citer à la suite de cette discussion un jugement qui nous semble motivé d'une façon remarquable et qui nous paraît avoir été rédigé sous l'inspiration d'idées conformes à celles que nous nous sommes efforcé d'exposer ici. — Ce jugement est rapporté par Merlin (Merlin, Rep., v° B. d'inv.)

Le 12 mars 1812, le tribunal de la Seine rendit un jugement ainsi conçu :

« Attendu que l'administration provisoire ne peut exister qu'antérieurement à l'époque à laquelle l'héritier prend qualité; que c'est également avant cette époque que l'adition *d'hérédité peut être faite tacitement;* que lorsque l'héritier a obtenu bénéfice d'inventaire, il ne peut y avoir lieu qu'à déchéance

comme peine prononcée par la loi dans les cas
qu'elle prévoit; que l'héritier bénéficiaire n'est tenu
que des fautes graves; qu'il ne peut encourir de déchéance que dans le cas de fraude et dans celui
prévu par la loi en cas de vente des immeubles sans
formalité, que le compromis n'est par lui-même
ni un acte frauduleux, ni un de ceux qui, aux termes
de la loi, emportent déchéance, etc..... »

Il est vrai qu'un arrêt du 22 février 1814 infirmait
le jugement du tribunal de la Seine : « Attendu,
disait cet arrêt, que pour compromettre il faut avoir
la libre disposition de ce qui fait l'objet du compromis; que, par conséquent, l'héritier bénéficiaire en
compromettant, renonce, ainsi qu'il en a le droit, à
la qualité de simple administrateur et au bénéfice
d'inventaire, etc., etc. »

Mais qui ne voit la faiblesse de cet arrêt? Sans
doute l'article 1003 du C. de procéd. nous dit que
pour compromettre il faut avoir la libre disposition
des objets qui font l'objet du compromis: mais la
question n'est-elle pas uniquement de savoir si
l'héritier bénéficiaire a ou n'a pas cette libre disposition? Dès lors, invoquer contre lui, comme fin de
non recevoir, l'article 1003, n'est-ce pas résoudre la
question par la question et laisser la difficulté tout
entière?

Enfin, de ce que l'héritier bénéficiaire a cru devoir compromettre, faut-il en conclure avec l'arrêt
qu'il ait entendu renoncer au bénéfice d'inventaire?

Nous avons vu que telle n'était pas la pensée de la

14

loi à cet égard et que l'acte, compromis ou autre, pouvait s'expliquer très-naturellement sans supposer
une renonciation, qui, après la solennelle déclaration
faite au greffe, ne laisse pas, quoique possible, de
demeurer toujours fort invraisemblable.

A l'appui de notre opinion qui a le tort grave de
n'être pas l'opinion de tout le monde, nous croyons
devoir citer ce passage de Toullier dans son commentaire du Code civil.

« Il en est autrement, dit-il, des transactions et des
compromis qui ont pour objet de terminer des contestations et des procès, et, par conséquent, de liquider la succession. L'héritier bénéficiaire peut donc
compromettre et transiger sans déroger à sa qualité;
les compromis et les transactions qu'il fait sont va-
lides, sauf aux créanciers et aux légataires à faire
prononcer la déchéance contre lui, s'il est jugé
qu'il ait excédé ses pouvoirs en qualité d'administrateur[1]. »

Tels sont les développements que nous avons cru
nécessaire de donner pour bien faire connaître quels
étaient, suivant nous, les pouvoirs de l'héritier bénéficiaire, administrateur des biens de la succession.

Quel que soit le parti qu'on prenne sur cette question, qu'on partage notre opinion ou qu'on la repousse, il est certains actes qui ne rentrent pas dans
les actes de pure administration, et qu'il faut recon-

1. Toullier, *Code civil*, t. IV, p. 376.

naître à l'héritier bénéficiaire le droit de faire très-valablement, encore qu'on ne lui permette ni de partager, ni de transiger, ni de compromettre : nous voulons parler de ces actes que la loi, directement ou indirectement, a autorisé l'héritier bénéficiaire à faire dans l'intérêt des créanciers et des légataires, comme dans son propre intérêt : ainsi la vente des meubles et des immeubles héréditaires.

Le moment nous paraît venu de donner, à cet égard, quelques explications qui eussent, à coup sûr, embarrassé la marche de notre discussion.

Nous avons dit que si l'héritier bénéficiaire, pour la vente des meubles corporels, des rentes constituées sur particuliers, des immeubles, des actions de la banque de France, des rentes sur l'État au-dessus de 50 francs, devait se conformer à certaines prescriptions de la loi, sous peine de devenir héritier pur et simple, il n'en était pas de même des meubles incorporels, autres que ceux précédemment énumérés, qu'il pouvait vendre comme bon lui semblait et sans accomplir aucune formalité, comme sans qu'il soit obligé de se procurer l'autorisation de la justice.

Cette dernière proposition pouvant être contestée, puisqu'elle ne résulte pas directement de la loi, nous croyons devoir l'établir en quelques mots.

Si on lit attentivement l'article 805, C. N. et l'art. 989 du Code de procédure civile, on demeure convaincu que la loi n'a entendu prescrire l'emploi de certaines formalités que : 1° pour la vente de tous les meubles corporels ;

2° Pour celle d'une certaine espèce de meubles incorporels, les rentes constituées sur des particuliers.

1° L'article 805, C. N., ne s'occupe que des meubles corporels.

Ceci ne saurait être douteux en présence de son texte.

En effet, après avoir dit que l'héritier bénéficiaire ne peut vendre les meubles de la succession que par le ministère d'un officier public, aux enchères, et après les affiches et publications accoutumées, cet article ajoute dans le second alinéa : « S'il les représente en nature.... » C'est donc bien de meubles corporels qu'il s'agit.

2° L'art. 989, C. de pr., s'occupe tout à la fois de meubles corporels et d'une certaine espèce de meubles incorporels, car il dit : « S'il y a lieu de faire procéder à la vente du mobilier et de rentes dépendant de la succession.... »

Nous avons le droit de conclure de ces deux articles, que pour la vente du mobilier incorporel, la loi n'a prescrit aucune forme : nous en avons d'autant plus le droit que des lois postérieures au Code, ainsi que nous l'avons déjà signalé, ont décidé que pour les rentes sur l'État, l'héritier bénéficiaire serait contraint à se munir d'une autorisation : voici donc autant de cas exceptionnellement prévus qui nous paraissent confirmer la règle. Ainsi, quant aux créances sur particuliers, quant aux actions dans les entreprises commerciales, industrielles; actions de canaux, de chemins de fer ; fonds de commerce; études d'avoué, de notaire, etc., en un mot quant à ces meubles auxquels ne s'appliquent ni l'art. 805, C. N., ni l'art. 989 C. pr., que décide-rons-nous? L'héritier bénéficiaire peut-il les vendre comme il l'entend ? lui faut-il une autorisation ? Nous ne voyons dans la loi aucun texte, dans les principes qui dominent cette matière aucune raison qui nous commande d'imposer à l'héritier bénéficiaire cette nécessité. Si encore la loi pour les meubles auxquels elle s'applique, de l'aveu de tous, avait exigé que l'hé·ritier bénéficiaire qui les veut vendre se munît d'une autorisation, peut-être pourrait-on par analogie argu-menter de ce qui se passe pour la vente des meubles corporels, et peut-être ne serait-il pas inutile de faire remarquer que les meubles incorporels ayant pris un développement considérable depuis le com-mencement du siècle, il devient d'autant plus né-cessaire d'exiger pour leur aliénation ce qu'on exige pour l'aliénation des meubles corporels.

. Mais cette raison d'analogie fait défaut, puisque ce que la loi exige dans les articles 805 et 989, c'est non pas une autorisation (la loi ne l'exige que pour l'aliénation des immeubles), mais l'emploi de certaines formes, telles que les enchères, le ministère des offi-ciers publics, etc.

Nous persisterons donc à dire que l'héritier béné-ficiaire, sans devenir pour cela héritier pur et simple, vendra tous les meubles incorporels que nous avons énumérés plus haut et comme il l'entendra, en em·

ployant pour leur vente telle forme qu'il lui plaira
d'employer.

On pourrait peut-être proposer la distinction suivante et dire: « Si l'héritier bénéficiaire peut vendre
sans aucune formalité les meubles incorporels individuels, il n'en est pas de même des universalités
de meubles incorporels, tels que les fonds de commerce, les études d'avoué, de notaire, etc., etc.

On se fonderait, pour distinguer ainsi, sur ce que
dans notre ancien droit on attribuait à ces universalités de meubles incorporels une sorte de caractère im-
mobilier, à cause de l'importance qu'ils avaient dans
les familles.

Nous repoussons cette distinction qui n'a aucune
base sérieuse dans la loi, et pour tous les meubles
incorporels, quels qu'ils soient, nous décidons de
même.

Remarquons que l'inconvénient que quelques-uns
redoutent de la liberté d'action laissée à l'héritier,
n'est pas aussi grave qu'on veut bien le dire. En
effet, les créanciers n'ont pas, par l'acceptation bénéficiaire, perdu le droit de faire saisir et vendre les
valeurs héréditaires, ainsi que nous l'avons décidé
plus haut; nonobstant l'acceptation bénéficiaire, ils
conservent contre la succession tous les droits qu'ils
avaient contre le défunt; or, de même qu'ils eussent
pu faire saisir et vendre ce fonds de commerce du
vivant de leur débiteur, de même ils le pourront depuis sa mort. Si donc, ils pensent que l'hériter bénéficiaire est sur le point de faire une mauvaise

opération, de vendre à bas prix, par exemple, un fonds de commerce important, comme il en a selon nous le droit, ils peuvent enlever à l'héritier bénéficiaire ce fonds de commerce, le saisir et le faire vendre comme ils l'entendent.

Ajoutons enfin que, s'ils n'ont pas pris les mesures suffisantes pour arrêter, quand il en était temps encore, une aliénation qui leur nuit, ils peuvent s'adresser à l'héritier bénéficiaire, lui demander compte de la mauvaise opération qu'il a faite, car n'oublions pas qu'il répond de sa faute grave (804).

Voilà les raisons qui nous font décider que l'héritier reste maître de vendre dans telle forme qu'il lui plaît, et sans distinction, les meubles incorporels auxquels ne s'appliquent, suivant nous, ni l'article 805, C. N., ni l'art. 989, C. proc. civile.

Nous avons dit que si l'héritier bénéficiaire ne faisait pas l'abandon que l'autorisait à faire l'article 803, C. N., il était tenu d'administrer et de liquider la succession.

Dans ce but, il vendra les meubles et les immeubles qui dépendent de la succession dans les formes prescrites par le C. N. et par le Code de procédure.

Par l'ensemble de ces formalités, le législateur a voulu mettre l'héritier dans l'impuissance de frauder les créanciers par des aliénations à vil prix ou au moyen d'un prix déguisé.

L'héritier ne pourrait pas offrir aux créanciers la valeur estimative des meubles ; les créanciers ne pourraient pas contraindre l'héritier à leur donner cette valeur estimative.

Si l'héritier veut conserver les meubles et les immeubles, il ne peut que s'en porter adjudicataire, mais il faut qu'ils soient vendus.

Nous nous demanderons : 1° quelles formes doivent être suivies pour la vente des meubles ;

2° Quelles formes doivent être suivies pour la vente des immeubles.

1° Formes qui sont prescrites par la loi pour la vente des meubles de la succession.

Voici les dispositions de la loi à cet égard :

1° Article 805 du Code Napoléon. L'héritier bénéficiaire ne peut vendre les meubles de la succession que par le ministère d'un officier public, aux enchères, et après les affiches et publications accoutumées.

2° Article 989 du Code de procédure civile. S'il y a lieu de faire procéder à la vente du mobilier et des rentes dépendant de la succession, la vente sera faite suivant les formes prescrites pour la vente de ces sortes de biens, à peine contre l'héritier bénéficiaire d'être réputé héritier pur et simple.

A quels meubles s'appliquent ces deux articles ?

Il ne peut être ici question que des meubles dont le législateur a réglé lui-même le mode de vente sur saisie.

Or les meubles dont la loi a réglé la vente sur saisie sont: 1° les meubles corporels; 2° une espèce seulement, de meubles incorporels, les *rentes sur particuliers*. Le Code de procédure s'est occupé des premiers dans les articles 617-635, et des seconds dans les articles 636-655.

Les articles 805 du Code Napoléon, 989 du Code de procédure ne s'appliquent donc que: 1° aux meubles corporels; 2° aux meubles incorporels d'une certaine nature: *les rentes sur des particuliers.*

Si on s'en rapportait à l'article 533, au titre *de la distinction des biens*, on devrait dire que, par meubles, il ne faut entendre ni les livres, ni les médailles, ni le linge, ni les chevaux, ni les équipages, ni les armes, etc., etc.

Mais l'ensemble même des dispositions de la loi, au titre qui nous occupe, et les dispositions du Code de procédure nous montrent bien que ce n'est pas dans ce sens limitatif qu'il convient d'entendre l'article 805, et que ce serait très-mal interpréter la pensée de la loi que d'expliquer l'expression *meuble* de cet article par l'article 533.

Il paraît évident que le mot meuble n'est mis dans l'article 805 que par opposition à celui d'immeuble qui se trouve dans l'article 806.

Nous dirons donc, sans nous arrêter à l'objection qui pourrait être tirée de l'article 533 du Code Napoléon, que par meubles corporels, dans l'article 805 du Code Napoléon nous entendons tous les meubles par opposition aux immeubles.

Peut-être cependant faudrait-il apporter une petite restriction à la généralité de l'article 805 et dire:

que, quant aux fruits et quant aux denrées qui se vendent à l'amiable au marché et dont la vente constitue un de ces actes d'administration provisoire que le successible eût pu faire sans être héritier et sans pour cela prendre parti, il ne serait pas nécessaire d'avoir recours aux formalités prescrites par la loi, et que l'héritier bénéficiaire n'en conserverait pas moins sa qualité : cette solution est d'ailleurs généralement admise par tous les auteurs. [1]

Parmi les meubles incorporels, il n'y a que les rentes constituées sur des particuliers dont la vente par l'héritier bénéficiaire ait été réglée par le Code de procédure civile.

Sur la vente des autres meubles incorporels, le Code de procédure garde le silence comme le Code Napoléon.

Mais il y a des dispositions postérieures au Code qui ont statué à l'égard d'autres meubles incorporels que ceux visés par les articles du Code de procédure civile.

1° Un avis du conseil d'État du 11 janvier 1808 a été rendu sur la question de savoir si les héritiers bénéficiaires peuvent transférer sans autorisation les inscriptions au-dessus de 50 francs de rente, et il a été reconnu que l'héritier bénéficiaire ne

---

1. On décide notamment que les grains peuvent être vendus de gré à gré, au prix fixé par les mercuriales.
Chauveau sur Carré, n° 2520. Bilbard, n° 78; Bioche, v° *Bénéfice d'inventaire*, n° 67.

pouvait opérer ce transfert sans y avoir été préa-a-blement autorisé.

Ce n'était que l'application à l'héritier bénéficiaire de ce qui avait lieu pour le tuteur et le mineur éman-cipé depuis 1806.

La loi de 1806 avait défendu au tuteur et au mineur émancipé d'opérer le transfert des rentes au-dessus de 50 francs sans autorisation. Nous n'ac-cepterons ici l'analogie entre le tuteur et l'héritier bénéficiaire que parce qu'elle ressort de l'avis du conseil d'État de 1808 qui l'a prise pour base de sa décision.

Mais à qui l'héritier bénéficiaire doit-il demander cette autorisation dont le législateur lui commande de se pourvoir? à la justice et sans doute au tribunal de l'ouverture de la succession.

On s'accorde assez généralement à appliquer, par la même prétendue analogie à l'héritier bénéficiaire, un décret du 24 septembre 1813. Ce décret ne dis-pensait les tuteurs d'obtenir l'autorisation pour le transfert des actions de la banque de France qu'au-tant qu'il s'agissait d'une action unique ou d'un droit dans plusieurs actions n'excédant pas en tota-lité une action entière.

Pour le transfert d'une action de la banque de France, nous ne dispenserons l'héritier bénéficiaire de la nécessité d'obtenir une autorisation de la jus-tice que dans le cas prévu par la loi de 1813.

Les articles 617-624-625-642 du Code de procé-dure civile règlent les formalités suivant lesquelles doivent être vendus les meubles corporels et les rentes sur particuliers.

La combinaison de ces articles du Code de procédure civile et de l'article 2078, au titre du nantissement, peut donner lieu à quelque difficulté.

Après avoir dit, dans l'article 2073 : « Le gage confère au créancier le droit de se faire payer sur la chose qui en est l'objet, par privilége et par préférence aux autres créanciers, » l'article 2078 décide que le créancier ne peut à défaut de payement disposer du gage : seulement, il lui permet de faire ordonner en justice que ce gage lui restera en payement et jusqu'à due concurrence, d'après une estimation faite par experts, ou qu'il sera vendu aux enchères.

Si donc, nous supposons que le *de cujus* avant sa mort avait donné un meuble en gage à un de ses créanciers ; qu'une fois l'acceptation faite de la succession sous bénéfice d'inventaire, ce créancier, invoquant l'article 2078, ait fait ordonner par la justice que le meuble qu'il a reçu en gage deviendra sa propriété et qu'il le conservera jusqu'à due concurrence, n'aura-t-il pas le droit de dire à l'héritier qu'il est déchu du bénéfice d'inventaire parce qu'il n'a pas suivi, à l'égard de ce meuble, les dispositions du Code de procédure ?

Mais qui ne voit que l'obligation pour l'héritier bénéficiaire de remplir ces formalités était nécessairement modifiée par le droit antérieur et absolu du créancier gagiste, habile à se prévaloir de l'article

2078? L'héritier doit supporter ce qu'il ne peut empêcher, et de sa part, il n'y a pas de faute motivant la déchéance.

Les créanciers sont payés au fur et à mesure qu'ils se présentent (article 803). Quand le créancier gagiste s'est présenté, il n'y avait pas de valeurs disponibles entre les mains de l'héritier : en se faisant attribuer la propriété de ce meuble par la justice, le créancier gagiste n'a fait que ce que la loi lui permettait de faire, et les autres créanciers n'ont pas plus de reproches à lui adresser qu'ils n'en auraient à faire aux créanciers qui auraient reçu en payement alors qu'ils n'en peuvent recevoir.

Une difficulté a paru naître du rapprochement des articles 796, C. N., 986 Code de pr. civ., 805, C. N., 989, Cod. de pr. civ.

La voici :

L'article 805 qui prescrit l'emploi de certaines formalités pour la vente des meubles, ne parle pas de la nécessité d'obtenir une autorisation de justice.

Il n'en est pas question davantage dans l'art. 989 Cod. pr.

Or les articles 796 et 986 s'expriment ainsi :

1° Art. 796. « Si cependant il existe dans la succession des objets susceptibles de dépérir ou dispendieux à conserver, l'héritier peut, en sa qualité d'habile à succéder, et sans qu'on puisse en induire de sa part une acceptation, se faire autoriser par justice à procéder à la vente de ces effets. »

2° Art. 986. « Si l'héritier veut avant de prendre qualité se faire autoriser à procéder à la vente du mobilier, etc., il présentera requête au président du tribunal. »

Quelques-uns n'ont-ils pas craint de dire qu'il résultait de ces deux articles, pour l'héritier bénéficiaire, la nécessité de se munir d'une autorisation pour la vente du mobilier de la succession : or les articles 805 et 989 n'ont jamais exigé semblable autorisation.

Mais ceux qui ont ainsi raisonné n'ont pas lu attentivement l'article 796 pas plus que l'article 986 : ces deux articles prévoient l'un et l'autre une hypothèse toute différente de celle prévue par les articles 805 et 989. Ils supposent en effet qu'il s'agit d'un habile à succéder, qui n'a pas pris qualité, et qui ne sait encore s'il sera héritier, même sous bénéfice d'inventaire. Ceci résulte : 1° de ces expressions de l'article 986 : *Si l'héritier veut, avant de se faire autoriser*,...

2° De l'ensemble des dispositions au milieu desquelles se trouve l'article 796 qui suppose que l'héritier délibère encore, les hypothèses sont donc différentes, et les décisions de la loi doivent demeurer distinctes.

Nous ajouterons que les articles 805 et 989, qui ont pour but de déterminer les conditions de la vente, n'exigent en aucune façon cette autorisation.

Donc l'héritier bénéficiaire pour la vente du mobilier doit se conformer aux prescriptions de la loi qui se trouvent contenues soit dans l'article 805 C. N., soit dans l'article 986 C. de proc. civile, mais il ne lui est imposé nulle part l'obligation d'obtenir une autorisation.

Ajoutons qu'il en devait être ainsi, et que la loi a bien fait de donner ces deux décisions. En effet, quand le successible n'est qu'habile à succéder, il n'opère pas sur sa chose ; il est naturel qu'il lui faille une autorisation pour la vente même du mobilier. Quand il a pris parti, il est héritier et c'est sa propre chose qu'il aliène. Voici la raison de la différence.

Remarquons que l'article 77, § 12, du tarif du 10 février 1807, qui alloue les frais d'une requête pour demande d'autorisation, à l'habile à succéder, sans attribution de qualité, n'alloue rien de semblable à l'héritier bénéficiaire.

Vente des immeubles. — L'article 806 dit : « Il ne peut vendre les immeubles que dans les formes prescrites par les lois sur la procédure ; il est tenu d'en déléguer le prix aux créanciers hypothécaires, qui se sont fait connaître. »

L'article 987 C. pr. civ., dit : « S'il y a lieu de vendre des immeubles dépendant de la succession, l'héritier bénéficiaire présentera au président du tribunal de première instance du lieu de l'ouverture de la succession une requête dans laquelle ces immeubles seront désignés sommairement. Cette requête sera communiquée au ministère public ; sur ses conclusions et le rapport du juge nommé à cet effet, il sera rendu jugement qui autorisera la vente et fixera la mise à prix, ou qui ordonnera préalablement que les immeubles seront vus et estimés par un expert nommé d'office.

« Dans ce dernier cas, le rapport sera entériné sur requête par le tribunal ; et sur les conclusions du ministère public, le tribunal ordonnera la vente. »

Article 988 : « Il sera procédé à la vente, dans chacun des cas ci-dessus prévus, suivant les formalités prescrites au titre de la vente des biens immeubles appartenant à des mineurs.

« Sont déclarés communs au présent titre, les articles 701, 702, 705, 706, 707, 711, 712, 713, 733, 734, 735, 736, 737, 738, 739, 740, 741, 742, les deux derniers paragraphes de l'article 964, et l'article 965 du présent Code.

« L'héritier bénéficiaire sera réputé héritier pur et simple, s'il a vendu des immeubles, sans se conformer aux règles prescrites par le présent titre. »

De tous ces articles, il résulte que deux conditions sont surtout nécessaires à la vente des immeubles :

1° L'autorisation de la vente par le tribunal qui, tantôt autorise de suite et fixe lui-même la mise à prix, tantôt s'éclaire par un rapport d'expert ;

2° Les formalités prescrites pour la vente des immeubles qui appartiennent à des mineurs.

Nous remarquerons la différence qui existe entre la vente du mobilier et la vente des immeubles par l'héritier bénéficiaire : elle consiste en ce que l'autorisation de la justice nécessaire au second cas ne l'est pas au premier. Ceci pouvait être raisonnable au commencement de ce siècle, à une époque où les valeurs mobilières n'ayant pas encore atteint le prodigieux développement qu'elles ont reçu depuis, il était encore vrai de dire avec nos anciens auteurs : « *Mobilium vilis possessio.* »

Mais ne doit-on pas avouer, qu'aujourd'hui la différence que nous constatons n'a plus sa raison d'être, et que si la nécessité d'une autorisation n'a d'autre motif que l'importance des biens vendus, il y aurait autant de raisons, si ce n'est plus encore, de l'exiger pour la vente des meubles ?

Ce n'est pas la seule occasion qui nous est offerte de constater que le Code Napoléon n'est pas toujours en harmonie avec les mœurs et les besoins de notre époque, et qu'à de nombreux égards, il est insuffisant.

Quant aux formalités suivant lesquelles les immeubles doivent être vendus, nous n'avons qu'à nous référer au Code de procédure (art. 953 et suiv.).

Aux termes de l'article 806, l'héritier bénéficiaire est tenu de déléguer le prix des immeubles aux créanciers hypothécaires qui se sont fait connaître.

Ainsi l'héritier bénéficiaire ne peut recevoir le prix des immeubles grevés de priviléges et d'hypothèques; c'est pour cette raison que l'héritier bénéficiaire ne peut être tenu de donner caution

15

(art. 807) pour la portion du prix des immeubles déléguée aux créanciers hypothécaires.

L'article 10 de l'ordonnance sur la Caisse des dépôts et consignations (ordonnance du 3 juillet 1816) dit : « Le prix ou portion de prix d'une adjudication d'immeubles vendus sous bénéfice d'inventaire (ou sur saisie immobilière, cession de biens ou faillite) que le cahier des charges n'autoriserait pas l'acquéreur à conserver entre ses mains, doit être déposé à ladite caisse, si le tribunal ordonne cette consignation, sur la demande d'un ou de plusieurs des créanciers. »

Donc l'adjudicataire qui, au préjudice des créanciers ayant des priviléges ou des hypothèques sur l'immeuble, verserait son prix entre les mains de l'héritier bénéficiaire, ne serait pas libéré.

Les ventes d'immeubles, bien que non faites avec les formalités indiquées par le Code Napoléon et le Code de procédure, n'en sont pas moins valables à l'égard des tiers ; tout ce qui résulte de l'inaccomplissement de ces formalités, c'est que l'héritier bénéficiaire qui ne s'est pas conformé aux dispositions de la loi est déchu de son bénéfice (art. 989 du Code de procédure civile).

CHAPITRE III.

Demandons-nous maintenant de quelle manière
peuvent être payés les créanciers du défunt et les
légataires.

Pour répondre à cette question, nous distinguerons, d'une part, le prix des immeubles grevés
de priviléges ou d'hypothèques; d'autre part, les
deniers trouvés dans la succession, ou provenant, soit de remboursements faits par des débiteurs, soit de la vente des meubles, soit de la vente
des immeubles non hypothéqués, ou même des
immeubles hypothéqués, quant à la portion du prix
qui ne serait pas absorbée par les priviléges et hypothèques.

1° Comment l'héritier bénéficiaire verse-t-il entre
les mains des créanciers ayant privilége ou hypothèque le prix des immeubles vendus?

Sur ce point, nous trouvons dans notre législation deux solutions : l'une est contenue dans l'article 806 du Code Napoléon, l'autre se trouve dans l'article 991 du Code de procédure civile.

L'article 806 dispose que l'héritier bénéficiaire est tenu d'en *déléguer* le prix aux créanciers hypothécaires qui se sont fait connaître.

Mais l'article 991 ne rappelant pas cette nécessité de délégation, dispose : « que le prix de la vente des immeubles sera distribué suivant l'ordre des priviléges et hypothèques. »

Voici deux modes de payement en présence : la délégation et la distribution. De ces deux dispositions, laquelle suivre? La seconde, celle de l'article 991 du Code de procédure civile, qui a abrogé la première.

Cette différence entre l'article 806 et l'article 991 s'explique historiquement :

A l'époque où l'article 806 a été rédigé, il était question (bien que le régime de publicité hypothécaire de la loi du 12 brumaire an VII fut encore en vigueur) d'établir un régime différent : les hypothèques, au lieu de se révéler par des inscriptions destinées à assurer leur publicité, devaient redevenir occultes. Les créanciers ne se faisaient connaître que par des oppositions destinées à leur assurer leur collocation sur le prix.

L'article 806 était en harmonie avec les articles 12 et suivants du projet du titre VII des priviléges et des hypothèques; et les délégations faites alors par l'héritier bénéficiaire aux créanciers qui s'étaient fait connaître avaient l'avantage de les dispenser de la nécessité de ces oppositions.

Or, ce système du projet sur les priviléges et les hypothèques fut abandonné, et après que l'article 806 eut été voté, on revint au système de publicité hypothécaire. Donc l'article 806 ne se trouvait plus en harmonie avec le système qui avait prévalu, et l'article 991 du Code de procédure ne parle plus de délégations, qui désormais seraient sans objet; il se borne à dire que le prix des immeubles sera distribué suivant l'ordre des priviléges et des hypothèques. En effet, il n'y a rien de particulier pour le bénéfice d'inventaire, et les créanciers hypothécaires doivent recevoir le prix des immeubles, dans ce cas comme dans les autres, d'après les règles du Droit commun.

Que décider dans le cas où la distribution des immeubles n'a pas été faite régulièrement, c'est-à-dire d'après le rang et l'ordre de préférence des créanciers privilégiés ou hypothécaires?

D'abord, ceux des créanciers dont les droits auront été méconnus, conserveront leurs droits sur l'immeuble et s'adresseront aux tiers détenteurs (2166).

De plus, nous pensons que l'héritier qui ne se serait pas conformé aux prescriptions de la loi, quant à la distribution du prix de l'immeuble vendu, serait déclaré responsable envers les créanciers, et par conséquent, pourrait être contraint à les indem-

niser du préjudice qu'il leur a causé par son inad-
vertance.

2° Il s'agit maintenant de verser entre les mains
les créanciers les deniers trouvés dans la succession,
ou provenant soit de remboursements, soit de la
vente des meubles, soit de la portion du prix des
immeubles qui n'a point été absorbée par les priviléges et les hypothèques.

A cet égard, le Code Napoléon dispose ainsi :

1° Art. 808. « S'il y a des créanciers opposants,
l'héritier bénéficiaire ne peut payer que dans l'ordre
et de la manière réglés par le juge.

« S'il n'y a pas de créanciers opposants, il paye
les créanciers et les légataires à mesure qu'ils se
présentent. »

2° Art. 809. « Les créanciers non opposants qui
ne se présentent qu'après l'apurement du compte et
le payement du reliquat n'ont de recours à exercer
que contre les légataires.

« Dans l'un et l'autre cas, le recours se prescrit
par le laps de trois ans, à compter du jour de
l'apurement du compte et du payement du reliquat. »

Il y a donc deux hypothèses à examiner :

1° Celle où il y a des créanciers opposants :

2° Celle où il n'y a pas de créanciers opposants.

SECTION I. — 1° *Il y a des créanciers opposants.*
L'article 808 dispose que, dans ce cas, l'héritier
bénéficiaire ne peut payer que dans l'ordre et de la
manière réglés par le juge.

L'article 990 du Code de procédure dispose de
même :

Le prix de la vente du mobilier sera distribué par
contribution entre les créanciers opposants, suivant
les formalités indiquées au titre de la distribution
par contribution.

Remarquons, qu'il n'y a lieu, pour les créanciers
opposants, de recourir aux formes judiciaires de la
distribution par contribution qu'autant que l'héritier bénéficiaire, les créanciers et les légataires, ca-
pables à cet effet, ne conviennent pas entre eux à
l'amiable de la distribution des deniers héréditaires :
ce qu'ils peuvent toujours faire.

Dans quel ordre seront payés les créanciers et les
légataires qui ont fait opposition ?

1° On payera les créanciers d'abord. On ne payera
les légataires qu'autant que, les dettes payées, il
resterait quelque chose pour eux. C'est l'application
de cette règle d'équité : *Nemo liberalis nisi liberatus.*

2° Entre les créanciers, on tiendra compte des
différentes causes de préférence et de privilége qui
peuvent exister (2094-2096-2097).

Il est vrai que l'article 808 ne parle que des

créanciers; cependant il faut reconnaître aux légataires le droit de former opposition.

Les oppositions faites par les légataires n'auront
évidemment pas pour but d'empêcher l'héritier bénéficiaire de payer les créanciers, et c'est la conséquence du principe que nous venons de rappeler,
mais elles procureraient aux légataires l'avantage de
rendre entre eux et leurs colégataires une distribution par contribution nécessaire.

Quelle doit être la forme d'une opposition?

Ce qui importe avant tout, c'est que la personne
intéressée, créancier ou légataire, révèle son existence au moyen d'un acte juridique, et avertisse
ainsi l'héritier; mais il ne nous semble pas nécessaire que les oppositions soient faites, pour produire
leur effet, dans la forme d'une signification contenant défense de payer en l'absence de celui qui la
fait.

Nous croyons donc qu'une signification de titres,
une intervention aux scellés, à l'inventaire, à la
vente des meubles, suffiraient à merveille sans qu'il
fût besoin d'une signification particulière.

Pothier l'enseignait (*Succ.*, chap. III, sect. 3,
art. 2, § 6).

Supposons 1° qu'une opposition ou que plusieurs
oppositions aient été faites, et que l'héritier bénéficiaire ait fait des payements au mépris de ces oppositions.

Les opposants ont évidemment le droit d'agir;
mais contre qui?

1° Les opposants peuvent demander à l'héritier réparation du préjudice qu'il a causé. (Art. 804.) Il a commis une *faute grave* puisqu'il ne s'est pas soumis aux prescriptions de l'article 808.

Quelle sera cette réparation? Ce ne sera pas la déchéance du bénéfice d'inventaire, et pour deux raisons :

D'abord parce que cela ne résulte d'aucun texte et que les déchéances sont de droit étroit.

Ensuite parce que cet acte, tout irrégulier qu'il est, n'est après tout qu'un acte d'administration.

L'héritier bénéficiaire réparera le préjudice qu'il a causé en payant au créancier opposant une somme égale au dividende que lui aurait procuré une distribution régulière.

2° Il peut arriver que l'héritier soit insolvable, de là, l'intérêt de cette question : Celui qui a fait une opposition dont il n'a pas été tenu compte, outre son recours contre l'héritier bénéficiaire, en a-t-il un autre?

1° Accordera-t-on ce recours aux créanciers contre les légataires? Évidemment oui — ceci résulte de l'article 809, C. N. Si, en effet, les créanciers non opposants qui ne se présentent qu'après l'apurement du compte et le payement du reliquat ont un recours contre les légataires, à plus forte raison ce recours doit-il être accordé aux créanciers opposants.

2° Les créanciers qui ont formé opposition ont-ils un recours contre les créanciers que l'héritier bénéficiaire a payés malgré les oppositions faites entre ses mains? .

Nous n'hésitons pas à leur accorder ce recours. N'est-ce pas la conséquence de l'article 809? Dire que les créanciers non opposants n'ont de recours *que* contre les légataires, n'est-ce pas dire, *a contrario*, que les créanciers opposants ont quelque chose de plus, c'est-à-dire un recours contre les créanciers.

Quelle est la nature du recours que nous avons reconnue au profit des créanciers opposants contre les légataires d'abord, contre les créanciers ensuite?

Il est bien certain : 1° que ces créanciers peuvent agir contre les créanciers payés du chef de l'héritier bénéficiaire. Celui-ci a une action en répétition contre les créanciers et les légataires auxquels il a fait ces payements indus. Donc ces créanciers et ces légataires sont les débiteurs personnels de l'héritier. S'il en est ainsi, les créanciers opposants, créanciers personnels de l'héritier qui est en faute à leur égard, peuvent exercer l'action oblique de l'article 1166, et attaquer ainsi les créanciers et les légataires.

Il est bien certain encore; 2° que ces créanciers opposants peuvent agir contre les créanciers et les légataires payés à leur préjudice du chef même de la succession. Mais dans l'un et l'autre cas, il y aura pour les créanciers opposants un grave inconvénient à agir ainsi : S'adressent-ils aux créanciers et aux légataires du chef de l'héritier bénéficiaire, ils devront, sur le produit de ce recours, subir la concurrence de tous les autres créanciers de l'héritier : c'est la conséquence de l'action oblique de l'article 1166. S'adressent-ils aux créanciers et aux légataires du chef de la succession elle-même? ce n'est plus le concours avec les créanciers personnels de l'héritier bénéficiaire qu'ils devront redouter, mais avec les autres créanciers de la succession qui n'auraient pas formé eux-mêmes d'oppositions antérieures au payement : les deniers rendus à la masse redeviennent le gage commun.

Nous pensons que, outre ces deux recours, les créanciers opposants ont le droit d'agir directement et personnellement contre les créanciers et les légataires qui ont été payés au mépris des oppositions qu'ils avaient faites.

Les articles 808 et 809 nous paraissent commander impérieusement cette solution.

Combien de temps les créanciers opposants auront-ils pour agir? quelle sera la durée de leur recours?

Appliquons-nous à ce cas le 2º alinéa de l'article 809 lequel est ainsi conçu : *Dans l'un et l'autre cas, le recours se prescrit par le laps de trois ans à compter du jour de l'apurement du compte et du payement du reliquat?* »

On l'a soutenu, en prétendant que les articles 808 et 809 s'occupant : 1º des créanciers opposants; 2º des créanciers non opposants, il fallait bien reconnaître que la disposition finale de l'article 809 prévoyait *l'un et l'autre cas* et donnait aux uns et aux autres le même délai.

Nous ne refuserons pas aux créanciers opposants le droit d'agir même au delà de trois années : ce sera même pendant trente années d'après le Droit commun, que nous leur permettrons d'exercer leur recours : c'est là du moins ce que la déduction des principes paraît nous commander.

Nous avons reconnu aux créanciers opposants le droit d'agir contre les légataires et contre les créanciers ; que déciderons-nous à l'égard des légataires qui, nous l'avons vu, ont, comme les créanciers, le droit de former opposition entre les mains de l'héritier bénéficiaire ?

Auront-ils un recours contre les autre légataires, payés indûment à leur préjudice ? Évidemment oui ; sans cela, à quoi servirait aux légataires le droit de faire opposition.

Nous leur accorderons même une action directe afin de les soustraire aux inconvénients résultant de l'action oblique de l'article 1166.

Section II. — *Il n'y a pas de créanciers opposants.*

« S il n'y a pas de créanciers opposants, dit l'article 808, l'héritier bénéficiaire paye les créanciers et les légataires à mesure qu'ils se présentent. »

Ainsi, dans ce cas, il n'y a aucune distinction à faire : le premier qui se présente, fût-il un légataire,

sera payé, pourvu, bien entendu, que la créance
ou le legs soit échu et exigible.

Ceci était suivi dans le droit de Justinien, ainsi
que nous l'avons vu plus haut : la même règle était
suivie en France.

De ce qui précède, nous devons conclure que si
l'héritier bénéficiaire est créancier de la succession,
il peut se payer lui-même : ce qui est un immense
avantage pour lui, car il peut se payer, et il se payera
le premier.

Mais comment lui refuser ce droit? L'héritier bénéficiaire, quand il n'y a pas d'opposition, doit payer
les créanciers et les légataires à mesure qu'ils se présentent; or il est créancier de la succession, donc il
n'y a aucune raison de le contraindre à attendre que
les autres se présentent pour ne se payer qu'après
eux. Il arriverait même ceci que, de crainte de
lui donner une situation trop favorable, on lui en ferait une extrêmement rigoureuse.

Mais, peut-on dire, l'héritier est administrateur,
et c'est bien mal servir les intérêts des créanciers et
des légataires que de se payer soi-même le premier,
à une époque où les autres ignorent peut-être encore
l'ouverture de la succession?

Nous répondrons ainsi :

Si l'héritier bénéficiaire, parce qu'il est administrateur de la succession, a l'obligation de mettre opposition entre ses propres mains, contre le payement
qu'il se ferait à lui-même, il faut admettre que,
quand il n'est pas créancier de la succession, il doit

former opposition dans l'intérêt de ceux qui ne se présentent pas. S'il en est ainsi, l'héritier bénéficiaire devant toujours former opposition, il n'y a pas lieu de distinguer, comme le fait la loi, entre le cas où il y a eu opposition, et le cas où il n'y a pas eu opposition.

Nous ne croyons même pas que l'héritier bénéficiaire, dont la créance n'a rien de litigieux, ait l'obligation de faire nommer un curateur au bénéfice d'inventaire.

Donc, l'héritier bénéficiaire de la succession, dont il est créancier, peut valablement porter dans son compte, au chapitre des dépenses, les dettes qu'il se sera payées à lui-même.

Nous argumentons encore de l'article 2258, au titre de la prescription, qui nous paraît pouvoir être utilement invoqué ici. Cet article, ainsi que nous avons eu l'occasion de le dire, empêche la prescription de courir contre l'héritier bénéficiaire : de là une grande inégalité entre les créanciers ordinaires et l'héritier bénéficiaire créancier de la succession. Si la loi a cru devoir faire à l'héritier bénéficiaire cette situation toute de faveur, ne sommes-nous pas fondé à soutenir qu'ici elle a voulu au moins lui faire les mêmes avantages qu'aux autres créanciers?

Ceux qui ne veulent pas permettre à l'héritier de se payer à lui-même ce qui lui est dû par la succession, sous prétexte que ce serait le trop bien traiter et lui faire une situation très-favorable, sont nécessairement conduits à ce résultat de ne payer l'héritier bénéficiaire qu'après tout le monde, à moins qu'il n'ait fait opposition; or, où cette rigueur est-elle écrite dans la loi?

Nous remarquerons que la loi, dans l'article 9, a dit : « L'héritier bénéficiaire paye... » c'est une formule impérative dont il faut tenir un compte sérieux. La conséquence que nous en tirerons, est que, dès l'instant que l'héritier a entre ses mains des fonds disponibles, il doit payer ceux qui se présentent, sans pouvoir alléguer qu'il y a des créanciers préférables, lorsque ceux-ci d'ailleurs n'ont pas fait opposition.

Quel est le droit des créanciers non opposants qui se présentent après que des créanciers ou des légataires ont été déjà payés?

Si le compte n'a pas été apuré et qu'il reste des deniers entre les mains de l'héritier, il est bien évident que ces créanciers auront le droit de débattre ce compte et de se faire payer sur ce qui reste. Mais s'il y a eu apurement du compte et payement du reliquat? En ce cas, les créanciers non opposants, qui arrivent à un moment où il n'y a plus de deniers entre les mains de l'héritier bénéficiaire, vont-ils pouvoir exercer un recours quelconque?

Ce recours, ils ne sauraient l'exercer contre l'héritier bénéficiaire qui n'a rien à se reprocher. En effet, la loi lui avait ordonné, s'il n'y avait pas d'opposition, de payer les légataires et les créanciers au fur et à mesure : c'est ce qu'il a fait. Donc, aucune responsabilité de sa part.

Quel recours la loi leur accorde-t-elle donc? L'article 809 dispose que les créanciers non opposants, qui ne se présentent qu'après l'apurement du compte et le payement du reliquat, n'ont de recours à exercer que contre les légataires.

Cela a paru équitable. En effet, les légataires *certant de lucro captando;* les créanciers, au contraire, *de damno vitando.*

Mais, après tout, il faut bien reconnaître que les payements qui ont été faits aux légataires l'ont été régulièrement, puisqu'il n'y avait eu aucune opposition : Par ce motif, la loi qui accorde aux créanciers non opposants ce recours, n'a pas voulu leur permettre de menacer trop longtemps les légataires, et elle leur a imposé l'obligation, s'ils veulent profiter de l'avantage qu'elle leur confère, d'agir dans un délai de *trois ans,* aux termes de l'article 809, deuxième alinéa. Ce délai de trois ans court à compter du jour de l'apurement et du payement du reliquat.

Nous devons remarquer que ce n'est qu'à *compter du payement du reliquat* que courent les trois ans, bien que la loi ait mis l'apurement du compte et le payement du reliquat sur la même ligne : En agissant ainsi, elle a supposé, ce qui arrive souvent, que l'apurement du compte et le payement du reliquat avaient lieu en même temps; mais il peut arriver que ces deux opérations soient séparées, et alors, il va de soi que le délai de trois ans ne courra qu'à compter du payement du reliquat.

Nous avons vu que la loi accordait un recours aux créanciers non opposants contre les légataires, et nous savons, par le texte de l'article 809, qu'il s'agit des créanciers non opposants qui ne se sont présentés qu'après le payement du reliquat.

Que décider dans le cas où les créanciers non opposants se présenteront avant le payement du reliquat et l'apurement du compte, mais à une époque où les deniers qui se trouvent encore entre les mains de l'héritier étaient insuffisants pour les désintéresser? Il est évident qu'à plus forte raison ces créanciers non opposants qui sont plus diligents que les premiers pourront recourir contre les légataires déjà payés.

Jusqu'à présent nous ne nous sommes occupé que de créanciers non opposants et de légataires.

Mettons maintenant en présence des créanciers non opposants et des créanciers qui ont été payés et qui ont reçu ainsi une part excédant le dividende qui leur serait revenu d'après une distribution régulièrement faite :

1° Les créanciers non opposants se présentent après l'apurement du compte et le payement du reliquat.

Dans ce cas, ils n'ont aucun recours à exercer contre les créanciers déjà payés : L'article 809 est formel à cet égard, puisqu'il dit : « *Qu'ils n'auront « de recours à exercer que contre les légataires;* »

2° Les créanciers non opposants se présentent avant le payement du reliquat, mais cette ressource est insuffisante : nous avons vu qu'*a fortiori*, ils

16

pouvaient recourir contre les légataires, pourront-ils recourir contre les créanciers?

Nous croyons que les créanciers non opposants, qu'ils se présentent avant ou qu'ils se présentent seulement après le payement du reliquat, n'ont jamais de recours à exercer contre les créanciers.

Voici comment nous arrivons à cette solution. L'article 808, dans son second alinéa, pose une règle qui est celle-ci : « S'il n'y a pas de créanciers op- « posants, l'héritier bénéficiaire paye les créanciers « et les légataires à mesure qu'ils se présentent. »

Voici le principe. Ainsi les payements faits, au cas où il n'existe pas d'opposition, sont très-valablement faits, et les retardataires n'ont pas de répétition à exercer. Ce principe, qui n'est pas douteux, reçoit-il des exceptions? il n'en reçoit qu'une seule et elle est écrite dans l'article 809 qui dit : « Les créanciers non opposants qui ne se présentent qu'après l'apurement du compte et le payement du reliquat, n'ont de recours à exercer que contre les légataires. » Ainsi tous les payements faits, au cas où il n'y avait pas eu d'oppositions pratiquées, ont été valablement faits, si ce n'est toutefois ceux faits aux légataires, contre lesquels les créanciers non opposants, qui ne se présentent même que très-tardivement, peuvent certainement recourir.

N'avons-nous pas le droit, après cette lecture attentive de la loi de déclarer que la solution que nous avons donnée était commandée par le texte des articles 808, 809?

Que nous oppose-t-on? On cherche à tirer un argument *a contrario* de l'article 809, et on dit :
« Ceux, aux termes de cet article, qui n'ont de recours à exercer que contre les légataires, sont les créanciers non opposants qui ne se présentent qu'après l'apurement du compte et le payement du reliquat, »

Or nous supposons qu'il y a des créanciers qui se présentent avant l'apurement du compte ;

Donc ils doivent exercer leur recours contre les autres créanciers, puisque la loi ne le leur accorde plus seulement contre les légataires.

Cet argument *a contrario* est détestable : Il revient à dire que les rédacteurs de l'article 809 par cette incise : « *qui ne se présentent qu'après l'apurement du compte et le payement du reliquat,* » ont entendu donner des droits différents aux créanciers suivant qu'ils se présentent avant ou qu'ils se présentent après le payement du reliquat.

Or telle n'a jamais été l'intention du législateur, et il est facile de le prouver.

Cette phrase de l'article 809 : *Qui ne se présentent qu'après l'apurement du compte*, et d'où les partisans du système que nous repoussons croient pouvoir tirer un argument *a contrario*, n'a pas la portée qu'on veut lui donner ; elle signifie tout simplement que si des créanciers non opposants se présentent avant l'apurement du compte et à une époque où il reste encore des deniers entre les mains de l'héritier bénéficiaire, ils pourront s'adresser à celui-ci pour se faire payer sur l'actif qu'il n'a pas encore distribué, à la différence de ceux qui ne se présentent qu'après l'apurement, à une époque où il ne reste rien entre les mains de l'héritier, et qui n'ont de recours que contre les légataires.

Voici comment s'explique très-naturellement l'article 805 sans avoir besoin de recourir à une explication qui est très-loin de la pensée de ses rédacteurs.

Mais, d'ailleurs, quelle bonne raison, en droit, il y aurait-il donc d'établir une différence entre ceux des créanciers non opposants qui ne se présentent qu'après l'apurement et le payement du reliquat, et ceux qui se présentent avant? Qu'importe, nous le demandons, qu'importe aux créanciers antérieurement payés, que ceux qui se sont présentés à une époque où les deniers qui étaient entre les mains de l'héritier ne suffisaient plus, soient venus avant l'apurement ou soient venus après cet apurement?

Cette circonstance est en droit indifférente, et ne saurait évidemment influer sur la régularité des payements précédemment opérés.

Rien dans le texte de l'alinéa de l'article 809 ne commande donc cette distinction, et nous la repoussons sans hésitation.

Il est vrai que le système adverse invoque avec grand fracas les travaux préparatoires, et cherche à expliquer à son profit ces mots qui commencent le deuxième alinéa de l'article : *dans l'un et l'autre cas......*

Voici cette explication : nous allons constater qu'elle n'a rien de sérieux.

L'article 117 du projet, dit-on, n'accordait, comme l'article 809, un recours que contre les légataires, et ce recours était limité par l'article 118 à trois ans (Fenet. T. II, p. 144); mais d'après les observations du tribunal de cassation et du tribunal d'Aix, le Conseil d'Etat modifia l'article en y ajoutant un second alinéa ainsi conçu : « *Ceux qui se présentent avant l'apurement, peuvent aussi exercer un recours subsidiaire contre les créanciers payés à leur préjudice,* » et comme l'article ainsi modifié prévoyait deux cas de recours, on ajouta ces mots : « *dans l'un et l'autre cas, le recours se prescrit par le laps de trois ans.* » Fenet. *T. III, p.* 45, *et T. X, p.* 115).

Nous reconnaissons très-volontiers la parfaite exactitude de ce récit, mais ce qu'il nous est impossible de ne pas voir, c'est que le deuxième alinéa de cet article 808, qui n'a jamais existé qu'à l'état de projet, n'est pas dans la rédaction définitive de l'article. Qu'en conclure ? c'est que pour toutes les bonnes raisons que nous avons données plus haut, pour celles que nous donnerons encore, on a cru devoir repousser une disposition légale qui introduisait une distinction injustifiable.

Il est vrai que ceux qui veulent modifier le texte de la loi à leur gré, appellent l'attention de leurs adversaires sur ces mots du deuxième alinéa : *dans l'un et l'autre cas,* et s'en emparent pour dire : il y a donc deux cas; or, quels peuvent-ils être, sinon celui prévu par l'article 809 et celui prévu par le deuxième alinéa du projet, mais qui, par erreur, ne se retrouve pas ici?

Il y a bien une erreur, nous en convenons, seulement elle consiste en ce que, après avoir repoussé la proposition du tribunal de cassation, on a omis de modifier le deuxième alinéa de l'article 809, et laissé subsister une phrase qui n'a plus de raison d'être, puisqu'aussi bien la loi ne prévoit, comme elle le devait faire, qu'un seul cas, qu'une seule hypothèse, celle où les créanciers non opposants se présentent à une époque où il ne reste rien à l'héritier bénéficiaire pour les désintéresser.

Mais dans l'opinion que nous combattons on n'a pas seulement la prétention d'avoir pour soi le texte de la loi et les travaux préparatoires, on veut invoquer la justice, l'équité? Voyons si cette nouvelle prétention ne serait pas aussi peu fondée que la première.

Les créanciers payés par l'héritier bénéficiaire, dit-on, l'ont été sans fraude : cela n'est pas douteux en présence du texte qui fait une obligation à l'héritier de payer ceux qui se présentent; mais il ne s'ensuit pas que ceux-ci aient reçu ce qui leur était dû. Il n'est pas permis de dire : « *suum receperunt!* » En effet, l'acceptation bénéficiaire a réduit les droits de chacun à un dividende proportionnel, et ceux des créanciers qui ont reçu un payement intégral ont reçu plus qu'ils ne devaient recevoir :

c'est donc sur une idée de revendication qu'est fondée le recours des créanciers non opposants contre les créanciers opposants.

Il faut convenir que ce raisonnement est insupportable, en présence surtout de l'article 808 qui commande à l'héritier bénéficiaire de payer les créanciers et les légataires à mesure qu'ils se présentent: Comment oser soutenir, par une prétendue assimilation avec la faillite que rien ne justifie, que les créanciers se trouvent réduits, à la mort du *De cujus*, à un dividende proportionnel, alors qu'il existe un texte qui dit formellement le contraire?

Nous croyons avoir démontré que le texte, l'historique de notre article, la raison, repoussent avec une égale force le système opposé. Le Code Napoléon a fait sagement ici l'application de ces maximes : *jura vigilantibus prosunt, dormientibus desunt*. Et « *in pari causa, melior est causa possidentis.* »

L'article 503 du Code de commerce témoigne aussi que tel est l'esprit général de notre législation. Nous savons bien qu'il y a, en matière de faillite, certaines mesures de publicité qui manquent dans le bénéfice d'inventaire; tout ce qui en résulte, c'est que l'organisation du bénéfice d'inventaire aurait pu être meilleure, mais non pas qu'elle soit différente de celle que nous venons de constater [1].

---

1. Delvincourt. t. 11. p 112; Duvergier sur Toullier, t. 11 n° 384, not. 1; Duranton, T. VII, n° 75; Bilhart, n° 94 ; Ducaurroy-Bonnier-

Les légataires non opposants pourront-ils exercer un recours contre d'autres légataires qui auraient été payés antérieurement ? La loi qui n'accorde aux créanciers non opposants qu'un recours contre les légataires, nous contraint-elle à refuser par cela même tout recours aux légataires contre leurs co-légataires ? Nous ne le pensons pas, parce que les principes ne sont pas les mêmes, et nous croyons que les légataires non opposants qui se présentent soit avant soit après l'apurement du compte, ont un recours à exercer contre leurs colégataires.

Les légataires qui ont le montant de leurs legs n'ont pas reçu, à la différence des créanciers, ce qu'ils étaient en droit de recevoir. Nous avons dit plus haut que par la mort du *De cujus* les droits des créanciers n'avaient pas, comme on le soutenait, été réduits à un dividende proportionnel. Mais si ceci est vrai des créanciers, ce ne saurait l'être des légataires. Quand, une fois les dettes payées, il n'y a pas de quoi acquitter tous les legs, ils sont réduits de plein droit proportionnellement : si donc il n'y a que 50,000 fr. pour payer 100,000 fr. de legs, chaque légataire n'a droit qu'à la moitié de son legs. Il en doit être ainsi, car le défunt n'a pu léguer que ce qui se trouverait dans son hérédité, une fois les créanciers désintéressés.

Donc, les légataires qui n'ont pas fait opposition,

Roustaing, T. II, n. 632 ; Demante, T. III, n. 133 bis. III ; Zachariæ, Aubry et Rau, T. V, p. 202.

soit qu'ils se présentent avant le payement du reliquat, soit qu'ils ne se présentent qu'après, ont un recours à exercer contre ceux des légataires qui ont
reçu, à leur préjudice, le payement intégral de leurs
legs.

CHAPITRE IV.

DU COMPTE DE L'HÉRITIER BÉNÉFICIAIRE.

L'héritier bénéficiaire rend compte de son administration aux créanciers et aux légataires.

L'article 803, qui charge l'héritier bénéficiaire d'administrer et de liquider les biens de la succession, lui impose l'obligation d'en rendre compte aux créanciers et aux légataires.

D'après ce même article 803, l'héritier bénéficiaire peut être contraint sur ses biens personnels, après avoir été mis en demeure de présenter son compte, et faute d'avoir satisfait à cette obligation.

L'héritier bénéficiaire peut être contraint sur ses biens personnels. La loi prévoit deux cas : 1er *cas :* l'héritier est mis en demeure de présenter son compte, et il ne satisfait pas à cette obligation.

Alors, les créanciers et les légataires peuvent poursuivre l'héritier bénéficiaire comme s'il était héritier pur et simple, pour le payement de toutes les dettes et de toutes les charges exigibles.

Il faut bien qu'il en soit ainsi, car avant l'apurement du compte, les créanciers et les légataires ne savent pas en quoi consistera l'actif héréditaire qui fait leur gage : ils peuvent donc le poursuivre sur ses biens personnels pour la totalité de ce qui leur est dû.

2º *cas* : l'héritier a rendu compte et le compte est apuré ; il ne peut alors être contraint sur ses biens personnels que jusqu'à concurrence seulement des sommes dont il se trouve réliquataire (803, 3ᵉ alin.).

L'héritier bénéficiaire est mis en demeure de présenter son compte en vertu d'une sommation, et il doit immédiatement et sans retard le présenter, dès qu'il a été mis en demeure.

Toute partie intéressée, créancier ou légataire, peut demander à l'héritier bénéficiaire un compte de son administration, et, en effet, dès que l'héritier déclare que l'actif est épuisé et qu'il ne peut plus payer ceux qui se présentent, il faut qu'il en justifie, et cette justification n'est pas autre chose que son compte.

Le compte est rendu à l'amiable si tous les créanciers et les légataires sont majeurs et maîtres de leurs droits.

S'ils ne peuvent ou ne veulent s'entendre, on suit les formes prescrites par les articles 527 et suivant du Code de procédure (art. 995, même code).

Comme tous les comptes, celui qui doit être rendu par l'héritier comprend : 1º un chapitre des recettes ; 2º un chapitre des dépenses.

1° *Chapitre des recettes :*

Il doit comprendre tout ce que l'héritier bénéficiaire a trouvé dans la succession et tout ce qu'il a reçu pour elle ; ainsi le mobilier porté dans l'inventaire ; les créances ; les rentes perpétuelles ; le montant des recouvrements opérés ; le prix de la vente des biens ; les fruits, intérêts et arrérages qu'il a perçus ; le montant des dommages-intérêts dont il serait tenu par suite de fautes graves qu'il aurait commises, etc., etc.

2° *Chapitre des dépenses.* — Il se compose de tout ce que l'héritier bénéficiaire a légitimement déboursé pour la succession : les frais funéraires, sauf aux créanciers à en demander la réduction, s'ils sont excessifs ; les payements régulièrement faits aux créanciers et aux légataires ; les payements que l'héritier bénéficiaire se serait faits à lui-même.

L'article 810 dispose que : « les frais de scellés, s'il en a été apposés, d'inventaire et de compte sont à la charge de la succession. »

L'héritier bénéficiaire ne reçoit aucun salaire ; mais s'il ne doit pas gagner, il ne faut pas au moins qu'il perde. On s'accorde généralement à reconnaître que l'article 810 n'est qu'énonciatif, et que l'héritier bénéficiaire, en vertu du principe que nous avons rappelé, peut porter dans son compte tous les frais d'administration : ainsi, les frais pour la conservation et pour l'entretien des biens et la perception des fruits ; tous ceux qui ont été faits par lui dans l'intérêt de la succession.

Les dépens des procès soutenus par l'héritier bénéficiaire doivent-ils lui être alloués?

Aux termes de l'article 132 du Code de procédure, les héritiers bénéficiaires ne doivent supporter personnellement les dépens qu'autant qu'ils y auront été condamnés, en leur nom et sans répétition, pour avoir compromis les intérêts de leur administration; donc, en principe et à moins de fautes graves, l'héritier bénéficiaire qui a soutenu un procès, soit comme demandeur, soit comme défendeur et qui a succcombé, ne supporte pas les dépens, qui, comme tous les frais d'administration, sont à la charge de la succession.

L'héritier bénéficiaire a le droit d'être remboursé, par préférence aux autres créanciers, des frais d'administration qu'il a portés dans le chapitre des dépenses.

En ce qui concerne les frais funéraires et les frais de justice, cela ne saurait être douteux, car ces créances, aux termes de l'article 2102, 1° 2° sont des créances privilégiées. Pour tous les frais d'administration, nous donnerons la même solution : n'ont-ils pas eu pour but la conservation et la réalisation des biens de la succession[1]?

Le même privilége appartient à l'héritier bénéficiaire pour le payement des frais et dépens des procès qu'il aurait soutenus dans l'intérêt de la succession

1. Zachariæ, Aubry et Rau, T. V. p. 205.

Seulement ici se présente une question grave.

On se demande si ce privilége de l'héritier bénéficiaire peut s'exercer à l'encontre de celui des créanciers de la succession, contre lequel l'héritier a
plaidé et qui a obtenu gain de cause?

On aperçoit sans peine la raison de douter : les
frais de justice ne sont opposables qu'aux créanciers
dans l'intérêt desquels ils ont été faits; or les frais
d'un procès soutenu contre un créancier de la succession, afin de faire juger que sa créance n'existait
pas, n'ont certainement pas été faits dans son intérêt. Rendre ces frais privilégiés contre le créancier
qui a gagné un procès, c'est lui en faire supporter
les dépens; ce qui, au premier abord, peut paraître injuste.

Nonobstant ces raisons de douter, nous estimons
que le créancier contre lequel le procès a été soutenu,
se verra valablement opposer le privilége par l'héritier qui veut rentrer dans ses déboursés.

Pourquoi l'héritier bénéficiaire supporterait-il les
frais et les dépens du procès qu'il a perdu? N'avait-
il pas l'obligation de le soutenir? Et de ce qu'il n'a
pas réussi, dira-on qu'il s'est rendu coupable d'une
faute grave qui engage sa responsabilité?

L'héritier bénéficiaire a payé très-valablement les
frais du procès qu'il a soutenu, soit qu'il ait gagné,
soit qu'il ait perdu. Les a-t-il payés avec l'argent de
la succession? C'est autant de moins dans l'actif héréditaire, et les créanciers n'auront peut-être qu'un
dividende. Les a-t-il payés avec son argent, parce que

le numéraire manquait à ce moment dans la succession? Il a mis ainsi dans l'hérédité une valeur
qui n'y doit pas demeurer : il la reprendra donc et
il pourra dire à celui des créanciers contre lesquels
il a soutenu ce procès qu'il a perdu, qu'en agissant
ainsi il n'a fait que ce qu'il avait le droit et le devoir
de faire.

Par cela seul qu'il a été reconnu créancier de la
succession, ce créancier ne doit-il pas comme tous
les autres, laisser payer d'abord les frais qui ont été
faits dans l'intérêt de la masse et qui sont devenus
des dettes de la succession?

Remarquons enfin que si l'héritier avait dû soutenir autant de procès qu'il y a de créanciers, et s'il
les avait perdus tous, quand il demanderait qu'on
lui restituât les sommes avancées, il pourrait se voir
successivement repoussé par tous les créanciers?
Cela, avouons-le, ne serait ni raisonnable, car l'héritier bénéficiaire ne saurait supporter les dépenses qu'il
a faites dans l'intérêt de la succession et non dans
le sien; ni conforme à l'intérêt des légataires et des
créanciers, puisque, dans cette crainte, l'héritier bénéficiaire ne défendrait que mal les intérêts de la
succession.

Qui doit payer les droits de mutation lorsque la
succession a été acceptée sous bénéfice d'inventaire?

Cette question est complexe et en renferme deux
que nous nous proposons d'examiner successivement.

1re Question. L'héritier bénéficiaire est-il tenu personnellement vis-à-vis du fisc au payement des droits de mutation?

2e Question. Si l'héritier bénéficiaire est personnellement tenu au payement des droits de mutation, et s'il les acquitte, doit-il les supporter définitivement, ou n'a-t-il pas un recours à exercer contre la succession, de telle sorte que ces droits soient supportés par les créanciers?

La première de ces deux questions, relative au droit de poursuite, ne présente que peu de difficulté.

La seconde, relative au droit de contribution, résolue dans le même sens par les auteurs et presque tous les arrêts, nous semble beaucoup plus délicate.

1re Question. L'héritier bénéficiaire est-il tenu personnellement au payement des droits de mutation? Nous adoptons, sans aucune hésitation, l'affirmative. Il suffit de lire les articles 27, 32 et 39 de la loi du 22 frimaire de l'an VII, pour demeurer convaincu que le législateur n'a entendu faire aucune distinction entre les héritiers qui acceptent purement et simplement, et ceux qui acceptent sous bénéfice d'inventaire. En effet, ces articles parlent des héritiers, des donataires et des légataires; or, celui qui accepte la succession sous bénéfice d'inventaire, a bien l'avantage sans doute de n'être pas tenu des dettes *ultra vires*, mais il n'y en a pas moins eu une transmission de succession opérée à son profit.

Ces principes ont été consacrés par plusieurs arrêts
de la Cour de cassation (Cass., 29 germinal an II;
5 nivôse an XII; 21 avril 1806; Req. 7 avril
1835).

« Attendu, dit ce dernier arrêt, que les articles
« 27, 32 et 39 de la loi de frimaire an VII, pres-
« crivent le devoir de faire déclaration et d'acquit-
« ter les droits de mutation de toutes successions,
« aux héritiers qui les ont recueillies, sans aucune
« distinction entre les héritiers purs et simples, et
« ceux qui ont accepté sous bénéfice d'inventaire;
« que ces derniers, quoique simples administra-
« teurs, respectivement aux créanciers qui ont droit
« de demander compte, ne sont pas moins héri-
« tiers à tout autre égard; que la saisie s'opère
« à leur profit, et qu'ainsi ils sont soumis aux
« effets légaux de ces mutations à l'égard du
« fisc, etc.... »

Il reste donc parfaitement démontré que les héri-
ritiers bénéficiaires sont personnellement tenus d'acquitter les droits de mutation.

La jurisprudence a fait produire à ce principe
toutes ses conséquences.

Ainsi, il a été jugé avec raison que le droit devait être payé par l'héritier bénéficiaire quelles que
fussent les charges de la succession (Cass., 12 juillet 1836), d'où il suit que l'héritier bénéficiaire
peut se trouver contraint à acquitter des droits énor-
mes, puisque les droits de mutation sont perçus sur
l'actif brut de la succession.

17

C'est encore en conformité avec les principes
ci-dessus exposés, qu'il a été jugé que faute par l'héritier d'acquitter le droit dans le délai, il encourait
l'amende du demi-droit en sus, soit que la succession fût solvable, soit qu'elle ne le fût pas (Cass.,
28 août 1837).

2ᵉ Question. Si la question que nous avons étu-
diée est facile à résoudre, il n'en est pas de même
de la seconde, qui est bien autrement délicate. On
se demande si l'héritier bénéficiaire qui a payé les
droits de mutation dont il était personnellement
tenu vis-à-vis de la Régie, doit en supporter définitivement le fardeau, ou s'il ne doit pas plutôt recourir contre la succession, de sorte que ce soient
les créanciers qui se trouvent contraints à les supporter définitivement?

Presque tous nos anciens auteurs n'hésitaient pas
à proclamer que l'héritier bénéficiaire était tenu
personnellement vis-à-vis du fisc, mais ils étaient
moins fermes sur le second point.

C'est ainsi que Pocquet de Livonière (liv. IV, ch. ı,
sect. 2) disait : « On peut faire une question qui est
de savoir si l'héritier sous bénéfice d'inventaire doit
le rachat de même que l'héritier pur et simple, et s'il
le doit en son privé nom, ou s'il le peut employer,
après l'avoir payé, dans le compte de l'héritier bénéficiaire? il n'y a pas de doute que l'héritier bénéficiaire ne doive le rachat; mais j'estime, contre le
sentiment de Ferrière sur l'article 33 de la coutume
de Paris (nomb. 4), qu'il ne le doit point en privé

nom; que l'action ne peut être dirigée contre lui que dans la qualité d'héritier par bénéfice d'inventaire, et ne peut être exercée que sur les biens de la succession, et non sur les biens particuliers de l'héritier, et que, s'il a payé ce droit de rachat, il peut l'employer dans son compte. »

C'était aussi l'avis de Henrys (t. II, de ses arrêts, liv. III, quest. 14).

Cette opinion professée par Pocquet de Livonnière, Henrys et d'autres, mais non universellement admise, est celle qui a prévalu sous l'empire de la loi nouvelle. La jurisprudence admet en principe que l'héritier bénéficiaire n'est tenu personnellement au payement des droits de mutation que vis-à-vis du fisc, non pas à l'égard des créanciers de la succession ; que, par suite, il est fondé à porter au débit de son compte d'administration les sommes qu'il a déboursées pour l'acquit de ces droits.

C'est ce qui a été décidé par un arrêt de la Cour de Rouen du 27 décembre 1837 [1].

1. Nous croyons devoir donner ici les considérants de l'arrêt de Rouen : on y découvre sans peine la faiblesse des raisons dont on s'est contenté jusqu'à ce jour pour donner une décision que nous croyons devoir repousser :

« Attendu, dit la Cour de Rouen, que le droit de mutation après décès est une dette de l'hérédité, qui doit être payée sur les biens de la succession, sans avoir égard aux charges dont elle est grevée, d'où il suit qu'au respect du trésor les héritiers bénéficiaires sont indéfiniment tenus des droits de mutation ; — qu'au respect des créanciers les héritiers bénéficiaires ne confondant pas leurs biens avec ceux de l'hérédité, ne peuvent être obligés d'acquitter per-

"Les auteurs les plus compétents ont cru, sans hésiter, devoir adopter la même solution[1].

Nous ne saurions, quant à nous, trouver concluantes les raisons qui, jusqu'à ce jour, ont été données à l'appui de la solution adoptée par les auteurs et consacrée par les arrêts, et nous offrons de décider que l'héritier bénéficiaire qui est personnellement tenu du payement des droits de mutation à l'égard du fisc, l'est encore au respect des créanciers,

sonnellement, et de leurs propres deniers, les droits de mutation; — que c'est là une créance qui affecte spécialement les biens héréditaires, et que les héritiers bénéficiaires peuvent éteindre comme administrateurs, avec les deniers de la succession. — Que cette mesure ne peut blesser les droits des créanciers, puisqu'ils seront toujours à portée de faire décider ultérieurement quelle nature de biens devra concourir au payement des droits de mutation. »

[1]. Cette opinion est adoptée par MM. Aubry et Rau sur Zachariæ, t. V. p. 205. « Les droits de mutation sont également à la charge de l'hérédité. »

On comprend que ceux qui croient devoir adopter ce système se trouvent immédiatement en présence de cette autre question également controversée : « L'héritier bénéficiaire, si on lui donne un recours contre la succession, l'exercera-t-il en venant au marc le franc ou du moins en invoquant la subrogation aux droits de la Régie, c'est-à-dire un privilège sur les revenus, en vertu de l'article 32 de la loi du 22 frimaire an VII, et non pas sur les biens eux-mêmes, comme la jurisprudence tend à l'établir sans pourtant être unanime? Ou bien, au contraire, verra-t-on là des frais d'administration, de simples avances faites par l'héritier, qui aurait pu y consacrer les fonds de la succession, s'il y en avait eu de disponibles, et qui, s'il n'a pu le faire, portera en compte tout ce qu'il aura avancé?

Mais c'est là une question sur la solution de laquelle nous n'avons pas à nous prononcer, puisque nous n'accordons à l'héritier bénéficiaire aucun recours contre la succession.

de telle sorte que c'est à lui qu'il convient de faire supporter les droits de mutation, si lourd d'ailleurs qu'en puisse être le fardeau, puisque, aussi bien, ces droits ne sont exigés que parce qu'il a accepté la succession; ne serait-il pas injuste, dès lors, d'en faire éprouver aux créanciers un préjudice quelconque?

Voici les motifs qui ont été fournis, jusqu'à présent, à l'appui de cette seconde opinion : sans en méconnaître l'importance, nous nous proposons de les fortifier par quelques arguments qui nous paraissent surtout concluants.

Les droits de mutation, a-t-on dit, doivent être considérés comme un impôt qui frappe seulement celui au profit duquel a lieu la mutation par voie successive. Or, lorsqu'une succession s'ouvre, alors même qu'elle est acceptée sous bénéfice d'inventaire, au profit de qui a lieu cette mutation de propriété que la loi fiscale a voulu frapper d'un impôt? Cette mutation a-t-elle lieu au profit des créanciers, et, pour cette raison, doivent-ils supporter le fardeau des droits qui seront exigés? Mais les créanciers ne recevant rien à titre successif, par le décès de *de cujus*, et n'ayant à attendre, en réalité, ni augmentation de gage, ni aucun autre avantage, ne doivent avoir rien à payer, pour les droits de mutation!

Celui au profit duquel a lieu la mutation par voie successive, celui au profit duquel s'opère cette transmission de propriété, c'est l'héritier: seul, en effet, il bénéficie, ou, du moins, seul, il a l'expectative de bénéficier de l'événement qui donne ouverture à l'impôt dont il s'agit[1].

Peut-être sera-t-il facile d'asseoir cette opinion sur une base autrement solide; voici comment nous argumenterons :

Si l'héritier bénéficiaire doit définitivement, et sans aucun recours, supporter les droits de mutation, c'est que ces droits ne sont exigés que parce qu'il lui a plu d'accepter la succession : une renonciation aurait pu avoir pour effet d'éviter aux créanciers et aux légataires ce préjudice.

Si l'héritier bénéficiaire a agi ainsi, sans doute c'est qu'il espérait retirer de son acceptation quelque

---

1. Telles sont les excellentes raisons données par un jugement du tribunal civil de Caen du 24 décembre 1840.

Le tribunal refusait à l'administration de l'enregistrement le droit d'être admise à l'état de distribution du prix de la vente du mobilier du *de cujus*, même à simple titre chirographaire, en concurrence avec les créanciers de celui-ci pour les droits de mutation par elle réclamés; et pour le décider, le jugement raisonnait ainsi : « Ne serait-ce pas, en définitive, pour l'administration de l'enregistrement un moyen d'obtenir au détriment des créanciers héréditaires, sur l'actif de la succession formant leur gage, une créance qui, d'après sa nature même, leur est étrangère et est toute personnelle aux successibles, qui sont seuls passibles par suite d'un pareil impôt. »

Ce sont à peu près les mêmes idées dont s'inspirait un arrêt de cassation du 12 juillet 1836, quand il disait : « Attendu que l'héritier bénéficiaire n'en a pas moins la qualité d'héritier, et que la transmission des biens ne s'en est pas moins opérée sur sa tête; que le droit dû pour mutation par décès est une contribution indirecte qui constitue vis-à-vis de l'État une dette des héritiers, laquelle n'a pour cause que la transmission des biens opérée en leur faveur et dont l'héritier bénéficiaire doit au moins l'avance..... »

profit qui l'indemniserait des chances qu'il court et des dangers auxquels il s'expose : est-ce donc pour administrer la succession dans l'intérêt des créanciers et des légataires qu'il l'a acceptée bénéficiairement, et pour l'unique plaisir de se livrer au travail pénible et souvent dangereux d'une liquidation? Évidemment telle n'a pu être sa pensée : il a pensé qu'il y aurait un surplus de l'actif sur le passif, et, dans cette espérance, il a accepté la succession sous bénéfice d'inventaire. Il est donc naturel qu'il en subisse les conséquences et qu'il paye les droits de mutation qui ne sont exigés qu'à cause de lui.

Voici surtout ce qui nous paraît décisif : les créanciers sont parfaitement fondés à tenir à l'héritier bénéficiaire ce langage : « Si les droits de mutation sont dus, ce n'est que parce que vous avez accepté sous bénéfice d'inventaire, comme, du reste, ils auraient été dus si vous eussiez accepté purement et simplement! Que ne renonciez-vous? et pourquoi nous contraindre à supporter cette perte qui ne nous incombe en définitive que parce que vous avez cru devoir prendre ce parti d'où vous espériez tirer quelque avantage? »

En vain, l'héritier bénéficiaire, pour réfuter cette argumentation, répondrait que, s'il avait renoncé, les droits de mutation n'en eussent pas moins été dus, et que, partant, il ne doit pas supporter le fardeau d'un impôt qui, dans tous les cas, devait peser sur la succession.

Ne serait-il pas facile de lui répondre ainsi :

« Supposez qu'imitant votre exemple, tous les héritiers du degré subséquent, les successeurs aux biens,
les enfants naturels, le conjoint survivant, l'État
lui-même, aient renoncé; les biens de la succession
appartiendraient alors à l'État, non plus en tant
qu'il est le dernier des successeurs irréguliers, mais
parce que ce seraient des biens sans maître (art. 711
C. Nap.); or, dans cette hypothèse, aucun droit de
mutation par décès n'eût été exigé. Il est donc vrai
de dire que si des droits de mutation sont réclamés,
c'est uniquement parce que vous avez accepté bénéficiairement une succession à laquelle vous étiez libre
de renoncer [1]. »

On nous opposera peut-être qu'aux termes de
certaines circulaires ministérielles, L'État, successeur irrégulier, devant accepter toutes les successions, même les plus détestables, et n'en répudier
aucune, notre hypothèse ne se réalisera jamais, et
que des droits de mutation seront toujours dus,
puisqu'aussi bien il y aura toujours eu une transmission de propriété par décès [2].

Nous répondrons que les circulaires ministérielles

1. Lettre inédite de M. Pilette.
2. Il y a peu de jours (3 avril 1866) la Cour suprême, cassant
un jugement du tribunal civil d'Épernay, décidait : « que le droit
exigible pour la mutation de la propriété par décès n'était pas
une dette de la succession, mais une contribution indirecte à
laquelle l'héritier était assujetti personnellement par la loi du
22 frimaire de l'an VII, à raison de la mutation de la propriété
qui s'est opérée en sa faveur par le décès du de cujus. » Dans
l'espèce il était question d'un héritier bénéficiaire.

(Le Droit, n° du mercredi 4 avril 1866.)

ne font pas qu'en droit l'État, successeur irrégulier, ne puisse répudier une succession qui lui est dévolue, et que cette seule possibilité nous suffit.

Une fois le compte apuré, l'héritier bénéficiaire peut être contraint sur ses biens personnels jusqu'à concurrence des sommes dont il est le reliquataire (art. 803 C. Nap.) et cela va de soi, puisqu'il est débiteur personnel de ce reliquat.

L'héritier bénéficiaire, débiteur d'un reliquat, pourra devoir les intérêts des sommes qu'il aura gardées entre ses mains.

Mais comment les intérêts commenceront-ils de courir? Suivra-t-on la règle générale en ces matières? Dira-t-on qu'il faut appliquer par analogie l'article 1996? L'article 1996, au titre du mandat, dispose : « que le mandataire doit l'intérêt des sommes qu'il a employées à son usage, à dater de cet emploi; de celles dont il est reliquataire, à compter du jour qu'il est mis en demeure. » Donc ici une simple sommation, sans demande en justice, fait courir les intérêts. Or, dit-on, l'héritier bénéficiaire est un mandataire, et, la situation étant la même, la décision doit être la même.

Nous ne saurions admettre cette solution.

Il n'est pas vrai de dire que l'héritier bénéficiaire agisse en qualité de mandataire des créanciers et des légataires; il n'est pas leur mandataire, car l'administration à laquelle il se livre n'est pas le résultat d'une convention intervenue entre eux et lui, au moment de l'ouverture de la succession; il n'est pas leur mandataire, parce qu'il administre non-seulement sans avoir reçu de leur part un mandat, mais alors même qu'ils le lui auraient formellement refusé.

L'héritier bénéficiaire s'est soumis de lui-même à l'obligation de liquider la succession dans son propre intérêt d'abord, car il espère qu'une fois les dettes payées il lui restera entre les mains des valeurs qui le dédommageront de la peine qu'il aura prise et des dangers auxquels il s'est exposé ; dans l'intérêt des créanciers et des légataires ensuite, puisque ce n'est qu'autant qu'il arrivera à faire produire à la succession de quoi les payer tous, qu'il pourra en retirer lui-même quelque profit.

Puisque l'héritier bénéficiaire n'est pas un mandataire, nous ne lui appliquerons pas l'article 1096.

Nous dirons donc : La règle contenue, dans l'article 1153 du C. Nap., est que les intérêts ne courent qu'en vertu d'une demande en justice ; l'héritier bénéficiaire reste soumis à la règle générale, à moins qu'on nous montre une exception formellement écrite dans la loi à son égard. Or, cette exception n'existe nulle part, et on ne raisonne pas dans ces matières par analogie.

Nous pensons donc que la seule sommation de payer le reliquat ne peut avoir pour résultat de faire courir les intérêts des sommes dont l'héritier bénéficiaire se trouve reliquataire après l'apurement de son compte.

CHAPITRE V.

COMMENT SONT RÉGLÉS LES RAPPORTS DES CRÉAN-CIERS ET DES LÉGATAIRES ENTRE EUX, QUAND LA SUCCESSION EST ACCEPTÉE SOUS BÉNÉFICE D'INVENTAIRE.

Jusqu'à présent, et dans toutes les explications que nous avons données, nous ne nous sommes oc-cupé que des rapports existant entre l'héritier bé-néficiaire, d'une part, les créanciers de la succession et les légataires, d'autre part. Il ne sera peut-être pas inutile, arrivé à ce point de notre travail, de nous de-mander comment sont réglés les rapports des créan-ciers et des légataires entre eux.

A cet égard, l'art. 2146 du Code Napoléon, au titre des Priviléges et des Hypothèques, renferme une importante décision.

Après avoir dit à quel endroit se font les inscrip-tions hypothécaires, cet article dispose que : « ces inscriptions ne produisent aucun effet, si elles sont prises dans le délai pendant lequel les actes faits avant l'ouverture des faillites sont déclarés nuls. »

« Il en est de même, ajoute l'art. 2146 (et c'est ce point qu'il faut noter), entre les créanciers d'une succession, si l'inscription n'a été faite par l'un d'eux que depuis l'ouverture, et dans le cas où la succession n'est acceptée que sous bénéfice d'inventaire. »

La loi de 1838 sur les faillites, qui a modifié si profondément le Code de commerce en cette matière, a changé la première disposition de l'art. 2146.

Maintenant, aux termes de l'art. 448 du Code de commerce, les droits d'hypothèque et de privilége valablement acquis peuvent être inscrits jusqu'au jour du jugement déclaratif de la faillite.

Toutefois, les inscriptions prises après l'époque de la cessation des payements ou dans les dix jours qui précèdent, peuvent être déclarées nulles s'il s'est écoulé plus de quinze jours entre l'acte constitutif de l'hypothèque ou du privilége, et celle de l'inscription.

La seconde disposition de l'art. 2146, concernant l'acceptation de la succession sous bénéfice d'inventaire, n'a reçu aucune modification. Que conclure du second alinéa de l'art. 2146?

La loi n'a pas voulu que les créanciers qui se trouveraient avertis de l'ouverture de la succession avant les autres, pussent, en se hâtant, s'assurer par des inscriptions tardivement prises des causes de préférence. Chaque créancier n'a que le droit, en formant opposition entre les mains de l'héritier, d'amener un payement par distribution.

Au moment même de la mort du *de cujus*, dont la

succession a été bénéficiairement acceptée, les droits de tous les créanciers ont donc été définitivement arrêtés.

Et voici pourquoi le législateur, dans l'art. 2146, a décidé qu'une fois la succession ouverte, si elle était ensuite acceptée bénéficiairement, il n'y aurait plus moyen pour les créanciers, munis de priviléges et d'hypothèques, de les inscrire, et de s'attribuer ainsi des causes de préférence au détriment de ceux qui, plus éloignés ou mal informés, ne se seraient pas empressés de faire de même.

Cette disposition de l'art. 2146 et la défense qu'elle contient, ne paraissent avoir d'autre motif qu'une assimilation entre la faillite et le bénéfice d'inventaire.

Et pourtant, le législateur qui faisait cette assimilation, et décidait que l'inscription prise par l'un des créanciers de la succession depuis l'ouverture ne pouvait avoir aucun effet contre les autres, n'avait-il pas imposé à l'héritier bénéficiaire, dans l'art. 808 du Code Napoléon, l'obligation de payer les créanciers et les légataires au fur et à mesure qu'ils se présenteraient, s'il n'y avait pas eu toutefois d'opposition pratiquée entre ses mains? Preuve nouvelle de l'insuffisance et de l'inconséquence de la loi tout ensemble!

Ainsi la loi, dans le deuxième alinéa de l'art. 2146, prend toutes les précautions possibles pour empêcher que l'un des créanciers se rende préférable en se hâtant; et, au titre des Successions, elle édicte la seule disposition qui soit de nature à permettre au plus proche ou au mieux informé de se faire payer au détriment des autres! En un mot, l'art. 2146 contient une disposition dans son second alinéa qui, après l'art. 808, n'aurait jamais dû être écrite dans nos lois.

Qu'une présomption de faillite ou plutôt de déconfiture, car le second alinéa de notre art. 2146 ne saurait avoir d'autre base, soit parfaitement raisonnable et très-admissible, au cas où une succession qui vient de s'ouvrir est volontairement acceptée sous bénéfice d'inventaire par celui qui était appelé à la recueillir; rien de mieux. N'est-il pas en effet permis de penser que, si le successible n'accepte que de la sorte, c'est sans doute qu'il a de bonnes raisons de croire que l'actif est inférieur au passif.

Mais cette présomption existe-t-elle au cas, tout différent du premier, où la succession qui vient de s'ouvrir n'est acceptée que sous bénéfice d'inventaire, non pas volontairement, mais forcément, comme cela doit avoir lieu quand celui qui est appelé à recueillir la succession est un mineur? Dans une semblable hypothèse, il n'est pas douteux que la présomption cesse d'avoir force; l'idée de faillite n'est plus la première idée qui se présente à l'esprit, et l'assimilation fait défaut. Il semblerait donc rationnel, dans le cas où la succession ne serait acceptée sous bénéfice d'inventaire que parce que la loi y aurait contraint, de dire que la décision de l'art. 2146, deuxième alinéa, ne s'applique plus, puisque aussi bien elle n'a plus de raison d'être.

Cependant nous donnerons la même solution dans les deux cas, et soit qu'il s'agisse d'une acceptation bénéficiaire volontairement consentie, soit qu'il s'agisse d'une acceptation bénéficiaire imposée par le législateur, nous dirons que les créanciers qui auraient acquis du *de cujus* des hypothèques et d'autres droits réels, ne pourront prendre inscription, après la mort, sur les immeubles héréditaires qui devaient leur servir de garantie, de telle sorte que l'égalité continue d'exister entre tous ceux qui prétendent encore des droits contre la succession. La loi ne distinguant pas, nous ne distinguerons pas davantage. Nous ajouterons que la loi a bien fait de ne pas distinguer. La mesure qui est écrite dans le deuxième alinéa de l'article 2146 peut avoir une grande utilité; elle ne saurait jamais présenter aucun inconvénient, et ce qu'il peut avoir de plus fâcheux c'est qu'elle demeure inutile. En effet, ou la succession est solvable ou elle ne l'est pas : au premier cas, la disposition de l'article 2146 est inutile, mais elle n'a aucun inconvénient; au second, elle est éminemment utile.

Ainsi, nous dirons que, soit qu'il s'agisse d'une acceptation bénéficiaire forcée, soit qu'il s'agisse d'une acceptation librement consentie, les créanciers de la succession ne peuvent plus prendre inscription une fois que son ouverture a eu lieu, et s'assurer ainsi des causes de préférence au détriment des autres.

Si, en principe, les créanciers privilégiés et hypothécaires ne peuvent se prévaloir de leurs privilèges
et de leurs hypothèques qu'autant qu'ils les ont rendus publics, il y a des cas dans lesquels les priviléges et les hypothèques, au point de vue du droit
de préférence, et c'est le seul qui nous occupe ici,
sont dispensés d'inscription..

Il est bien certain que ceux qui sont en droit
d'invoquer, à leur profit, ces dispenses d'inscription, peuvent faire valoir leurs causes de préférence à l'encontre des créanciers de la succession
et qu'on ne saurait les repousser au moyen de l'article 2146.

C'est ce que nous déciderons pour les créanciers
qui ont un privilège général sur les meubles, lequel
porte subsidiairement sur les immeubles et existe
sur eux sans inscription, aux termes de l'article 2107
du Code Napoléon.

Nous le déciderons encore pour l'hypothèque légale
de la femme mariée sur les biens immeubles de
son mari, du mineur et de l'interdit sur ceux du
tuteur; puisque ces hypothèques légales, par exception à la règle générale, existent sans aucune inscription.

Aux termes de l'article 8 de la loi du 23 mars 1855
sur la transcription, la veuve, le mineur devenu
majeur, l'interdit relevé de l'interdiction doivent,
s'ils veulent conserver leurs hypothèques légales,
prendre inscription dans l'année qui suit soit la
dissolution du mariage par la mort du mari, soit la

cessation de la minorité, soit enfin de l'interdiction.

Nous donnerons la même solution, soit que la succession des maris et des tuteurs ait été accceptée purement et simplement, soit qu'elle l'ait été sous bénéfice d'inventaire.

Mais que décider dans le cas où le *Decujus* serait débiteur d'une soulte au profit d'un copartageant qui n'aurait pas pris encore, au moment de l'acceptation bénéficiaire, l'inscription destinée à lui conserver son privilége, aux termes de l'article 2109? On se rappelle que les copartageants ont soixante jours pour inscrire leur privilége à compter de l'acte de partage. Si donc le copartageant débiteur de la soulte mourait et que sa succession fût acceptée bénéficiairement à une époque où le privilége n'aurait point encore été inscrit, dès l'instant que celui qui a droit de faire l'inscription se trouverait encore dans le délai voulu, il pourrait valablement inscrire, malgré l'acceptation bénéficiaire. C'est la conséquence même de l'effet rétroactif de l'inscription prise dans les soixante jours.

Nous donnerons une solution semblable pour le privilége de la séparation des patrimoines de l'article 2111.

On sait que les créanciers et les légataires qui veulent s'assurer ce privilége sur les immeubles de la succession doivent prendre inscription dans les six mois de l'ouverture de la succession.

Si donc on suppose que le *Decujus* soit mort au

18

moment où il venait de recueillir une succession, il est clair que, bien que la sienne soit acceptée bénéficlairement, les créanciers et les légataires de la succession échue au *Decujus* peuvent inscrire utilement leur privilége dans les six mois.

Il en devait être ainsi à tous les points de vue :

1° L'inscription du privilége prise le dernier jour des six mois rétroagit au jour de l'ouverture, et, par conséquent, elle est censée avoir été prise avant l'acceptation bénéficiaire : la lettre de l'article 2146, 2° alin., est exécutée; et 2° les biens de cette succession échue au *Decujus* au moment où il est mort ne peuvent entrer dans son patrimoine que *cum suo onere*; donc les créanciers et les légataires du *Decujus* doivent souffrir que les créanciers et les légataires de la succession recueillie par lui passent avant eux.

Remarquons que ce que veut la loi dans l'article 2146, c'est qu'un créancier, une fois la succession acceptée sous bénéfice d'inventaire, ne change pas sa condition, et que l'égalité soit conservée entre tous.

Donc, si l'inscription que prend un créancier de la succession acceptée sous bénéfice d'inventaire, a pour but non pas de lui faire acquérir une situation nouvelle, ni de troubler l'égalité, mais de lui conserver une situation existant déjà, comme ce que veut la loi c'est que l'ancien état de choses subsiste sans modifications, il faut décider que cette inscription sera très-valablement prise, et que la loi, dans l'article 2146, 2°, n'a pas eu en vue cette hypothèse.

Par conséquent, si un créancier hypothécaire,

inscrit sur un immeuble du *Decujus* depuis neuf ou dix années, veut renouveler son inscription, dans la crainte de se voir opposer la disposition de l'article 2154, il a le droit de le faire, encore que la succession de son débiteur ait été acceptée sous bénéfice d'inventaire.

Il peut arriver que le *Decujus* soit mort après avoir vendu un de ses immeubles, et avant que cette vente ait été transcrite par l'acheteur : une fois cette succession acceptée sous bénéfice d'inventaire, l'acheteur pourra-t-il, en faisant transcrire son contrat, se prévaloir de la vente contre les créanciers de la succession? Dira-t-on, au contraire, que l'acheteur qui veut transcrire, doit être traité comme un créancier qui veut inscrire, et, de même que le créancier ne peut, une fois la succession acceptée sous bénéfice d'inventaire, prendre une inscription sur les immeubles de la succession, de même un acheteur ne peut faire transcrire l'acte d'aliénation d'un de ces immeubles?

Nous ne pensons pas qu'il soit possible de donner cette solution : l'acheteur fera valablement transcrire même depuis l'acceptation bénéficiaire, et opposera son droit aux créanciers. Comment, en effet, appliquer au conflit qui existe entre un acquéreur et un créancier hypothécaire la décision donnée par la loi pour le conflit qui s'élève entre un créancier hypothécaire du *Decujus* et ses autres créanciers?

Et puis, d'ailleurs, l'immeuble vendu, dont l'aliénation n'a pas été transcrite à la mort du *Decujus*, n'est-il pas sorti de son patrimoine à l'égard des créanciers de la succession? Et cet acte de vente n'a-t-il pas, par la mort du vendeur, reçu date certaine? Nous estimons donc que la transcription pourra être faite utilement malgré l'acceptation sous bénéfice d'inventaire.

Nous déciderions, par les mêmes motifs, que si le *Decujus* avait cédé une créance, et qu'il fût mort avant que le cessionnaire en ait fait la signification au débiteur cédé, la succession du cédant fût-elle acceptée d'ailleurs sous bénéfice d'inventaire, le cessionnaire pourrait encore faire la signification. A l'égard des créanciers, la créance était sortie du patrimoine du défunt, et les créanciers n'y ont aucun droit. La disposition de l'article 2146, à tort ou à raison, est une disposition qui, sous certains rapports, est exorbitante, on ne saurait donc l'étendre par voie d'induction.

Les articles 552 à 556 du Code de commerce ont réglé, en cas de faillite, les droits des créanciers hypothécaires et privilégiés sur les immeubles. L'art. 552 prévoit le cas où la distribution du prix des immeubles est faite antérieurement à celle du prix des meubles ou simultanément avec elle; il dispose que les créanciers privilégiés ou hypothécaires, non remplis sur le prix des immeubles, concourront à proportion de ce qui leur restera dû, avec les créanciers chirographaires, sur les deniers appartenant à la masse chirographaire, pourvu toutefois que leurs créances aient été vérifiées et affirmées suivant les formes établies par la loi.

Cette disposition de l'art. 552 est très-rationnelle, car un créancier hypothécaire ou privilégié est créancier chirographaire pour la portion de sa créance, qui ne se trouve pas en fait garantie par son hypothèque ou son privilége.

L'art. 553 suppose qu'on commence par distribuer entre les créanciers la masse chirographaire : permettra-t-on au créancier hypothécaire ou privilégié de concourir avec les créanciers chirographaires? On ne sait pas encore, il est vrai, pour quelle portion de sa créance ce créancier est un créancier chirographaire, car les immeubles que grève son hypothèque ou que frappe son privilége n'ont pas encore été vendus; dans le doute on admet donc ce créancier hypothécaire ou privilégié pour le tout; mais ce n'est qu'à la condition qu'il restituera, ce qu'on lui aurait donné de trop, à la masse chirographaire.

Tel est l'ensemble des dispositions très-équitables écrites dans les articles 553, 554, 555, 556, C. de com.

Nous croyons pouvoir, sans inconvénient, appliquer ces différentes solutions au cas d'une succession acceptée sous bénéfice d'inventaire; car, bien que nous ayons dit que l'assimilation que la loi avait voulu faire entre la faillite et l'acceptation bénéficiaire, ne reposait sur aucune base sérieuse, nous ne pousserons par la rigueur jusqu'à refuser d'emprunter à la matière de la faillite des dispositions qui, à l'exemple de celles contenues dans les articles précédemment cités, ne sauraient présenter que des avantages.

Toutefois nous ne croyons pas devoir aller plus loin, et appliquer toujours et dans tous les cas à la succession bénéficiaire les règles de la faillite; ce serait, nous semble-t-il, méconnaître la pensée du législateur en dépassant le but qu'il s'est proposé d'atteindre. Il a vu dans l'acceptation bénéficiaire une présomption de faillite, et, en conséquence, il a voulu avec raison qu'on prît toutes les précautions que cette présomption pouvait rendre utile aux intérêts des créanciers; mais est-ce à dire que la présomption ne devienne pas souvent contraire à la vérité? Ce serait donc se jeter dans une voie mauvaise que d'appliquer, en se fondant sur l'art. 2146, *à priori*, à toute succession acceptée sous bénéfice d'inventaire, les règles écrites dans la loi sur les faillites. Cette observation nous permettra de trancher plus facilement la question suivante :

On sait qu'aux termes de l'art. 444 (C. de com.), le jugement déclaratif de faillite rend exigibles, à l'égard du failli, les dettes passives non échues. Ainsi le failli perd le bénéfice du terme : c'est ce qu'avait déjà dit l'art. 1188 du C. N.

En sera-t-il de même à l'égard de la succession acceptée bénéficiairement?

Dira-t-on que les créances à terme qui existaient

contre le *Decujus* sont exigibles parce que sa succession a été acceptée sous bénéfice d'inventaire ?

Ceux qui le prétendent argumentent ainsi : « L'acceptation bénéficiaire met la succession en état de
liquidation générale et de déconfiture ; or, cet état
fait déchoir le débiteur du bénéfice du terme. L'article 2146 assimile en effet la succession bénéficiaire
à la faillite, et l'article 808, en déclarant que s'il
n'y a pas d'opposants, l'héritier bénéficiaire paye
les créanciers et les légataires à mesure qu'ils se
présentent, prouve que le législateur ne fait pas
de distinction entre les créances exigibles et les
créances à terme ; et il en devait être ainsi, car on
ne pouvait forcer le créancier à terme à demeurer
spectateur de la distribution générale qui va épuiser
tous les biens, sans pouvoir en réclamer sa part. »

Il est bien certain que si, en fait, il y a insuffisance d'actif dans la succession, autrement dit, si
elle est en état *de déconfiture*, les créanciers à terme
peuvent *hic et nunc* exiger le payement de ce qui
leur est dû, ou plutôt le dividende afférent à leurs
créances. Il est vrai que l'article 1188 dit simplement que *le débiteur ne peut plus réclamer le bénéfice
du terme lorsqu'il a fait faillite ;* mais il ne s'ensuit
pas qu'il en soit différemment en cas de déconfiture ;
il y a même une raison *à fortiori* pour qu'il en soit
ainsi : en effet, faillite ne veut pas toujours dire *insolvabilité*, et serait mieux définie : *suspension de
payement*. La déconfiture est au contraire un état
constaté d'insolvabilité. Donc la déchéance du terme

que la loi édicte dans le premier cas, doit être reproduite dans le second.

Mais ce que veulent les partisans du système que nous repoussons c'est que le seul fait de l'acceptation bénéficiaire, indépendamment de tout état d'insolvabilité, rende les créances à terme exigibles!

C'est là une prétention qu'on ne saurait admettre, par cette raison qu'aucun texte ne prononce contre l'héritier bénéficiaire la déchéance du bénéfice du terme; induire cette déchéance de l'article 2146, ne serait-ce pas tirer de cette disposition spéciale une conséquence qui n'y est pas renfermée?

C'est en vain d'ailleurs qu'on opposerait l'argument tiré de l'article 808 : nous ne refuserons pas aux créanciers à terme le droit de figurer dans une distribution et de faire opposition entre les mains de l'héritier bénéficiaire. Le créancier à terme peut le faire comme le créancier conditionnel et même à plus forte raison que lui; mais, pour l'un comme pour l'autre, il n'y a qu'une collocation éventuelle, et ce n'est qu'à l'époque du terme pour celui-ci, qu'à l'arrivée de la condition pour celui-là, qu'il leur sera permis de réclamer ce qui leur avait été provisoirement fixé.

Enfin remarquons, en terminant, que le bénéfice d'inventaire constitue une faveur au profit de l'héritier bénéficiaire; comment la retourner contre lui en le privant du bénéfice du terme? ce qui serait souverainement injuste à l'égard de celui qui a fait volontairement une acceptation bénéficiaire le serait bien autrement à l'égard du mineur et des interdits pour le compte desquels la loi défend l'acceptation pure et simple.

Quant aux rapports de l'héritier bénéficiaire avec ses cohéritiers, nous n'en dirons que peu de chose.

Peu importe d'abord que tous les héritiers aient accepté bénéficiairement, ou que les uns aient fait une acceptation pure et simple et les autres une acceptation bénéficiaire. Les cohéritiers demeurant les uns à l'égard des autres dans la même situation, leurs droits et leurs obligations ne changent pas. Ainsi l'héritier bénéficiaire est soumis à l'obligation du rapport vis-à-vis de ses cohéritiers comme l'héritier pur et simple; et réciproquement les cohéritiers de celui qui a accepté bénéficiairement lui doivent le rapport (art. 843-857).

En cela, la loi s'est trompée et les précautions qu'elle a prises n'atteignent pas son but. En effet, en imposant une acceptation bénéficiaire soit aux mineurs et aux interdits, soit aux héritiers qui ne peuvent s'entendre sur l'acceptation ou la répudiation d'une succession échue au *Decujus*, leur auteur, la loi a cru faire disparaître les inconvénients de l'acceptation pure et simple et concilier toutes les opinions : or, l'acceptation bénéficiaire a sans doute l'avantage très-précieux de permettre à celui qui prend ce parti de n'être jamais tenu des dettes au delà des biens, mais elle le soumet au rapport, et à ce point de vue, parfois, une répudiation serait de beaucoup préférable.

CHAPITRE VI.

Comment cesse le bénéfice d'inventaire?

Le bénéfice d'inventaire cesse :

1° Par les déchéances que prononce la loi contre l'héritier ;

2° Par la renonciation que fait l'héritier au bénéfice d'inventaire.

SECTION Iʳᵉ. — *Déchéances prononcées par la loi contre l'héritier bénéficiaire.*

Ces déchéances ont lieu dans deux cas :

1° Lorsqu'aux termes de l'art 801 il y a eu recel ou divertissement des effets de la succession;

2° Lorsqu'aux termes des articles 988-989 du Code de procédure civile il y a eu, de la part de l'héritier bénéficiaire, inobservation des formes prescrites par la loi pour la vente des meubles et des immeubles de la succession.

1ᵉʳ *Cas de déchéance.* — L'art. 801 (C. N.), qui a réglé cette première hypothèse, s'exprime ainsi : « L'héritier qui s'est rendu coupable de recelé ou qui a omis sciemment et de mauvaise foi de comprendre dans l'inventaire des effets de la succession, est déchu du bénéfice d'inventaire. »

Que décider dans le cas où l'héritier ne représente pas certains effets compris dans l'inventaire, sans justifier de leur perte par cas fortuit ?

Lui appliquerons-nous l'art. 801 et le déclarerons-nous déchu du bénéfice d'inventaire ?

Il nous semble difficile, en l'absence de cette représentation, de présumer la fraude au point d'édicter contre l'héritier une déchéance aussi rigoureuse, car la disparition peut s'expliquer par la négligence coupable de l'héritier, sans intention frauduleuse de sa part, et même en supposant qu'il ne s'est rendu coupable d'aucune négligence.

Nous croyons donc que dans le cas où l'héritier ne représente pas certains objets sans justifier de leur perte par cas fortuit, comme ni la fraude, ni la négligence ne sont prouvées, il sera seulement responsable de la valeur des objets, et passible de dommages-intérêts s'il y a lieu.

Des manœuvres frauduleuses peuvent avoir été pratiquées par l'héritier dans le but de se rendre adjudicataire à vil prix des biens de la succession.

Dirons-nous que ces manœuvres frauduleuses doivent être assimilées au recel ou au divertissement prévu par l'article 801, et que l'héritier qui s'en est rendu coupable doit être déchu du bénéfice d'inventaire ?

Mais aucun texte n'autorise à prononcer contre l'héritier cette déchéance ; nous ne la prononcerons donc pas.

Il y a là un dol, et l'héritier ne doit que la réparation du préjudice qu'il a causé.

L'article 792, qui enlève la faculté de renoncer aux successibles, qui se sont rendus coupables de recel ou de divertissement des objets héréditaires, ajoute : « Ils demeurent héritiers purs et simples nonobstant leur renonciation, sans pouvoir prétendre aucune part dans les objets divertis ou recélés. »

L'article 801 se borne à dire que l'héritier qui s'est rendu coupable de recélé ou qui a omis sciemment et de mauvaise foi, de comprendre dans l'inventaire des effets de la succession, est déchu du bénéfice d'inventaire. Il n'ajoute pas qu'il est en outre privé de sa part dans les objets sciemment omis dans l'inventaire. Il est bien difficile de comprendre qu'on ait pu omettre des objets dans l'inventaire sans par cela même les recéler ; or, comme l'article 792 dit positivement que l'héritier coupable de recel ne peut prétendre aucune part dans l'objet recélé, il s'ensuit implicitement qu'il n'aura non plus aucune part dans l'objet omis de mauvaise foi à l'inventaire. Mais s'il était possible de concevoir une omission frauduleuse n'impliquant pas recel, nous dirions, en appliquant le principe d'après lequel les pénalités ne doivent pas

s'étendre, que l'héritier coupable d'omission serait
bien héritier pur et simple, mais aurait sa part de
l'objet omis. Nous sommes porté à donner cette
décision parce que, évidemment, en matière pénale,
ou n'infligerait pas la peine du vol à une personne
qui, sans détourner la chose d'autrui, aurait, procé-
dant par voie d'omission, causé à un tiers et dans
son propre intérêt, des inconvénients analogues à
ceux que lui aurait procurés un vol proprement dit.

2° *Cas de déchéance.* — Inobservation des formalités prescrites par le Code Napoléon et le Code de
procédure civile pour la vente de certains objets héréditaires (art. 805, 806 du Cod. Nap., 988, 989
du Cod. de proc. civ.).

A raison de l'inobservation des formalités prescrites, le Code Napoléon ne prononçait aucune déchéance contre l'héritier bénéficiaire : en cela, il était
conforme à l'ancien droit.

Le premier, le Code de procédure a introduit cette
cause de déchéance, en déclarant dans son article 988
que : « L'héritier bénéficiaire sera réputé héritier
pur et simple, s'il a vendu des immeubles sans se
conformer aux règles prescrites par le présent
titre. »

Et dans son article 989 : « Que, s'il y a lieu à
faire procéder à la vente du mobilier et des rentes
dépendant de la succession, la vente sera faite suivant les formes prescrites pour la vente de ces
sortes de biens, à peine contre l'héritier bénéficiaire d'être réputé héritier pur et simple. »

Quelle est la nature de la déchéance prononcée par ces articles ? Les tribunaux peuvent-ils, suivant les circonstances, la prononcer ou ne la pas prononcer ? Ont-ils un pouvoir d'appréciation ou bien cette déchéance est-elle absolue et inévitable ?

Quant à nous, nous pensons que cette déchéance est encourue dès qu'il y a vente soit des meubles, soit des immeubles, sans les formalités prescrites, et sans qu'il y ait à distinguer si l'inobservation des formalités a ou n'a pas causé de préjudice. Pour le décider ainsi nous nous fondons sur ce qu'il y a d'impératif dans la forme des art. 988-989 du Cod. de proc. civ.

Les causes de déchéance énumérées dans l'art. 801 d'une part, les art. 988-989 d'autre part, sont-elles limitativement énoncées ? En dehors des cas prévus par ces articles, en est-il d'autres où il convienne de donner des décisions semblables, et d'imposer à l'héritier bénéficiaire la qualité d'héritier pur et simple ?

C'est là une question que nous avons discutée plus haut, quand nous nous sommes demandé quelles étaient les limites qui avaient été assignées par la loi à la capacité de l'héritier bénéficiaire.

Nous avons dit alors que, suivant nous, et quelle qu'ait été la pensée à laquelle ait obéi le législateur en écrivant les articles susénoncés, les causes de déchéance ne sauraient être étendues par analogie des cas prévus par la loi à d'autres hypothèses.

En vain, pour combattre notre opinion, qui nous
paraît justifiée surtout par la rigueur des mesures
qu'elle défend d'étendre, on nous oppose que ces
déchéances ne sont pas des peines, mais des présomptions de renonciation.

Si le législateur, dit-on, a voulu que dans le cas
prévu par l'art. 801 et dans celui réglé par les
articles 988-989 du Code de procédure civile, l'héritier bénéficiaire qui détournerait des valeurs héréditaires, ou les vendrait sans se conformer aux formalités prescrites, devînt héritier pur et simple,
ce n'est point parce qu'il a voulu lui infliger une
peine : seulement il a vu dans le détournement, il a
vu dans l'inobservation des formalités prescrites, la
preuve que l'héritier bénéficiaire entendait renoncer
au bénéfice d'inventaire; et, en effet, ces actes ne
sauraient s'expliquer autrement. Donc, toutes les
fois que nous nous trouverons en présence d'un fait
de même nature, c'est-à-dire qui ne peut s'expliquer
que par la volonté de renoncer au bénéfice d'inventaire, nous appliquerons le principe dont les décisions de l'art. 801 du Code Napoléon et des art. 988-
989 du Code de procédure civile ne sont que des
applications à deux cas particuliers.

Nous nous sommes déjà expliqué sur ce point.

Pour nous, que les déchéances soient des peines,
qu'elles soient des présomptions de renonciation
au bénéfice d'inventaire, peu importe; une seule
chose nous suffit, et il convient de la constater de
nouveau. Les mesures édictées par la loi dans les

différents articles que nous avons cités sont des mesures rigoureuses, puisque aussi bien elles privent l'héritier bénéficiaire de grands avantages, et l'exposent à de graves dangers ; or des dispositions de cette nature, peines ou présomptions de volonté, ne nous paraissent pas pouvoir s'étendre par analogie.

Quand l'héritier bénéficiaire aura fait un de ces actes qui ne peuvent s'expliquer que par la volonté de renoncer au bénéfice d'inventaire, comme une donation de biens héréditaires, une disposition testamentaire, quand il aura accordé une remise à des débiteurs de la succession, quand il aura renoncé au bénéfice de terme en leur faveur, dans tous ces cas, nous dirons bien avec ceux qui croient, contrairement à nous, que les causes de déchéance sont purement énonciatives, que l'héritier bénéficiaire est devenu héritier pur et simple : non, il est vrai, qu'il ait encouru de déchéance (il n'en est pas d'autres que celles édictées par la loi), mais parce qu'il aura renoncé au bénéfice d'inventaire, dont il ne pourra plus désormais revendiquer les avantages, pas plus qu'il ne sera dorénavant tenu d'en remplir les obligations.

Il nous reste à parler de la renonciation au bénéfice d'inventaire.

Section IIe. — *Renonciation que fait l'héritier au bénéfice d'inventaire.*

Il n'est douteux pour personne que l'héritier qui a accepté sous bénéfice d'inventaire puisse renoncer à l'avantage que la loi lui confère.

Sa renonciation peut être expresse : alors elle est contenue soit dans un acte authentique, soit dans un acte sous seing privé.

La renonciation au bénéfice d'inventaire, ainsi que nous avons eu l'occasion de le dire plusieurs fois, peut être tacite comme elle peut être expresse.

Dans quels cas l'héritier bénéficiaire aura-t-il entendu renoncer au bénéfice d'inventaire? Quand sera-t-il permis de dire, en présence de certains actes accomplis par l'héritier bénéficiaire dans son administration, qu'il a cessé d'être simple administrateur et qu'il est volontairement devenu héritier pur et simple?

C'est là, suivant nous, une question d'intention que les tribunaux devront trancher sur la demande des créanciers et des légataires qui prétendraient que l'héritier bénéficiaire a excédé ses pouvoirs.

Il est, ainsi que nous venons de le rappeler, quand nous nous sommes demandé si les déchéances étaient limitativement énoncées dans la 'o:, il est des actes qui ne peuvent s'expliquer que par la volonté bien

19

arrêtée chez l'héritier bénéficiaire de renoncer au
bénéfice d'inventaire.

Il en est d'autres au contraire qui peuvent sans
doute révéler chez l'héritier bénéficiaire l'intention
de renoncer au bénéfice d'inventaire, mais qui peuvent, qui doivent même le plus souvent s'expliquer
d'une autre manière : ce sont les actes, tels que le
partage provoqué, la transaction, le compromis, etc.,
qui, bien que d'une gravité extrême, peuvent être
d'une grande utilité aux créanciers et aux légataires,
que par conséquent l'héritier bénéficiaire peut dé-
sirer légalement de faire pour l'avantage de ceux
dans l'intérêt desquels il sera chargé de liquider la
succession.

C'est ainsi que nous avons pensé, contrairement à
l'opinion généralement admise, que l'héritier bénéficiaire qui transigeait, compromettait, partageait,
comme il en a incontestablement le droit puisqu'il
est propriétaire, pouvait néanmoins conserver la
qualité d'héritier bénéficiaire dont il n'était pas déchu puisque nulle part cette rigueur ne se trouvait
écrite dans la loi, à laquelle il n'avait pas voulu renoncer puisque les actes qu'il avait cru devoir faire
pouvaient, sans aucune difficulté, s'expliquer autrement que par la volonté de renoncer au bénéfice
d'inventaire.

CHAPITRE VII.

DE LA TRANSMISSION ET DE LA CESSION DU BÉNÉFICE D'INVENTAIRE.

Il nous reste à dire quelques mots de la trans-mission et de la cession du bénéfice d'inventaire.

Le bénéfice d'inventaire n'est pas purement indi-viduel: il peut passer dans d'autres mains, à la charge par ceux qui veulent en profiter de conti-nuer de se conduire comme des héritiers bénéfi-ciaires.

Si l'héritier bénéficiaire vient à mourir, il transmet les droits résultant de son acceptation bénéficiaire à ses représentants, à ceux qui sont en son lieu et place.

L'héritier bénéficiaire peut-il céder les droits que son acceptation bénéficiaire lui a conférés sur la suc-cession ouverte à son profit?

Au premier abord, on serait tenté de répon-dre que, pour cet héritier bénéficiaire, cette accep-tation serait une manière d'accepter purement et simplement: en effet, l'article 780 du Code Napo-

léon ne dit-il pas:« Le transport de ses droits successifs que fait un des cohéritiers emporte de sa part
acceptation pure et simple?»

Mais c'est d'une tout autre hypothèse que
celle qui nous occupe en ce moment qu'il s'agit dans
l'article 780. Dans cet article, en effet, il est question d'un successsible qui n'a pas encore pris parti,
et qui pour la première fois manifeste son intention. Il est très-naturel que dans cette cession on
voie un acte de maître qui lui confère purement et
simplement la qualité d'héritier. Pour opérer sur
une hérédité, il faut l'avoir acceptée : or ici, l'héritier bénéficiaire qui cède ses droits est un héritier
qui a, antérieurement à cette cession, fait une acceptation d'une nature particulière, et qui n'entend
transmettre que les droits qui lui appartiennent.

Pour que l'héritier qui consent une cession de cette
nature ne soit pas considéré comme ayant fait acte
d'héritier pur et simple, il faut, qu'antérieurement
à la cession, cet héritier ait observé toutes les conditions à l'accomplissement desquelles la loi subor-
donne l'existence du bénéfice d'inventaire.

Il ne suffirait donc pas que ce successible ait déclaré
qu'il cédait ses droits d'héritier bénéficiaire, s'il
n'avait pas d'ailleurs fixé cette qualité sur sa tête
par l'accomplissement des formalités prescrites, car
cette vente ne constituerait, en pareil cas, qu'une
acceptation pure et simple.

Tout en cédant ses droits, par conséquent, pour
que l'héritier demeure héritier bénéficiaire, il faut

qu'il ait 1° fait la déclaration au greffe qu'il n'accepte que sous bénéfice d'inventaire ; 2° qu'il ait procédé à l'inventaire, qui est la seconde formalité ou condition de l'acceptation bénéficiaire.

Pour que la vente par l'héritier bénéficiaire de ses droits successifs n'ait pas pour effet de le rendre héritier pur et simple, nous ne pensons pas qu'il faille qu'il soit dit expressément que les droits successifs vendus sont ceux d'un héritier bénéficiaire. Une mention spéciale de cette nature n'est pas nécessaire. Quand on a acquis la qualité d'héritier bénéficiaire par l'accomplissement des formalités prescrites, comment croire qu'en les cédant à un tiers, on ait eu l'intention de devenir héritier pur et simple et d'investir le cessionnaire d'une qualité semblable? Cela serait évidemment contraire à l'intention présumée des parties contractantes.

Remarquons qu'une cession de cette nature est *res inter alios acta*, à l'égard des créanciers héréditaires, et ne peut évidemment leur nuire ni compromettre leurs intérêts : ils conservent donc, nonobstant la cession, tous leurs droits contre l'héritier bénéficiaire, mais ils peuvent agir contre le cessionnaire qui est au lieu et place de l'héritier. Si le cessionnaire compromet leurs intérêts, en spoliant la succession, les créanciers ont toujours leur action contre l'héritier, et ils agiront très-valablement contre lui.

CHAPITRE VIII.

DE LA SÉPARATION DES PATRIMOINES.

L'acceptation bénéficiaire, avons-nous dit au début de ce travail, ne produit à vrai dire qu'un seul effet : l'héritier qui se décide à suivre cette voie ne confond pas ses biens avec ceux de la succession. L'acceptation d'une succession sous bénéfice d'inventaire a donc pour conséquence la séparation des biens du défunt et de ceux de l'héritier.

Cette séparation, qui, au cas d'une acceptation bénéficiaire, se produit sur la demande de l'héritier, dans son intérêt et comme mesure de précaution contre les créanciers héréditaires, se produit encore, mais cette fois avec des effets différents, au profit des créanciers et des légataires, contre les créanciers personnels de l'héritier. Elle prend alors le nom *de séparation des patrimoines.*

La séparation des patrimoines est un recours accordé aux créanciers contre les dangers que peut entraîner avec elle la transmission des biens de leur débiteur dans le patrimoine de ses héritiers. Ce danger est facile à comprendre : qu'un homme en mourant laisse un actif égal à son passif, et que celui qui accepte sa succession soit insolvable, les biens et les dettes du défunt se confondant avec les biens et les dettes de l'héritier, la conséquence est, que les créanciers héréditaires qui eussent été intégralement payés si leur débiteur eût liquidé lui-même sa succession, ne recevront plus qu'un dividende, peut-être même très-faible, si les créanciers de l'héritier sont très-nombreux.

En résumé, les créanciers ont augmenté, les biens sont restés les mêmes; de là pour les créanciers héréditaires un préjudice considérable.

Voilà ce que veut prévenir la séparation des patrimoines.

Le droit romain avait éprouvé le besoin d'empêcher ce mauvais résultat, et voici quelle était sa théorie sur ce point. Les créanciers héréditaires refusaient d'entrer en relation de droit avec l'héritier; ils écartaient de tout concours avec eux sur les biens de la succession les créanciers de celui-ci. C'est ce que Paul exprimait énergiquement, quand, en parlant des créanciers, il disait : « *Recesserunt a persona heredis.* »

Les créanciers du défunt voulant éviter que les biens laissés par lui ne servissent à acquitter en partie les dettes d'un héritier insolvable, obtenaient du préteur un décret qui empêchait la confusion des biens du *de cujus* et de ceux de cet héritier. Ils te

naient par ce moyen ce dernier et ses créanciers
personnels à l'écart du patrimoine héréditaire. Dans
ces conditions, l'hérédité servait à l'acquittement
préliminaire de leurs créances; mais une fois les
biens de la succession vendus, les dettes héréditaires liquidées, que se passait-il? Si l'actif héréditaire avait amplement suffi à désintéresser les créan
ciers de la succession, les créanciers de l'héritier pouvaient profiter du surplus des biens et venir sur ce
qui restait des valeurs héréditaires, une fois les dettes
de la succession payées; tout le monde était d'accord
pour le décider ainsi. L'excédant de l'actif héréditaire
sur le passif appartenait donc au patrimoine de l'héritier et devenait ainsi le gage de ses créanciers.

On aurait pu prétendre, en se fondant sur ce que
la séparation des patrimoines avait été introduite
dans l'intérêt des créanciers héréditaires et non dans
l'intérêt des créanciers de l'héritier, que les premiers
étaient admis à concourir avec les seconds sur
les biens de leur débiteur. Seulement s'il ne paraît
pas que cette idée se soit fait jour, en revanche, on
se demandait si les créanciers du défunt, une fois ceux
de l'héritier désintéressés, ne pourraient pas recourir
contre l'héritier pour le surplus de leurs créances?

Cette question, agitée encore dans notre droit
moderne par les interprètes du Code Napoléon, était
résolue différemment par les jurisconsultes romains;
il y avait à cet égard deux systèmes: l'un, rigoureux,
impitoyable, logique à l'extrême, celui de Paul;
l'autre, plus humain, celui de Papinien.

« Les créanciers héréditaires, disait le jurisconsulte Paul, ont refusé d'accepter l'héritier pour débiteur *recesserunt a persona heredis.* Puisqu'il en est ainsi, ils ne peuvent exercer sur ses biens aucun droit. Qu'ils supportent les conséquences du parti qu'ils ont cru devoir prendre; ils n'ont pas voulu de l'héritier pour obligé personnel, parce qu'ils ont redouté le concours avec ses créanciers sur les biens de la succession, ils ne pourront pas se venger sur ses biens de l'insuffisance de l'actif héréditaire. »

Papinien se montrait moins sévère: après avoir refusé l'héritier pour débiteur, les créanciers héréditaires pouvaient revenir à lui, et, une fois ses dettes personnelles acquittées, se payer sur ses propres biens. Toutefois Papinien n'allait pas jusqu'à permettre aux créanciers héréditaires de concourir avec les créanciers personnels de l'héritier sur les biens de celui-ci.

La séparation des patrimoines existe dans le Code Napoléon : on a voulu que les créanciers et les légataires fussent en état de se préserver du danger qui peut résulter de la transmission des biens de leur débiteur dans la personne d'un héritier insolvable. Les articles 879 à 881, au titre des successions, les articles 2111 et 2143, au titre des priviléges et des hypothèques, se sont occupés de cette matière.

« Les créanciers héréditaires, dit l'article 878, peuvent demander dans tous les cas et contre tout créancier la séparation du patrimoine du défunt d'avec le patrimoine de l'héritier. »

L'article 878 contient la véritable pensée de la
loi dans cette matière. Pour connaître le caractère
de la séparation des patrimoines dans notre législation, c'est à celle disposition qu'il faut s'adresser, et
une lecture attentive de son texte convaincra sans
peine qu'entre la séparation des patrimoines telle
qu'elle était organisée en droit romain, et la séparation des patrimoines telle qu'elle était organisée
dans notre ancien droit français et telle qu'elle l'est
encore aujourd'hui, à quelques changements près,
il existe de profondes différences.

En droit romain, c'était contre l'héritier que la
séparation des patrimoines était demandée par les
créanciers de la succession. En droit français, ce
n'est pas contre l'héritier que la séparation des
patrimoines est demandée, c'est contre les créanciers de l'héritier ; l'article 878 est formel à cet
égard, et il est encore vrai de dire de notre temps
ce que disait Pothier du sien avec tant d'exactitude : « Les creanciers qui recourent au bénéfice de la séparation cherchent une sûreté contre
l'insolvabilité de l'héritier ; mais ils n'entendent
point lui faire remise de l'obligation personnelle
qu'il a contractée envers eux en acceptant la succession. »

La séparation des patrimoines n'est plus collective
comme elle l'était à Rome : elle est purement individuelle ; tel créancier héréditaire peut la demander
alors qu'un autre, plus confiant dans la solvabilité
de l'héritier ou moins prudent, peut accepter l'héri-

tier pour débiteur. La séparation peut être opposée
à tel créancier de l'héritier et ne pas l'être à tel autre. A ce point de vue encore, entre le système romain et le système français, il existe dans nos lois
une différence profonde.

Mais comment se réalise cette séparation? Comment procéderont ceux qui veulent se mettre en
garde contre l'insolvabilité de l'héritier?

Merlin et d'autres autorités prétendent que c'est
par voie d'action que les créanciers et les légataires
de la succession profiteront des avantages que procure la séparation des patrimoines; ils invoquent, à
l'appui de leur opinion, le texte de l'art. 2111, lequel est ainsi conçu : « *Les créanciers et légataires
qui demandent la séparation du patrimoine du défunt....* »

Mais cet argument suffit-il pour croire que la pensée du législateur dans l'art. 2111 ait été d'abroger
l'ancienne pratique française à cet égard? Or jamais,
dans notre ancien droit, la séparation des patrimoines
ne s'est exercée par voie d'action; quelle raison y
a-t-il de croire que cette innovation soit dans la pensée
de la loi? Si le Code Napoléon avait voulu apporter
une telle modification à l'ancien état de choses, ce
n'est point, à coup sûr, dans l'article 2111 qu'il
l'eût écrite! Cet article n'a eu qu'un seul but : celui
de combler la lacune qui existait dans la loi du
11 brumaire de l'an VII, relativement à la séparation du patrimoine. En effet, l'art. 14 de cette loi
avait laissé le droit qui appartient aux créanciers

héréditaires de demander la séparation des patrimoines en dehors du système de publicité qu'elle
établissait dans l'intérêt des tiers. Arrivés au titre
des priviléges et des hypothèques, les rédacteurs du
Code Napoléon ont voulu remédier à cet inconvénient, et l'art. 2111 fut écrit dans cette intention.
Donc, c'est mal interpréter la pensée de la loi
que de croire, que par cette disposition elle a
entendu apporter à la séparation des patrimoines des
modifications profondes, et en faire un système
absolument différent de ce qu'elle était dans l'ancien
droit.

Aussi, pensons-nous que l'art. 2111 ne permet
pas de dire que les créanciers et les légataires pro-
cèdent par voie d'action. C'est par voie d'exception
qu'ils exercent la séparation des patrimoines, re-
poussant au fur et à mesure qu'ils se présentent les
créanciers présumés de l'héritier.

D'ailleurs, en pratique, le système que nous repoussons nous paraît inapplicable. Comment les
créanciers héréditaires avertiraient-ils les créanciers
personnels de l'héritier de leur intention de les écarter des biens de la succession? Pour les avertir, la
première condition serait de les connaître, et les
créanciers de la succession les ignorent.

S'il en était autrement en droit romain, et si alors
les créanciers agissaient, c'est que ce n'était pas
contre les créanciers de l'héritier que la séparation
des patrimoines était exercée, mais contre l'héritier
lui-même; or, si les créanciers peuvent être incon-

nus, l'héritier est toujours connu, et rien n'empêche de suivre cette voie.

L'art. 2111, qui n'a pas changé la nature même de la séparation des patrimoines, ne règle qu'une question de publicité; il veut que les créanciers et légataires qui entendent conserver, à l'égard des créanciers des héritiers, leur privilége sur les immeubles de la succession, prennent une inscription sur chacun de ces immeubles, dans les six mois à compter de l'ouverture de la succession.

Art. 2111. « Les créanciers et légataires qui demandent la séparation du patrimoine du défunt, conformément à l'art. 878, au titre des successions, conservent, à l'égard des créanciers des héritiers ou représentants du défunt, leur privilége sur les immeubles de la succession, par les inscriptions faites sur chacun de ces biens, dans les six mois à compter de l'ouverture de la succession.

« Avant l'expiration de ce délai, aucune hypothèque ne peut être établie avec effet sur ces biens par les héritiers ou représentants, au préjudice de ces créanciers ou légataires. »

L'article 2111, en imposant aux créanciers et aux légataires l'obligation de prendre cette inscription pour pouvoir invoquer en leur faveur les avantages que procure la séparation des patrimoines, a apporté à l'article 880 tout à la fois une restriction et une extension.

1° L'article 2111 restreint l'article 880, et voici en quoi: « relativement aux meubles, ce droit (celui de demander la séparation) se prescrit par le laps de trois années.

« A l'égard des immeubles, l'action peut être exercée tant qu'ils existent dans la main de l'héritier. »

Ainsi, aux termes de l'article 880, pour que ce droit fût exercé, il suffisait que les immeubles héréditaires fussent entre les mains de l'héritier : le jour où ils sortaient de ses mains, le droit cessait pour les créanciers de la succession de demander la séparation des patrimoines à leur profit.

Aujourd'hui, les créanciers et les légataires doivent prendre une inscription dans un certain délai. La prennent-ils dans le délai de six mois, date de l'ouverture de la succession, fût-ce même le dernier jour des six mois, ils l'emportent sur les créanciers de l'héritier qui se seraient inscrits sur le même immeuble même avant eux, par suite de l'effet rétroactif de l'inscription ; la prennent-ils après les six mois écoulés, ils le font valablement encore, mais les créanciers de l'héritier qui s'inscriraient avant eux, l'emporteraient nécessairement sur eux.

D'un autre côté, l'article 2111 contient une extension de l'article 880, et, bien qu'elle soit très-contestée, nous n'hésitons pas à croire qu'elle est la conséquence de l'article 2111.

L'article 2111 a dit que, par l'inscription, les créanciers et les légataires conservaient sur chacun des immeubles leur privilége. Or, quels sont les avantages que donnent les priviléges à ceux qui les ont reçus de la loi? un droit de préférence, et un droit de suite, c'est-à-dire le droit d'atteindre l'immeuble frappé de privilége en quelques mains qu'il passe, et de contraindre le détenteur à payer ou à délaisser.

Or, dit l'article 2111, le droit de demander la séparation des patrimoines, constitue au profit des créanciers et des légataires un privilége; donc le droit de suite en est la conséquence. Cette disposition de l'article 2111 apporte à l'article 880 une véritable extension. En effet, aux termes de l'article 880, lorsque l'immeuble héréditaire avait cessé de se trouver entre les mains de l'héritier, pour les créanciers et les légataires il n'y avait plus moyen d'exercer utilement sur les immeubles la séparation des patrimoines, et d'en retirer les avantages qu'elle procure : aux termes de l'article 2111, les créanciers et les légataires suivent l'immeuble sur lequel ils se sont inscrits, en quelque main qu'il passe.

Dans le système que nous combattons, on oppose le texte de l'article 880 : « A l'égard des immeubles, ce droit peut être exercé, tant qu'ils existent dans la main de l'héritier. » C'est bien reconnaître, dit-on, et en termes formels, que le droit de suite n'existe pas.

Nous répondons que l'article 2111, avec l'interprétation que nous lui donnons, laisse intact le texte de l'article 880. Nous prétendons que le créancier ou le légataire qui a pris une inscription sur un immeuble a exercé son droit en prenant une inscription. Donc, si le créancier inscrit sur l'immeuble peut suivre cet immeuble en quelque main qu'il passe, c'est qu'il avait demandé la séparation des patrimoines quand il était temps encore de le faire, c'est-à-dire à une époque où l'immeuble était encore entre les mains de l'héritier.

On voit donc que rien n'est facile comme de concilier cette doctrine avec le texte de l'article 880 qui subsiste sans aucune altération.

Pour que le créancier ou le légataire qui exerce son droit puisse attaquer un détenteur de l'immeuble, il faut que son inscription soit prise avant la transcription de l'aliénation faite par l'acheteur. Si cette inscription n'avait lieu qu'après la transcription, l'immeuble étant entré par la transcription dans le patrimoine de l'acheteur *erga omnes*, elle n'aurait plus pour résultat d'assurer au créancier ou au légataire son droit de suite.

C'est une grave question que celle de savoir si les créanciers qui ont usé de la séparation des patrimoines conservent encore l'héritier pour débiteur? L'intérêt de la question existe surtout pour le cas où la succession a été acceptée purement et simplement, car alors le patrimoine de l'héritier demeure toujours à la disposition des créanciers de la succession. Cependant, même au cas où l'héritier a accepté sous bénéfice d'inventaire, la question ne laisse pas que de présenter quelque intérêt, puisque l'héritier bénéficiaire peut encourir des déchéances et devenir héritier pur et simple.

Cette question revient à se demander : 1° si les créanciers de la succession qui usent du privilége de la séparation des patrimoines, tout en conservant le droit de se faire payer sur les biens de la succession, à l'exclusion des créanciers de l'héritier, ne conservent pas tout ensemble le droit de concourir sur les biens de l'héritier avec les créanciers de celui-ci? 2° si les créanciers héréditaires qui usent de la séparation des patrimoines ne peuvent pas concourir avec les créanciers personnels de l'héritier, une fois ceux-ci désintéressés? S'il reste quelque chose dans le patrimoine de l'héritier, peuvent-ils venir le prendre, et se venger sur ces biens de l'insuffisance de l'actif héréditaire?

A la première question nous répondons négativement; nous donnons à la seconde une solution affirmative.

1° Est-il vrai de dire que les créanciers qui usent de la séparation des patrimoines conservent le droit de concourir sur les biens de l'héritier avec les créancier de celui-ci?

Ceux qui le soutiennent argumentent ainsi de l'article 2111, C. N : Cet article a fait du droit de demander la séparation des patrimoines un privilége, et si l'inscription n'est prise sur les immeubles que postérieurement au délai de six mois, l'article 2113 en a fait une hypothèque. Qu'en résulte-t-il? Le droit pour les créanciers qui ont pris inscription de se faire payer de préférence aux autres sur les biens frappés du privilége ou de l'hypothèque; mais non pas l'exclusion du droit de concourir sur les biens du débiteur, l'héritier. L'article 2111 a fait des créanciers et des légataires des créanciers privilégiés. Or ce ne sont évidemment pas des créanciers privilégiés du défunt; donc ce sont des créanciers privilégiés de l'héritier. Ainsi les créanciers de la succession ont : 1° le droit commun, c'est-à-dire le droit de concourir; 2° le droit d'être préférés sur certains biens : de ce que la loi leur reconnaît le second, s'ensuit-il qu'elle entend leur retirer le premier?

Nous ne tirerons pas cette conséquence de l'article 2111; nous n'abandonnerons pas sur ce point la théorie de Pothier et de nos anciens auteurs.

« Or, disait Pothier (Succ., ch. v, art. 4), les créanciers de la succession ne doivent être payés qu'après les créanciers de l'héritier, quoiqu'ils puissent dire qu'étant aussi créanciers de l'héritier, ils doivent venir en concurrence sur les biens de l'héritier avec les autres créanciers ; car, puisqu'on leur sépare ceux de la succession dans lesquels les créanciers de l'héritier pourraient demander une concurrence avec eux, comme étant lesdits biens de la succession devenus des biens de l'héritier par l'acceptation de la succession, il est équitable qu'en conséquence les créanciers de la succession leur laissent les biens de l'héritier. »

Invoquer l'article 2111 à l'effet de donner aux

créanciers de la succession qui ont usé de la séparation des patrimoines le droit exorbitant de concourir avec les créanciers de l'héritier, c'est donner à cet article une portée qu'il n'a pas. Ses rédacteurs n'ont jamais entendu qu'il en fût ainsi : ils ont simplement voulu, ainsi que nous avons eu l'occasion de le dire, combler une lacune de la loi de brumaire, et faire entrer la séparation des patrimoines dans le système de publicité qu'ils se décidaient enfin à adopter après bien des hésitations. Ainsi l'article 2111 n'a pas eu d'autre but que celui de mettre un terme à l'inconvénient résultant de ce que les créanciers et les légataires ne rentraient pas dans le système de publicité : il est conçu contre eux; c'est donc méconnaître l'esprit de l'article 2111 que d'y voir une transformation complète du droit de séparation des patrimoines en faveur des créanciers et des légataires. D'ailleurs le système que nous combattons est infidèle à la tradition, et, dans ces matières, il est bien grave de s'en écarter.

Mais, si nous refusons aux créanciers et aux légataires le droit de concourir sur les biens de l'héritier avec ses créanciers personnels, tout en se faisant payer par préférence à ceux-ci sur les biens de la succession, irons-nous plus loin, et dirons-nous qu'encore bien que les dettes personnelles de l'héritier fussent acquittées, il n'y aura aucun moyen pour les créanciers héréditaires de se faire payer sur les biens de l'héritier?

On se rappelle la controverse que cette célèbre question avait soulevée en droit romain; les rigueurs du système de Paul, et la décision moins inhumaine donnée par Papinien. Entre les deux systèmes, lequel choisirons-nous?

Nous choisirons celui de Papinien; mais avant d'en donner les raisons, voyons sur quelle base repose l'opinion de ceux qui prétendent que les créanciers héréditaires qui ont usé de la séparation des patrimoines sont à tout jamais privés du droit de se faire payer sur les biens de l'héritier?

Dans cette opinion on argumente de l'article 879, qu'on entend rigoureusement. Aux termes de l'art. 879, dit-on, il y a incompatibilité entre la qualité de créancier de l'héritier d'une part, et la qualité de créancier demandant la séparation des patrimoines, d'autre part: on ne peut être l'un et l'autre, et par cela seul qu'on a usé de la séparation des patrimoines, on a perdu le droit de faire de l'héritier son débiteur.

Cela, dit-on, résulte bien de l'article 879, lequel dispose : « Que ce droit (celui de demander la séparation des patrimoines) ne peut cependant plus être exercé, lorsqu'il y a novation dans la créance contre le défunt, *par l'acceptation de l'héritier pour débiteur.* » S'il en est ainsi, comment reconnaître aux créanciers de la succession le droit de faire, après l'acquittement des dettes de l'héritier, ce qu'ils sont incapables de faire avant?

Il est facile de répondre à l'article 879 ou plutôt à la conséquence qu'on en tire : il existe bien, en effet, une incompatibilité entre la qualité de créanciers de l'héritier et de créanciers demandant la séparation des patrimoines, mais cette incompatibilité est-elle absolue? Elle n'est que relative, et elle existe seulement entre les créanciers de la succession et ceux de l'héritier. En effet, l'article 878 a dit : que c'était contre les créanciers de l'héritier, et non contre l'héritier lui-même, qu'était demandée la séparation des patrimoines ; rien donc, une fois les créanciers de l'héritier payés, rien ne les empêche de venir sur les biens de celui-ci et de se faire payer sur eux.

Dans le système que nous combattons et qui n'est autre chose que celui du jurisconsulte Paul (L. 1, § 17, 1. 5 *de sep. D.*) on abuse singulièrement de l'article 879, en lui donnant une portée qu'il ne saurait avoir. Il faut se servir de l'article 879 pour écarter le système que nous avons exposé en premier lieu, et qui veut que les créanciers de la succession concourent avec ceux de l'héritier, car on ne peut être à la fois créancier de la succession invoquant la séparation, et créancier de l'héritier demandant à se faire payer sur ses biens ; en d'autres termes l'article 879 revient à dire : que le concours n'est pas possible entre les créanciers de la succession et ceux de l'héritier. Que nous demandions à l'article 879 de rendre le service de repousser ce concours, rien de mieux, mais s'autoriser de son texte pour édicter, contre les créanciers et les légataires qui ont usé de la séparation, une mesure aussi rigoureuse, ce serait y voir une distinction que la loi n'y a pas mise.

En résumé, nous pensons : 1° que les créanciers et les légataires qui usent de la séparation des patrimoines ne peuvent concourir sur les biens de l'héritier avec ses créanciers, et 2° qu'une fois ceux-ci désintéressés, le surplus des biens de l'héritier est le gage des créanciers et des légataires qui se vengent sur lui de l'insuffisance de l'actif héréditaire.

L'étude à laquelle nous nous livrons nous conduit tout naturellement à nous demander ce qu'il convient de décider dans les différentes hypothèses qui suivent :

1° Nous supposerons d'abord que des créanciers du *De cujus*, les uns usant du droit que leur confère l'article 2111, ont pris inscription sur des immeubles héréditaires, alors que les autres n'ont pris aucune inscription.

Ainsi, pour préciser, il y a dans la succession du *De cujus* un immeuble qui vaut 30 000 francs, et deux créanciers chirographaires de 20 000 chacun.

L'un d'eux a inscrit son privilége dans les six mois; l'autre n'a pris d'inscription ni dans les six mois ni depuis les six mois expirés. Que déciderons-nous?

Dirons-nous que les créanciers diligents n'ayant reçu de droit de l'article 2111 qu'à *l'encontre des créanciers de l'héritier ou autre représentant du défunt*, la situation doit, entre les créanciers inscrits et les créanciers non inscrits, demeurer la même? Décider ainsi et faire concourir ces deux créanciers de manière à donner à chacun d'eux 15 000 francs, ne serait-ce pas méconnaître ce principe incontestable que, dans notre législation, à la différence de ce qui se passait dans la législation romaine, la séparation des patrimoines est individuelle et non plus collective? S'il en est ainsi, il faut bien admettre que l'un des créanciers de la succession a pu vouloir user de la séparation parce que la solvabilité de l'héritier ne lui inspirait aucune confiance, alors que l'autre a pu, renonçant au droit que la loi lui offrait, entendre accepter l'héritier pour débiteur, et laisser ainsi à son égard la confusion s'établir entre le patrimoine du défunt et celui de l'héritier. Qu'on ne dise donc pas que celui des créanciers héréditaires qui s'inscrira dans les six mois conservera à celui qui ne s'est pas inscrit le privilége de la séparation, puisque ce dernier n'a pas voulu profiter de l'avantage que lui offrait la loi! Et d'ailleurs, n'est-il pas même permis de croire que celui qui n'use pas de la séparation des patrimoines, et qui accepte l'héritier pour débiteur, a su ce qu'il faisait, et qu'il a intérêt à suivre cette voie plutôt que l'autre? C'est, en effet, le seul moyen pour un créancier héréditaire de concourir avec les créanciers personnels de l'héritier sur les biens de celui-ci, puisque nous avons admis et qu'on admet généralement que le droit de concourir et d'user de la séparation sont incompatibles et ne sauraient exister ensemble. Un créancier de la succession, qui n'a pas été acceptée sous bénéfice d'inventaire, peut donc vouloir se réserver le droit de concourir avec les créanciers personnels de l'héritier, et la seule manière d'atteindre ce résultat, c'est de se garder de prendre l'inscription de l'article 2111[1].

Nous déciderons donc, dans cette première hypothèse, que le créancier héréditaire inscrit sera payé de préférence à celui qui ne s'est pas inscrit; qu'en conséquence, il prendra 20 000 francs, laissant les 10 000 restant à prendre sur l'immeuble qu'il a frappé de son inscription, se confondre, au regard du deuxième créancier, dans le patrimoine de l'héritier.

Maintenant, de deux choses l'une : ou bien le deuxième créancier se sera inscrit après l'expiration des six mois, ou il ne se sera pas inscrit du tout.

Au premier cas, il prendra les 10 000 francs qui restent sur l'immeuble héréditaire qu'il a frappé de son hypothèque, et il demeurera créancier chirographaire de l'héritier pour 10 000 fr. Qu'on ne dise pas que dans cette hypothèse le premier créancier héréditaire partagera également la valeur de l'immeuble avec le deuxième; car le premier a un privilége, tandis que le second, par suite de son retard à prendre inscription, n'a qu'une hypothèque. Or, le privilége l'emporte sur l'hypothèque. Donc le premier créancier inscrit dans les six mois aura 20 000 fr., et les 10 autres mille francs seront attribués au deuxième créancier tardivement inscrit.

1. Lettre inédite de M. Pillette.

Au deuxième cas (quand il ne s'est pas inscrit du tout), ce créancier héréditaire a manifesté par son abstention la volonté bien arrêtée d'accepter l'héritier pour débiteur. Qu'il court donc les chances du parti qu'il a cru devoir prendre! Les 10 000 francs qui subsistent après que le premier créancier a prélevé les 20 000 qui lui étaient dus entreront dans le patrimoine de l'héritier, se confondront avec ses biens personnels, et, s'il a des créanciers, le créancier héréditaire qui n'a pas voulu s'inscrire viendra au marc le franc pour les 20 000 qui lui sont dus. Peut-être ne recevra-t-il qu'un faible dividende? Peut-être sera-t-il intégralement payé? Cette incertitude est la conséquence même du parti qu'il a cru devoir prendre. Il peut même arriver que sur ces 10 000 fr. il ne touche rien, pas plus que d'autres créanciers chirographaires de l'héritier, si au nombre des créanciers de celui-ci il y a des personnes ayant des hypothèques générales dont les droits se soient étendus sur les valeurs héréditaires désormais entrées dans son patrimoine.

Nous entendons bien que si les deux créanciers se sont inscrits dans les délais voulus, il n'y aura qu'à leur permettre de concourir : ils auront dans l'espèce chacun 15 000 fr.

Jusqu'à présent, dans les hypothèses que nous avons faites, nous n'avons supposé que l'existence de créanciers héréditaires, soit qu'ils se fussent tous inscrits, soit que ni les uns ni les autres ne se fussent inscrits, soit que les uns aient pris l'inscription et que les autres aient refusé de la prendre. Nous supposerons maintenant qu'il s'agit de créanciers et de légataires de la succession.

Un légataire s'est inscrit dans les six mois sur un immeuble héréditaire : les créanciers n'ont pas pris cette précaution; ils n'ont peut-être pas voulu la prendre. Que décider dans ce cas? Le légataire sera-t-il payé, et pourrait-il se faire qu'il reçût le montant intégral de son legs, alors que les créanciers ne recevraient qu'un faible dividende?

Pour résoudre cette question, il importe de savoir si le *De cujus* a pu valablement faire ce legs, en un mot, si son actif l'emportait sur son passif? auquel cas le legs qu'il a fait doit recevoir son exécution. Si les créanciers ne sont qu'incomplétement désintéressés, s'ils voient celui qui *certat de lucro captando* l'emporter sur ceux, *qui certant de damno vitando*, qu'ils s'en prennent à leur négligence! ils ont laissé les biens héréditaires se confondre avec ceux de l'héritier qui depuis a cessé d'être solvable; ils subiront donc les conséquences de leur légèreté, et le légataire n'en souffrira pas!

Mais il en serait tout autrement, et le légataire ne recevrait pas le montant de son legs, à supposer même qu'il se fût inscrit dans les six mois et que les créanciers n'aient pas pris d'inscription, si la règle « *nemo liberalis nisi liberatus* » et « *non sunt bona nisi deducto ære alieno* » ne permettait pas qu'il en fût autrement. Ainsi, le défunt qui a fait un legs avait un actif égal ou inférieur à son passif; il n'a pas pu faire de legs valable. Donc, encore bien que le légataire se soit inscrit dans les six mois, il n'aura rien, car les créanciers, se fussent-ils tous inscrits comme lui, il n'aurait pas été payé davantage.

Qu'il s'agisse de régler le conflit qui s'élève entre un légataire qui s'est inscrit dans les six mois et un créancier qui n'a pas pris d'inscription, ou qu'il s'agisse de régler celui qui s'élève entre un créancier non inscrit et un légataire qui ne s'est inscrit qu'après les six mois, il faut toujours donner la même décision, et examiner toujours si la règle : *non bona sunt nisi deducto ære alieno* fait ou ne fait pas obstacle à l'acquittement des legs[1].

Jusqu'à présent nous avons supposé des créanciers héréditaires entre eux, des créanciers héréditaires et des légataires, et nous avons, sur chaque hypothèse, donné la solution que les principes que nous croyons les seuls vrais en ces matières, nous paraissaient exiger; il faut maintenant mettre en rapport, tout à la fois, des créanciers héréditaires, des légataires et des créanciers de l'héritier.

1re *Hypothèse*. — Il existe dans la succession un immeuble d'une valeur de 30 000 francs.

Un créancier de la succession pour 20 000 francs s'est inscrit dans les six mois; un créancier de l'héritier a pris inscription sur le même immeuble pour une somme semblable; un second créancier

---

1. Lettre inédite de M. Pillette.

de la succession, de 20 000 fr., comme le premier,
ne s'est inscrit qu'après les six mois et postérieurement à l'inscription prise par le créancier de
l'héritier : L'immeuble est vendu 30 000 fr. On
propose de décider que le premier créancier héréditaire aura 15 000 fr., le créancier de l'héritier
10 000, et le deuxième créancier héréditaire 5000
qui restent.

Pour arriver à cette solution, voici comment on
raisonne : La négligence du second créancier héréditaire ne peut pas nuire au premier, et d'un autre
côté la diligence du premier ne peut lui faire gagner
plus qu'il n'eût eu si le second eût été aussi diligent
que lui. Or, si le second créancier héréditaire se fût
inscrit dans les six mois comme le premier l'a fait,
il eût eu 15 000 comme le premier. Donc le premier
créancier héréditaire aura 15 000 fr., et il donnera
au second créancier retardataire les 5000 fr. restants,
après que le créancier de l'héritier aura pris les
10 000 fr. auxquels il avait droit.

Nous ne déciderons pas ainsi, et nous dirons,
toujours par application des principes exposés plus
haut, que le premier créancier héréditaire doit prendre 20 000 fr., parce qu'il est créancier privilégié
pour cette somme ; que le créancier de l'héritier ne
prendra que 10 000 fr. en tout sur le prix de l'immeuble ; et qu'enfin, quant au deuxième créancier
de la succession tardivement inscrit, il devra ne s'en
prendre qu'à lui-même de s'être laissé primer :
1° par l'un de ses cocréanciers qui a conservé son

privilége par une inscription dans les six mois, et 2° par le créancier de l'héritier qui, plus prompt que lui, l'a privé des 10 000 fr. restants.

Pourquoi voudrait-on qu'il en fût autrement, et sur quel principe repose la solution que nous refusons d'admettre? N'est-ce pas le cas de dire : *Jura vigilantibus subveniunt, non dormientibus*, et le premier créancier héréditaire inscrit, s'il est payé intégralement, n'a-t-il pas pris les précautions nécessaires pour qu'il en fût ainsi ?

Telles sont les différentes hypothèses qu'il nous a paru nécessaire de passer successivement en revue.

Si nous nous sommes occupé de la séparation des patrimoines et si nous nous sommes efforcé de résoudre quelques-unes des délicates questions de cette importante matière, c'est qu'il nous a semblé qu'entre l'acceptation d'une succession sous bénéfice d'inventaire et la séparation des patrimoines il y avait de frappantes analogies. Mais est-ce à dire que, lorsque l'héritier a accepté sous bénéfice d'inventaire la succession qui lui est échue, les créanciers n'aient aucun intérêt à user du droit de séparation des patrimoines que l'article 2111 leur confère ?

Cette question revient à celle-ci : « Lorsqu'un héritier a accepté sous bénéfice d'inventaire, la séparation des patrimoines qui résulte forcément de l'acceptation bénéficiaire, est-elle établie d'une manière définitive et irrévocable à l'égard des créanciers, de sorte qu'ils n'aient pas d'intérêt à prendre les mesures conservatoires de l'article 2111 ? »

Si on résout cette question affirmativement, il est clair que les créanciers n'ont alors aucun intérêt à demander de leur chef une séparation qui existe déjà, et dont le bénéfice ne peut leur être enlevé par aucun événement postérieur. Les inscriptions qu'ils prendraient, dans ce cas, sur les immeubles de la succession, n'auraient d'autre effet que d'occasionner des frais qui, en grevant la succession, diminueraient le gage ; elles tourneraient contre eux-mêmes !

La résout-on négativement, ils manqueraient alors de prudence, si, dans les six mois de l'ouverture de la succession, ils ne prenaient pas l'inscription qu'exige l'article 2111 pour l'entière et absolue conservation du droit de séparation qui leur est propre; car si le bénéfice d'inventaire, auquel l'héritier a recouru d'abord venait à cesser après l'expiration des six mois de l'ouverture de la succession, il ne leur resterait plus, au lieu du privilége de l'article 2111, que la simple hypothèque de l'article 2113.

Dans un premier système, on pense que si l'héritier a accepté sous bénéfice d'inventaire, les créanciers et les légataires n'ont aucun intérêt à prendre les mesures conservatoires de l'article 2111. Sans doute, il peut arriver, et nous avons vu dans quels cas, que l'héritier bénéficiaire soit déchu de son droit, mais cette déchéance qu'il encourt parce qu'il tombe sous l'application soit de l'article 801, soit des articles 988-989, n'est-elle pas une peine : or, les peines sont essentiellement individuelles et personnelles, ou sinon elles sont souverainement injustes, comment donc frapper les créanciers et les légataires en même temps que l'héritier ?

Mais ceux qui soutiennent cette opinion ont-ils attribué aux déchéances qui frappent parfois l'héritier bénéficiaire et le font rentrer dans la classe des héritiers purs et simples le caractère qu'il convient de leur attribuer ? Ces déchéances, soit celles de l'article 801, Code Napoléon, soit celles des articles 988-989 C. de p., sont-elles des peines, et le raisonnement du système que nous combattons doit-il être admis ?

Ces articles ne disent pas même que l'héritier est déchu ; ils disent seulement qu'il est réputé héritier pur et simple, et il serait puéril, pour attacher aux déchéances prévues par ces articles un caractère pénal qu'il n'a jamais été dans la pensée de son rédacteur de leur attribuer, d'invoquer ces mots de l'article 980 : « *La vente des biens ne peut être faite qu'en justice, à peine* contre l'héritier bénéficiaire d'être réputé héritier pur et simple : il est évident que le mot *réputé* qui accompagne le mot *peine*, en détermine le sens et la portée.

Ces déchéances ne sont donc pas des peines : ce sont des renonciations tacites de l'héritier au bénéfice d'inventaire. Il cesse d'être héritier bénéficiaire et il devient héritier pur et simple, parce qu'il a fait

un acte qui ne peut plus s'expliquer par son administration, un acte qui ne peut se justifier que par
la qualité prise d'héritier.

Il n'est pas douteux que l'héritier bénéficiaire ait
la faculté de renoncer au bénéfice d'inventaire : c'est
un secours qui lui a été accordé, et n'a-t-il pas toujours été admis que chacun pouvait renoncer aux
avantages introduits en sa faveur ?

Il est vrai que dans le système que nous combattons et qui nous paraît se méprendre singulièrement sur la nature du bénéfice d'inventaire, on prétend que l'acceptation bénéficiaire d'une succession
par l'héritier a donné aux créanciers et aux légataires des droits et des avantages qu'il ne peut plus
être au pouvoir de l'héritier, revenant sur sa détermination, de leur faire perdre. L'acceptation bénéficiaire, dit-on, ne permet-elle pas aux créanciers et
aux légataires de repousser sur les biens de la succession le concours des créanciers de l'héritier ? L'héritier bénéficiaire, s'il vend les meubles corporels, les
rentes constituées, les immeubles héréditaires, ne
doit-il pas se soumettre à l'accomplissement de certaines formalités prescrites par la loi, qui sont pour
les créanciers autant de garanties que la vente aura
lieu au plus haut prix possible ? L'héritier bénéficiaire enfin ne doit-il pas donner caution aux créanciers et aux légataires ? Voilà autant d'avantages
résultant pour ceux-ci de l'acceptation bénéficiaire.
Disons donc que le bénéfice d'inventaire produit des
effets tout à la fois en faveur de l'héritier et en fa-

veur des créanciers de la succession : or, s'il est permis de renoncer aux avantages individuels en sa faveur, il n'est pas permis de mettre à néant le droit d'autrui.

On pourrait répondre à cette argumentation qu'elle a le grave inconvénient de poser en principe ce qui est à discuter, et quelle résout la question par la question. Mais nous nous bornerons à faire remarquer que les sûretés que procure aux créanciers et aux légataires l'acceptation bénéficiaire sont les conséquences même du rôle que doit jouer l'héritier qui accepte ainsi. Il est administrateur de la succession; il doit procéder au recouvrement des valeurs héréditaires, à la liquidation générale de l'hérédité et au payement des créanciers et des légataires : quoi de plus naturel que ceux-ci soient assurés qu'il vendra les biens qui forment leur gage, le plus haut prix possible ? Quoi de plus raisonnable qu'ils soient garantis contre les détournements qu'il pourrait en faire ? Les avantages qu'on leur fait n'ont donc d'autre cause que le régime qui résulte d'une acceptation bénéficiaire, ce régime venant à cesser et l'héritier entrant dans la classe des héritiers purs et simples, les garanties qu'avait cru devoir donner la loi aux créanciers et aux légataires disparaissent immédiatement, puisque aussi bien elles n'ont plus de raison d'être.

En terminant cette discussion nous reproduirons un argument développé plus haut dans une autre controverse, et qui nous paraît prendre ici sa place.

Si la séparation des patrimoines ne procurait jamais aux créanciers et aux légataires que des avantages, il pourrait n'y avoir aucun inconvénient à l'imposer parfois à ceux qui ne l'ont pas librement choisie. Mais nous avons démontré qu'il n'en était pas toujours ainsi, et que des créanciers héréditaires dans notre opinion, du moins, n'avaient pas d'autres moyens de concourir avec les créanciers personnels de l'héritier sur les biens de celui-ci que de renoncer à l'exercice des droits que leur accorde l'article 2111. Or ici ne peut-il pas se faire que l'acceptation bénéficiaire qui empêchait le concours des créanciers de la succession et des créanciers de l'héritier sur les biens de celui-ci, venant à disparaître, les créanciers de la succession aient intérêt à ne pas demander la séparation, qui n'aurait d'autre effet que de les éloigner des biens de l'héritier alors qu'ils espèrent, que même en supportant le concours de ses créanciers personnels, ils seront remplis de ce que leur devait le défunt?

D'ailleurs n'avons-nous pas eu déjà plusieurs fois l'occasion de dire que, dans notre législation, de l'aveu de tous, et à la différence de ce qui se passait en droit romain, la séparation des patrimoines était individuelle et non plus collective? Or, si la séparation des patrimoines résultait de l'acceptation bénéficiaire ne s'ensuivrait-il pas qu'elle se trouverait immédiatement établie au profit de la masse des créanciers de la sucession et des légataires? et cet effet ne se produit plus dans nos lois comme il se produisait en droit romain.

Disons donc en finissant que le bénéfice d'inventaire n'a pas été introduit dans le but de sauvegarder les droits des créanciers; que les lois qui l'ont organisé n'ont eu en vue que l'intérêt particulier de l'héritier : l'acceptation bénéficiaire produit bien une séparation des patrimoines, mais cette séparation, à la différence de celles contenues dans les articles 878 et 2111 C. Napoléon, n'a lieu qu'au profit de l'héritier contre les créanciers.

Nous conclurons en disant que non-seulement les créanciers de la succession et les légataires feront sagement de s'inscrire sur les immeubles héréditaires, même au cas où la succession a été acceptée sous bénéfice d'inventaire, mais qu'ils doivent le faire, et s'assurer ainsi par ces mesures conservatoires et pour le cas où l'héritier bénéficiaire encourrait des déchéances, les avantages de la séparation des patrimoines.

La séparation des patrimoines fait-elle obstacle à la division des dettes entre les héritiers?

Supposons que le défunt ait laissé deux héritiers et une dette de 20 000 francs. Le créancier de ces 20 000 francs, usant du droit que lui confère l'article 2111 C. Napoléon, a exercé la séparation des patrimoines à l'encontre de l'un des héritiers; il a accepté l'autre pour débiteur. Comment les choses se passeront-elles dans une semblable hypothèse?

Dirons-nous que ce créancier de 20 000 francs s'adressant à celui des héritiers contre lequel il a demandé la séparation pourra exiger de lui le montant intégral de la créance, soit 20 000 francs?

Ne dirons-nous pas plutôt que ce créancier ne peut exiger que 10 000 francs de chacun des héritiers de son débiteur?

Nous ne voyons aucune bonne raison de permettre au créancier qui use de la séparation des patrimoines de méconnaître le principe si énergiquement exprimé dans les articles 873 et 1220 C. Napoléon. N'est-il pas vrai que le jour où le *de cujus* est mort, la dette qu'il avait contractée s'est divisée de plein droit, de sorte que chacun de ses héritiers n'a jamais été, dans l'espèce, que débiteur d'une somme de 10 000 francs? S'il en est ainsi, comment soutenir que le créancier d'une somme de 10 000 francs puisse exercer le privilège que la loi lui confère à l'effet de se procurer le payement d'une somme de 20 000 francs?

Cet héritier auquel s'adresse le créancier n'a jamais dû que 10 000 francs, comment pourrait-on exiger de lui une somme supérieure à celle pour laquelle il représente le défunt? Et pourtant c'est le résultat auquel on est fatalement conduit dans l'opinion de ceux qui pensent que le privilège de la séparation des patrimoines fait obstacle à la division des dettes!

Il est vrai que les partisans de ce système argumentent de l'indivisibilité du privilège et de l'hypothèque. Le privilége de l'article 2111 et l'hypothèque de l'article 2113 sont indivisibles; donc peu importe que l'héritier auquel s'adresse le créancier ne soit débiteur que de 10 000 francs, dès l'instant qu'il est détenteur d'un immeuble héréditaire qui vaut 20 000 francs; il doit payer le tout, puisqu'il est tenu personnellement pour une moitié, et hypothécairement pour le tout !

Il est aisé de répondre à cette argumentation qui ne manque pas au premier abord de paraître fort spécieuse : Si à l'époque où vivait le *de cujus* la dette de 20 000 fr. qu'il avait contractée eût été dès ce moment garantie par un privilége, le créancier privilégié ou hypothécaire qui s'adresserait à l'un des héritiers de son débiteur, invoquant l'indivisibilité du droit réel qui est l'accessoire de sa créance, serait en droit de repousser le principe contenu dans l'art. 1220, et pourrait exiger le tout de celui qui aurait entre ses mains un immeuble frappé de privilége. Mais, remarquons-le, cette espèce est bien loin d'être celle que nous supposons pour la solution de la question qui nous occupe. Le privilége que l'art. 2111 confère aux créanciers, l'hypothèque que lui reconnaît l'art. 2113, ne sont nés qu'au moment où le *de cujus* est mort, c'est-à-dire au moment même où chacun de ses héritiers, en vertu du principe contenu dans l'article 1220, était constitué de plein droit débiteur de la moitié de la dette contractée par son auteur. Dès lors comment le privilége qui n'est que l'accessoire de la créance qu'il est destiné à garantir, naîtrait-il avec plus d'étendue qu'elle n'en a elle-même? En un mot le privilége de l'art. 2111 n'a jamais garanti une dette de 20 000 fr.; il n'a jamais garanti que deux dettes bien distinctes et de 10 000 fr. chacune.

Cette réponse à l'argument tiré de l'indivisibilité nous paraît concluante.

Les partisans du système que nous repoussons ne se tiennent pas pour battus, et ils opposent l'art. 1017. Cet article dispose que « les héritiers du testateur, ou autre débiteur d'un legs, seront personnellement tenus de l'acquitter chacun au pro-rata de la part et portion dont ils profiteront dans la succession. » Puis la loi ajoute dans un second alinéa : « ils en seront tenus hypothécairement pour le tout, jusqu'à concurrence de la valeur des immeubles de la succession dont ils sont déten-teurs. » Ainsi supposons qu'un legs de 20 000 fr. ait été fait par le testateur qui est mort laissant deux héritiers : chacun des héritiers devient débiteur de 10 000 fr., et cependant la loi permet au léga-taire créancier de 20 000 fr. de s'adresser hypothé-cairement à l'un de ces héritiers, détenteur d'un immeuble héréditaire, et d'exiger de lui le paye-ment intégral de son legs, sauf à celui-ci à recourir contre ses cohéritiers pour la portion qu'il ne doit pas définitivement supporter.

Si un simple légataire peut, aux termes de l'ar-ticle 1017, s'adresser pour le tout à l'un des débi-teurs du legs, comment un créancier qui ne cherche

dans le secours de la séparation que la conservation de son propre avoir, ne jouirait-il pas du même
avantage?

La réponse est facile.

Nous dirons 1° que de ce que la loi a cru devoir
faire, dans l'art. 1017, en faveur des légataires une
exception au principe que nous venons d'exposer,
il ne s'ensuit pas que nous soyons autorisé à décider
de même dans l'hypothèse de l'art. 2111 : les exceptions ne s'étendent pas par analogie.

Nous dirons 2° que tout le monde sait que
l'art. 1017 et la disposition exorbitante qu'il contient ne sont que le résultat d'une erreur juridique,
et que, dès lors, il n'existe aucune raison de nous en
opposer les termes.

Ceux qui ont rédigé l'article 1017 n'ont pas compris la loi 1° au code de Justinien (*Communia de
legatis*). Le principe de l'indivisibilité de l'hypothèque existait bien à Rome comme il existait de
nos jours, et l'héritier qui avait entre les mains un
immeuble hypothéqué par le défunt était bien tenu
pour le tout. Toutefois Justinien, en établissant une
hypothèque au profit du légataire sur les immeubles
de la succession, décidait à merveille que chaque
héritier ne serait grevé que pour sa part, et non pas
pour le tout. « *In omnibus autem hujusmondi casibus
in tantum et hypothecaria unumquemque conveniri
volumus, in quantum personalis actio adversus cum
competit.* »

Il résulte bien de ce texte qu'en droit romain un

légataire qui avait droit à vingt mille francs et qui se trouvait en présence de deux héritiers, ne pouvait demander hypothécairement que dix mille francs à chacun d'eux. Seulement, comme le partage en droit romain n'était pas comme chez nous déclaratif, mais attributif de droits nouveaux, il s'ensuivait que si le légataire exerçait son action hypothécaire après que l'indivision avait cessé, il s'adressait à un héritier qu'il pouvait actionner hypothécairement pour le tout : il en devait être ainsi, car cet héritier avait une partie de cet immeuble grevée de son chef, et l'autre partie grevée du chef de son cohéritier du lot duquel il avait passé dans le sien.

Décider en droit français, alors que le partage est déclaratif, que l'un des héritiers peut être hypothécairement tenu du legs pour le tout, c'est évidemment créer dans la loi une disposition qui est contraire au principe si salutaire de l'article 883. En effet, l'article 883 et l'article 1017 sont loin d'être en harmonie.

Cette explication historique de l'origine de l'article 1017, et de la disposition exorbitante qu'elle contient, nous paraît répondre d'une façon victorieuse à l'objection que les partisans du système que nous combattons avaient cru pouvoir en tirer.

Il est vrai qu'il y a des esprits qui loin de blâmer les rédacteurs du C. Nap. d'avoir écrit l'article 1017, les en louent, et pensent que la loi a bien fait, à raison du mauvais vouloir des héritiers avec les légataires, de décider que par exception aux principes généraux, chaque héritier serait tenu personnellement du legs pour sa part, et hypothécairement pour le tout. Mais à supposer que cette explication de l'article 1017 fût satisfaisante, ne serait-il toujours pas vrai de dire qu'il s'agit en définitive dans cet article d'une disposition exceptionnelle, qu'on ne saurait étendre en dehors des cas pour lesquels elle a été portée?

De ces différentes observations, nous croyons pouvoir conclure que la séparation des patrimoines ne fait pas obstacle à la division des dettes, et que le créancier qui use du privilége de l'article 2111, et qui s'adresse à l'un des héritiers de son débiteur, ne peut en vertu du privilége ni de l'hypothèque exiger de lui plus que sa part et portion.

Nous avons eu occasion, dans la discussion de la précédente question, de parler de l'hypothèque légale de l'article 1017 au profit des légataires : il ne sera peut-être pas inutile de dire quelques mots de l'existence simultanée dans la loi de l'art. 1017 et de l'art. 2111, de l'hypothèque légale et du droit de séparation.

A la lecture de ces deux articles, on serait tenté de dire : l'hypothèque légale établie par l'article 1017, au profit du légataire existant sur les biens de la succession, et le privilége de l'article 2111 existant sur les immeubles héréditaires, l'un de ces deux articles est inutile. Ce serait une grave erreur.

L'article 1017 ne fait pas double emploi avec l'article 2111.

1° L'hypothèque de l'article 1017 peut être utile au légataire dans le cas où il serait déchu du bénéfice de la séparation des patrimoines; ainsi le légataire a, nous le supposons, accepté l'héritier pour débiteur; il est, en ce cas, dans l'impossibilité d'invoquer l'article 2111 (art. 879). L'article 1017 lui est utile ici, puisqu'il lui donne un droit de préférence que l'article 2111 lui refuse.

2° Ceux qui pensent que les créanciers et les légataires ne jouissent pas du droit de suite quand ils usent de la séparation des patrimoines, donnent à l'article 1017 une grande utilité. Pour nous, qui avons admis que le droit de suite était la conséquence même du principe de l'article 2111, nous dirons qu'à ce point de vue l'article 1017 ne donne au légataire aucun avantage de plus que ceux que lui confère l'article 2111.

3° Nous nous sommes demandé, il n'y a que quelques instants, si la séparation des patrimoines ne faisait pas obstacle à la division des dettes entre les héritiers; pour nous, qui pensons que le principe doctrinal des articles 873 et 1220 du Code Napoléon ne reçoit dans cette matière aucune exception, nous trouvons que l'article 1017 procure au légataire un avantage que serait loin de lui conférer l'article 2111 du Code Napoléon. En effet, le légataire de 20 000 francs, aux termes de l'article 1017, pourra contraindre celui des héritiers qui est détenteur des immeubles hypothéqués à lui payer, non-seulement la part pour laquelle il représente le défunt, mais le tout. Si ce même légataire n'avait à invoquer que l'article 2111, il ne pourrait exercer son droit de préférence qu'à l'effet de demander à l'un des héritiers la portion du legs qu'il doit lui remettre comme représentant le défunt.

Nous venons de voir en quoi l'article 1017 l'emportait sur l'article 2111. Voyons maintenant si, à certains égards, il ne serait pas exact de dire que l'article 2111 confère des avantages que ne donne pas l'art. 1017 :

1° Le droit de préférence que procure la séparation des patrimoines porte, tout à la fois, sur les meubles et sur les immeubles; or, l'hypothèque établie par l'article 1017 au profit des légataires ne frappe que les immeubles héréditaires.

2° L'inscription du droit de séparation rétroagit au jour de l'ouverture de la succession quand elle est prise dans les six mois; l'inscription de l'hypothèque n'a point cet effet rétroactif : elle ne produit jamais son effet qu'à sa date.

Nous savons que cette question : « la séparation des patrimoines fait-elle obstacle à la division des dettes? » est une des plus controversées de cette matière. On se demande, et cette seconde question a quelque analogie avec la première, si l'acceptation bénéficiaire fait obstacle à la division des dettes entre les héritiers?

Supposons que le *de cujus* soit mort laissant une dette de vingt mille francs et deux héritiers. La dette se divise de plein droit entre eux, au moment même de la mort de leur auteur, et ils ne doivent que dix mille francs chacun au créancier qui se voit contraint à diviser son action.

L'un des héritiers accepte sous bénéfice d'inventaire. Est-ce une raison de permettre au créancier qui s'adresse à celui-ci de lui réclamer le montant intégral de sa créance? Nous ne le pensons pas, et de même qu'il nous a paru nécessaire de décider que la séparation des patrimoines ne faisait pas obstacle à la division des dettes, de même nous déciderons que l'acceptation bénéficiaire laisse intact le principe de l'article 1220.

Mais quels arguments produit-on pour soutenir l'opinion opposée?

L'acceptation bénéficiaire empêche les deux patrimoines de se confondre, et c'est de cette confusion que naît l'obstacle à la division des dettes. L'héritier bénéficiaire n'est-il pas un simple administrateur des biens du défunt? Il n'est ni le représentant du défunt, ni son débiteur personnel, et voilà pourquoi il ne doit pas pouvoir retenir une partie quelconque des biens de la succession tant que les débiteurs ne sont pas intégralement payés. Invoquer le principe de l'article 1220 à l'effet de ne remettre au créancier qui se présente qu'une partie de ce qui lui est dû, bien qu'il y ait de quoi le désintéresser complétement, c'est faire acte d'héritier pur et simple, de représentant du défunt; ce n'est plus un administrateur qui donne ce qu'il a entre les mains au fur et à mesure qu'on se présente pour le recevoir. En un niot, l'héritier bénéficiaire peut bien soutenir que les créanciers du défunt n'ont sur les biens qui lui sont échus que les mêmes droits qu'ils avaient contre le défunt, pas plus, mais dès lors aussi pas moins; si, au contraire, il entend soutenir que les créanciers du défunt ont moins de droit sur les biens du défunt qui se trouvent dans ses mains, à lui, qu'ils n'en avaient contre le défunt lui-même, alors il invoque l'effet de la transmission héréditaire, il se pose lui-même vis-à-vis des créanciers comme le représentant du défunt, c'est-à-dire qu'il faut alors qu'il renonce au bénéfice d'inventaire[1]!

Cette doctrine est évidemment vicieuse. D'abord elle a le tort très-grave de méconnaître ce principe incontestable suivant nous que si l'héritier bénéficiaire est administrateur comptable, il n'est pas seulement administrateur, mais qu'il est vrai propriétaire, héritier de son auteur. Comme héritier il est tenu de sa part des dettes dans la mesure de sa vocation héréditaire; comme administrateur, il a la faculté de n'être tenu de cette part que jusqu'à concurrence des biens qu'il a recueillis.

Mais d'ailleurs qu'on nous montre une exception au principe doctrinal de l'art. 1220! où se trouve-t-elle? L'art. 1221 énumère les cas où, par exception, la dette ne se divise pas; et celui que nous refusons d'admettre ne se trouve pas compris dans

1. Paris, 25 août 1810; Sirey, 1810, II, 357; Caen, 17 janv. 1855; Dev., 1857, II, 294.

cette énumération. Donc le principe ne reçoit pas d'exception en pareil cas.

On parle, il est vrai, de l'art. 873 qui dispose : « Que les héritiers sont tenus des dettes et charges de la succession, *personnellement* pour leur part et portion civile, *hypothécairement* pour le tout.... »

N'a-t-on pas voulu voir dans ce mot *personnellement* de l'art. 873, l'intention chez le législateur de ne faire produire au principe de l'art. 1220 ses conséquences qu'au cas où la succession serait acceptée purement et simplement? En effet, dit-on, les héritiers purs et simples ne sont jamais tenus que personnellement; quant aux héritiers bénéficiaires, ils ne sont pas tenus *personnellement*, ils sont tenus *propter rem*.

Cette ingénieuse explication de l'art. 873 n'a convaincu personne. Qui ne voit que *personnellement* n'a été mis dans l'art. 873 que par opposition à *hypothécairement*, pour marquer par une sorte d'antithèse la différence qui existe entre l'étendue de l'action personnelle d'une part, et l'étendue de l'action hypothécaire de l'autre?

N'oublions pas surtout que le bénéfice d'inventaire a été établi dans l'intérêt de l'héritier; qu'il convient donc de ne pas le retourner contre lui. Comment pourrions-nous donner à cet égard une autre décision, nous qui avons décidé que le privilège de la séparation des patrimoines ne faisait pas obstacle à la division des dettes! Si la séparation des patrimoines, qui est établie dans l'intérêt des créanciers de la succession, ne fait pas obstacle à la division des dettes, comment le bénéfice d'inventaire, établi dans l'intérêt de l'héritier et contre le créancier de la succession, leur procurera-t-il cet avantage?

Voyez d'ailleurs la conséquence de la doctrine que nous combattons : Une succession est recueillie 1° par des héritiers majeurs, 2° par des mineurs ou interdits; ceux-ci ne peuvent accepter que bénéficiairement, et les créanciers, profitant de cette situation, pourraient s'adresser aux mineurs ou aux interdits de préférence aux autres héritiers, et sous prétexte que la loi les protége, leur demander le payement d'une créance qui dépasserait la part de dettes pour laquelle il représente le défunt! Il est vrai qu'on leur laisserait le droit souvent inutile de recourir contre des cohéritiers insolvables!

Mais ces recours même d'héritier à héritier, qui sont la conséquence naturelle de l'opinion que nous combattons, ne sont-ils pas bien loin de la pensée du législateur qui, dans l'intention de maintenir entre les membres de la même famille la bonne harmonie, a pris tous les moyens possibles d'éviter les actions récursoires qui peuvent devenir pour ceux qui les exercent une occasion de ruine! N'est-ce pas dans ce but que l'art. 883 a fait du partage un acte déclaratif de propriété préexistante? n'est-ce pas pour atteindre ce résultat qu'a été rédigé l'art. 1220 et la division de plein droit? L'art. 1017 que nous avons expliqué apporte une exception à ces principes; mais ce n'est qu'une exception dont il n'est pas permis d'argumenter ici, et d'ailleurs la disposition regrettable qu'il contient est en désaccord formel avec les articles 883 et 1220; c'est une anomalie dans le C. Nap.

CHAPITRE IX.

QUELS SONT LES SUCCESSEURS QUI ONT INTÉRÊT À ACCEPTER SOUS BÉNÉFICE D'INVENTAIRE ?

A qui le bénéfice d'inventaire est-il accordé ?

Aux termes de l'article 774 : « une succession peut être acceptée purement et simplement ou sous bénéfice d'inventaire. »

L'acceptation bénéficiaire n'est pas un privilège accordé à ceux-ci et refusé à ceux-là, ainsi que pourrait le faire croire cette expression de *bénéfice* qui lui a été conservée : c'est une institution de droit commun, et bien que notre loi interdise parfois à certaines personnes appelées à recueillir une succession d'accepter ainsi, elle défend l'acceptation pure et simple et impose l'acceptation bénéficiaire.

Mais quels sont ceux qui acceptent sous bénéfice d'inventaire ? ce sont évidemment ceux auxquels le bénéfice d'inventaire est utile, or il n'est utile qu'à ceux qui sont tenus de payer les dettes de la succession *ultra vires ;* donc se demander quels sont ceux à qui est accordé le bénéfice d'inventaire re-

22

vient à se demander quels sont les successeurs qui sont tenus *ultra vires* des dettes et charges de la succession.

Que tous les héritiers légitimes, descendants, ascendants, collatéraux, puissent recourir au bénéfice d'inventaire, cela n'est pas douteux;

Que les légataires à titre universel et les successeurs irréguliers ne soient tenus qu'*intra vires* et n'aient pas par conséquent à accepter bénéficiairement, bien que des auteurs aient soutenu l'opinion contraire, cela paraît incontestable.

La véritable question s'élève à l'occasion des légataires universels.

Le bénéfice d'inventaire peut-il être utile aux légataires universels; ce qui vient à se demander si les légataires universels dans notre législation sont tenus *ultra vires*, s'ils représentent le défunt, ou s'ils ne sont que successeurs aux biens?

Avant d'examiner les systèmes qui se sont produits sur cette grave question, il ne sera peut-être pas inutile de rappeler quelle était la pratique suivie dans notre vieux droit national à l'égard des légataires universels.

Il y avait cette différence considérable entre les pays de droit écrit et les pays de coutume, que dans les uns on admettait que l'héritier institué de même qu'un héritier légitime représentait le défunt, ne succédait pas seulement à ses biens, mais succédait aussi à sa personne; tandis que dans les autres, il était de principe qu'on ne pouvait pas faire un héri-

tier par testament, c'est-à-dire se donner un représentant, un continuateur de sa personne. Dieu seul,
disait-on, fait les héritiers : « *solus Deus heredes
facere potest, non homo.* »

Il résulte de ce qui précède que si dans les pays de
droit écrit, les héritiers légitimes acceptaient sous
bénéfice d'inventaire comme les héritiers institués,
dans les pays de coutume, les héritiers légitimes
seuls acceptaient sous bénéfice d'inventaire : les légataires, qui n'étaient jamais revêtus de la qualité
d'héritier, n'avaient jamais besoin de faire inventaire pour éviter d'être tenus des dettes et charges de
la succession *ultra vires,* par cette raison toute naturelle que leur qualité même de légataire les mettait
à l'abri de ce danger.

Quelles ont été les résolutions des rédacteurs du
Code Napoléon?

Ont-ils adopté la pratique romaine, celle des pays
de droit écrit? N'ont-ils pas plutôt entendu conserver les vieux usages nationaux, et n'est-ce pas le
droit coutumier qui l'a emporté sur le droit romain?
Enfin, une transaction a-t-elle eu lieu entre les
partisans du système romain et ceux du système des
coutumes?

En vain on consulterait les art. 967 et 1002 pour
chercher à y découvrir la pensée du législateur à
cet égard.

L'art. 967 (ch. v, t. II, livre III, Des dispositions
testamentaires), dit :

« Toute personne pourra disposer par testament,

soit sous le titre d'institution d'héritier, soit sous le titre de legs, soit sous toute autre dénomination propre à manifester sa volonté. »

L'art. 1002 (à la section III°, Des institutions d'héritier et des legs en général) décide : « Que les dispositions testamentaires sont ou universelles, ou à titre universel, ou à titre particulier.

« Chacune de ces dispositions, soit qu'elle ait été faite sous la dénomination d'institution d'héritier, soit qu'elle ait été faite sous la dénomination de legs, produira son effet suivant les règles ci-après établies pour les legs universels, pour les legs à titre universels, et pour les legs particuliers. »

Que devons-nous conclure de ces deux articles ?

1° Que la volonté du testateur, sous quelque dénomination qu'elle ait été manifestée, doit recevoir son effet ; 2° que l'effet d'une disposition testamentaire sera toujours le même, soit que le testateur l'ait qualifiée d'institution d'héritier, soit qu'il l'ait appelée legs. Ainsi, *l'institution d'héritier ou le legs* sont deux dispositions de même nature, soumises aux mêmes règles, produisant les mêmes effets. Mais quels effets ? Le légataire succède-t-il à la personne du testateur ? N'est-il qu'un simple successeur aux biens ?

La question reste donc entière après les art. 967 et 1002.

Quelle a donc été la pensée de la loi ? Dans un premier système, tantôt le légataire universel est considéré comme le représentant du défunt, et il est tenu *ultra vires*, tantôt il n'est que successeur aux biens : au premier cas, le bénéfice d'inventaire lui est utile; au second, il ne lui est d'aucune utilité.

Cette distinction est établie sur l'art. 1006 du Code Napoléon. Cet article dispose que, si au décès du testateur il n'y a pas d'héritiers auxquels une quotité de biens soit réservée par la loi, le légataire universel sera saisi de plein droit par la mort du testateur, sans être tenu de demander la délivrance.

Le légataire universel a-t-il la saisine? Il est représentant de la personne du défunt, et, partant, il est tenu des dettes *ultra vires*.

Le légataire universel se trouve-t-il dans la nécessité de demander la saisine à des héritiers réservataires? Simple successeur aux biens, il n'est jamais tenu qu'*ultra vires*, et le bénéfice d'inventaire lui est un secours inutile.

On argumente, en faveur de cette première opinion du conflit qui s'éleva entre des rédacteurs du Code, sur la question de savoir quel système on ferait passer dans la loi nouvelle, celui des pays de droit écrit, celui des pays de coutume : chaque système avait ses partisans. Cambacérès est intervenu, et il a proposé une transaction qui a concilié toutes les opinions : le légataire universel, comme dans les coutumes, ne sera qu'un successeur aux biens, mais exceptionnellement il deviendra, comme dans les pays de droit écrit, un successeur à la personne, lorsqu'il ne sera pas en présence d'héritiers réservataires, et sera tenu *ultra vires* : cet arrangement fut accepté, et l'art. 1006 du Code Napoléon fut adopté.

On argumente en second lieu de l'article 724. (C. N.)

Il est ainsi conçu : « Les héritiers légitimes sont saisis de plein droit des biens, droits et actions du défunt, sous l'obligation d'acquitter toutes les charges de la succession.... »

Il résulte de cet article, dit-on, qu'il existe entre la saisie de plein droit et l'obligation *ultra vires* un lien étroit, une connexité qu'il est impossible de méconnaître : si les héritiers légitimes sont, aux termes de cet article 724, tenus d'acquitter *toutes les charges de la succession*, c'est qu'ils *sont saisis de plein droit* (même art. 724).

Or, dit-on, le légataire universel, pour le cas où il n'y a pas d'héritiers à réserve, est saisi de plein droit comme un héritier légitime l'est aux termes de l'art. 724. Donc, dans ce cas, le légataire universel est tenu *ultra vires*.

On allègue en dernier lieu, dans l'intérêt de ce système, que si on n'admet pas la solution qu'il propose, on est inévitablement conduit à ce résultat qu'il arrivera parfois que le défunt manquera de représentant de sa personne.

Tels sont les principaux arguments de la première opinion.

Nous ne saurions l'admettre. Pour nous, les légataires universels, sans nous arrêter à une distinction qui n'a pas de base sérieuse, sans admettre cette assimilation entre la saisine et l'obligation *ultra vires* que rien n'autorise, nous dirons que *les légataires universels* ne sont jamais tenus qu'*intra vires*, que par conséquent ils n'ont aucun besoin de recourir au bénéfice d'inventaire, puisque aussi bien ce bénéfice leur est inutile.

1° Il n'est pas vrai que Cambacérès ait amené une transaction entre les idées du droit coutumier et celles du droit écrit : c'est dans le système des coutumes que le Code a persisté. C'est bien ainsi qu'on l'a entendu au tribunat : « il faut, y disait-on, tout en laissant subsister la dénomination d'institution d'héritier qui est en si grand usage, annoncer en même temps que tous les effets attachés par la loi romaine au titre d'héritier sont entièrement effacés. »

Que conclure de ces paroles ? sinon que l'intention des rédacteurs du Code n'a pu être que celle de conserver le système coutumier : ils l'ont donc conservé avec cette seule concession, que pour le cas où il n'y aurait pas d'héritier réservataire, le légataire universel serait saisi de plein droit ; comment, en effet, l'obliger, en pareil cas, à aller demander la saisine à des héritiers qui ne toucheront jamais à l'hérédité, et que le testateur a entendu en exclure à tout jamais, comme il en avait le pouvoir ?

2° Il nous semble qu'il n'existe entre la saisine de plein droit établie au profit des héritiers légitimes

par l'art. 724 et par l'art. 1006 au profit du légataire universel dans un cas particulier, qu'il n'existe,
disons-nous, entre la saisine de plein droit et l'obligation *ultra vires* aucune analogie, et que c'est se
tromper gravement que de croire que la seconde ait
pour cause efficiente la première.

Autre chose est, en effet, être saisi, c'est-à-dire
pouvoir immédiatement poursuivre et être immédiatement poursuivi, autre chose est pouvoir représenter le *de cujus*, c'est-à-dire être tenu personnellement de toutes ses obligations *ultra vires*.

L'argument tiré de l'art. 724 repose donc sur une
confusion : le légataire universel, quand il a la saisine, peut être immédiatement actionné comme il
peut immédiatement agir, mais il reste à savoir dans
quelle mesure ? Nous prétendons que l'art. 724 ne
tranche pas la question, et que le légataire universel, même saisi, est tenu *intra vires*.

Le premier système, auquel nous répondons en
ce moment, objecte que nous arrivons à décider que
le *de cujus*, en certains cas, peut ne pas avoir de
représentant de sa personne; mais n'arrive-t-il donc
pas tous les jours qu'une personne meurt sans représentant? l'objection n'est donc pas fondée.

Remarquons enfin que si le légataire était tenu,
comme le voudrait le système contraire, des dettes
et charges de la succession *in infinitum*, on trouverait
sans doute au Code de procédure quelque trace de la
rédaction d'un inventaire, auquel il pourrait procéder; car il faudrait bien certainement lui reconnaître

le droit d'accepter bénéficiairement comme l'héritier lui-même : or, c'est en vain qu'on interrogerait le Code de procédure civile à cet égard.

Le légataire universel n'étant pas tenu, *ultra vires*, des dettes et charges de la succession peut donc se dispenser de faire inventaire. Aliénera-t-il des immeubles de l'hérédité? sa situation ne changera pas pour cela : il ne sera jamais tenu qu'*intra vires* et se tirera d'affaire en restituant loyalement aux créanciers du défunt le montant du prix par lui touché.

Nous n'hésitons pas à dire que les successeurs irréguliers, c'est-à-dire les enfants naturels, les autres parents naturels, père, mère, frères ou sœurs, le conjoint survivant (art. 756, 757, 758, 767), n'étant jamais tenus qu'*intra vires hereditatis*, n'ont pas à accepter sous bénéfice d'inventaire.

Cette opinion est la plus généralement admise : c'est la seule vraie suivant nous.

Aux termes de l'article 769, combinés avec l'article 773, les successeurs irréguliers, entre autres formalités, doivent faire dresser un inventaire; ce n'est pas parce qu'ils ont accompli cette formalité que la loi leur impose, qu'ils ne sont tenus qu'*intra vires hereditatis* : on comprend sans cela l'utilité de ces mesures. Quand des successeurs irréguliers se présentent pour recueillir une succession, il est à craindre qu'il n'existe quelque part des parents inconnus qui pourraient y avoir droit avant eux ou concurremment avec eux : c'est dans l'intérêt de ces parents inconnus que la loi a imposé l'obligation d'un inventaire. La loi aurait pu, il est vrai, imposer ces formalités aux héritiers légitimes quand il est à craindre que des parents plus proches qu'eux n'existent quelque part ; mais la loi qui croit devoir plus d'égards aux héritiers qu'aux successeurs imparfaits (dit Marcadé sur l'article 773), n'a pas trouvé nécessaire d'étendre aux premiers les garanties rigoureuses qu'elle exige des seconds.

Il existe dans notre législation trois cas de succession anomale : ils sont prévus par les articles 351, 352, 747, 766.

Aux termes de ces articles, l'adoptant et ses descendants, l'ascendant donateur, les frères et sœurs légitimes de l'enfant naturel exercent dans certains cas ce droit de succession anomale.

Ces différents successeurs auront-ils recours au bénéfice d'inventaire ? La question revient à se demander s'ils sont tenus *ultra vires* de la part contributoire qu'ils doivent supporter dans les dettes, ou s'ils n'en sont tenus qu'*intra vires ?*

Nous croyons, quant à nous, que ces différents successeurs ne sont tenus des dettes qu'*intra vires emolumenti*, et qu'aucun d'eux n'a besoin de recourir au bénéfice d'inventaire à l'effet de s'affranchir du payement des dettes *in infinitum*, et cela est vrai, tant pour l'ascendant donateur que pour l'adoptant, et les frères et sœurs de l'enfant naturel.

D'abord il n'est pas douteux que l'exercice du droit de succession anomale soumette ceux qui en profitent à l'obligation de contribuer, avec les héritiers, au paye-

ment des dettes et charges de l'hérédité dans la proportion de la valeur des biens par eux recueillis,
comparée à la valeur intégrale des biens laissés par
le défunt. Si, par exemple, l'ensemble des biens du
défunt étant d'une valeur de 90 000 francs, ceux de
ces biens qui se trouvent compris dans la succession
anomale étaient d'une valeur de 30 000 francs, la
personne appelée à l'exercice de ce droit devrait contribuer aux dettes pour un tiers.

L'obligation de contribuer aux dettes pour ces différents successeurs résulte bien de l'article 351 qui
impute formellement à l'adoptant et à ses descendants l'obligation de contribuer aux dettes; cela résulte également de l'article 352 qui soumet implicitement l'adoptant à la même obligation en disant
qu'il succédera comme il est dit en l'article précé-
dent. Si le législateur n'a pas reproduit ces idées
dans les articles 747 et 766, c'est que la place qu'occupait ces articles dans le Code a, sans doute, fait
regarder la chose comme inutile.

Mais ces successions ne sont soumises au payement des dettes que jusqu'à l'épuisement de la valeur des biens qu'ils ont recueillis, et non au delà de
cette valeur, lors même qu'elle serait inférieure à
leur part contributoire, et qu'ils n'auraient point joui
du bénéfice d'inventaire. Il en doit être ainsi, puisque
celui qui est appelé à recueillir une succession anomale ne succède qu'à une certaine classe de biens, et
non à l'ensemble des droits et actions du défunt,
c'est-à-dire du patrimoine. Il n'est donc ni le repré-

sentant, ni le continuateur de la personne juridique du défunt, et l'on ne peut, dès lors, le soumettre à l'obligation de payer les dettes de ce dernier sur son propre patrimoine. Il résulte bien, en effet, de l'article 724 que l'obligation de payer les dettes *ultra vires* n'est imputée qu'à ceux auxquels sont dévolus les biens dont l'ensemble constitue l'hérédité du défunt. (Zachariæ, Aubry et Rau, t. V, p. 397.)

Ainsi, pour nous, les successeurs des articles 351, 352, 747, 766, n'ont aucun intérêt à accepter sous bénéfice d'inventaire, parce que, aussi bien, ils n'ont rien à craindre.

Le bénéfice d'inventaire est accordé à tous les héritiers, et à chacun d'eux, contre tous les créanciers héréditaires sans distinction, et contre tous les légataires (art. 774, 802).

L'ordonnance de 1563 et son article 16 disposait que les héritiers des comptables ne pourraient pas invoquer le bénéfice d'inventaire contre le roi. Le motif était que le roi, qui concédait ce bénéfice, ne devait pas être censé le concéder contre lui-même. On appliquait ceci avec une telle rigueur que, quand ces héritiers s'étaient déclarés héritiers bénéficiaires, on les tenait pour héritiers purs et simples, sans qu'il leur fût permis, dit Lebrun, de se faire issue par une renonciation; cette disposition avait même été étendue par la jurisprudence aux héritiers des commis des comptables, et à ceux des receveurs des consignations; elle ne s'appliquait toutefois, en aucuns cas, qu'aux héritiers majeurs.

(Poth., introd. au tit XVIII de l. c. d'Orléans,
n° 55; Lacombe, v° héritier, n° 1; Lebrun, l. III,
ch. iv, n° 7, 8.)

Hâtons-nous de dire que nous n'avons plus aucune acceptation semblable, le législateur ayant
autrement pourvu à la garantie des intérêts de
l'État au moyen des cautionnements qu'il exige, et
des priviléges qu'il a établis.

CHAPITRE X.

DU BÉNÉFICE D'INVENTAIRE IMPOSÉ PAR LA LOI.

Jusqu'ici nous n'avons cessé de supposer que l'acceptation bénéficiaire avait été librement consentie par celui au profit duquel la succession s'était ouverte. Mais il existe dans le Code deux articles qui imposent l'acceptation bénéficiaire.

1° Ceci a lieu dans l'hypothèse prévue par l'art. 782, lorsque les héritiers du successible, mort sans s'être prononcé, ne sont pas d'accord entre eux sur le parti à prendre au sujet de la succession échue à leur auteur. La loi décide alors que cette succession sera acceptée sous bénéfice d'inventaire.

2° L'acceptation bénéficiaire est également imposée par l'art. 461, C. N., en cas d'une succession échue au mineur; dans ce second cas, la loi est moins impérative que dans le premier. Ici le Code n'exclut que l'acceptation pure et simple; il laisse le choix entre l'acceptation sous bénéfice d'inventaire et la renonciation.

Le mineur émancipé est d'ailleurs, à cet égard, assimilé au mineur simple, d'après l'art. 484, et tout ce qui est écrit du mineur, s'applique à l'interdit aux termes de l'art. 509; il faut, de plus, d'après l'art. 29 du Code pénal, assimiler à l'interdit par démence le condamné frappé par l'interdiction légale.

Aux deux cas expressément prévus par la loi, en ajouterons-nous un troisième, comme on a proposé de le dire, et déciderons-nous qu'il en sera de même au cas où une succession sera acceptée par des créanciers au nom de leur débiteur?

Il nous semble bien que ces créanciers ne seront guère autorisés qu'à faire, au nom de leur débiteur, une acceptation bénéficiaire, mais y a-t-il un empêchement de droit à ce qu'ils acceptent purement et simplement? nous le chercherions en vain. L'acceptation pure et simple est donc possible dans cette hypothèse, et les deux cas cités plus haut sont les seuls qui nous paraissent exister dans la loi.

Nous dirons quelques mots de l'un et de l'autre.

SECTION I. — *Du bénéfice d'inventaire imposé par la loi, au cas où les héritiers des successibles ne s'entendraient pas sur le parti à prendre au sujet de la succession échue à leur auteur.*

Dans notre ancien droit les choses ne se passaient pas à cet égard comme elles se passent de nos jours.

Lorsqu'il y avait désaccord entre les héritiers du successible sur le parti à prendre, c'était le juge qui tranchait la difficulté et qui devait décider quel était le parti plus avantageux.

Ce système avait des avantages ; il est à notre avis bien préférable à celui que le Code a cru devoir adopter.

L'article 82 du projet du gouvernement qui voulait, comme dans l'ancien droit, qu'on recherchât le *quid utilius*, approuvé en principe par le tribunal de cassation[1], fut critiqué par un assez grand nombre de tribunaux d'appel. La plupart proposaient d'adopter le système que l'article 1475 a consacré au sujet des héritiers de la femme commune en biens, de permettre de répudier aux uns et d'accepter aux autres. Le conseil d'État ne voulut pas admettre ce système, et il crut concilier tous les intérêts en décidant que l'acceptation aurait lieu sous bénéfice d'inventaire. L'idée des rédacteurs de l'article 782 n'a pas été heureuse, et une acceptation peut parfois se trouver préjudiciable en raison de l'obligation au rapport qu'elle entraîne aussi bien qu'une acceptation pure et simple. Il pourra donc arriver que l'un des héritiers du successible par obstination, par esprit de calcul souvent assez perspicace ou bien encore par collusion avec les cohéritiers du défunt, oblige ses propres cohéritiers à subir ce préjudice.

1 Feret, t II, p. 567.

Si déplorable que soit la disposition de l'article 782, il nous paraît impossible d'y échapper, et il nous semble qu'il faut que les cohéritiers de celui qui s'obstine à accepter, subissent les inconvénients de l'acceptation bénéficiaire. Des auteurs ont cependant proposé de dire qu'au cas où l'acceptation bénéficiaire serait préjudiciable, ceux qui l'auraient déterminé par leur entêtement seraient condamnés à des dommages-intérêts. Mais si cette condamnation à des dommages-intérêts comme réparation du préjudice causé est possible en cas de collusion, comment le serait-elle dans le cas contraire? Il ne peut être dû de dommages-intérêts par ceux qui n'ont fait qu'user d'un droit que la loi leur donne.

Si la loi avait dit qu'au cas où il y aurait désaccord entre les héritiers du successible, le bénéfice d'inventaire existerait de plein droit, on pourrait prétendre que l'acceptation bénéficiaire, dans l'hypothèse qui nous occupe, et à la différence des autres, ne devrait point être déclarée au greffe. Mais il nous est impossible de donner cette solution en présence du texte de l'article 782 qui se borne à dire : « *La succession sera acceptée sous bénéfice d'inventaire.* »

Section II. — *De l'acceptation bénéficiaire du mineur et de l'interdit.*

L'article 461 dit : « Le tuteur ne pourra accepter ni répudier une succession échue au mineur, sans une autorisation préalable du conseil de famille. L'acceptation n'aura lieu que sous bénéfice d'inventaire. »

On a pensé que les dangers que présente l'acceptation pure et simple n'étaient pas conciliables avec la protection due au mineur, et pour cette raison, on a voulu la rendre impraticable. La répudiation est moins dangereuse, parce qu'on risque au moins que de ne pas gagner; aussi peut-elle avoir lieu. Mais qu'on se décide pour la répudiation ou qu'on se décide pour l'acceptation bénéficiaire, il faudra toujours l'autorisation du conseil de famille.

Que déciderons-nous ici par rapport à la déclaration au greffe? Est-elle inutile? On l'a jugé en ce sens plusieurs fois[1], mais nous ne pensons pas qu'il soit conforme à l'esprit de la loi de ne pas faire cette déclaration que réclame l'intérêt des tiers. Et nous pensons que ceux auxquels nuirait le défaut de déclaration pourraient demander au tuteur des dommages-intérêts.

De ce que l'acceptation ne peut être faite par un

1. Dev. 1841, II, 522; Cassation. Dev. 1846, II, 569; Rouen.

mineur ni en son nom, que bénéficiairement, il
résulte que les actes d'héritier qu'il ferait ou que ferait son tuteur ne pourraient l'exclure du bénéfice
d'inventaire, s'il n'y avait pas même d'acceptation,
ni l'en faire déchoir si cette acceptation était intervenue ; mais cela ne serait vrai que pendant la durée
de la minorité. Rien n'empêche en effet que la succession échue à un mineur soit depuis sa majorité
acceptée par lui purement et simplement ; dès ce
moment il rentrerait dans la règle générale.

Si les formes prescrites par la loi à l'héritier bé-
neficiaire n'ont pas été observées, la nullité des actes faits en l'absence des formes prescrites, peut
être demandée au nom du mineur.

C'est une question fort controversée que celle de
savoir si les articles 792 et 801, relatifs l'un et l'autre au cas de détournement d'objets héréditaires sont
applicables au mineur comme ils le sont au majeur,
en supposant, bien entendu, que ce mineur ait agi
avec discernement.

Le plus souvent on décide que le mineur qui se
rend coupable de détournement d'objets héréditaires
devient héritier pur et simple, et que de plus, s'il a
des cohéritiers, il perd sa part dans les objets qu'il
a détournés. Pour arriver à cette solution, on raisonne ainsi :

Il est de principe que le mineur, du moment
qu'en fait il est *doli capax*, est responsable de ses
délits tout aussi bien que le majeur. Or, l'acceptation pure et simple est dans le cas des articles 792

et 801 considéré comme la peine d'un délit; donc, dit-on, il n'y a pas lieu d'y soustraire le mineur. D'ailleurs la loi ne dit nulle part que le mineur ne peut être héritier pur et simple dans aucune circonstance.

Nous n'en adopterons pas moins l'opinion contraire, et nous dirons que le mineur qui aura agi avec discernement sera puni, dans le cas où il aura des cohéritiers, de la perte de sa part dans les objets détournés ; nous reconnaissons même que tout détournement pourra le soumettre au moins à des dommages-intérêts envers les créanciers ; mais l'article 461 s'oppose, suivant nous, à ce qu'il soit héritier pur et simple. Il n'est pas exact de dire que la loi, dans l'article 801 comme dans l'article 792, ait entendu édicter véritablement une peine contre l'héritier qui a commis le détournement : elle a seulement interprété dans le sens le plus honnête le fait de l'héritier, et, effaçant en quelque sorte le détournement, elle voit dans l'acte du successible une acceptation pure et simple. Or, cette interprétation n'est pas possible à l'égard du mineur, puisqu'aussi bien un acte d'héritier n'aurait pas pour conséquence de le rendre héritier pur et simple. Comment le mineur, par le détournement des objets héréditaires, éluderait-il cette disposition? La déchéance est une peine rigoureuse, et il n'en faut pas étendre l'application.

Tout ce que nous avons dit du mineur seul, pour plus de simplicité, s'applique également à l'interdit.

APPENDICE.

DE L'AVANTAGE RÉSULTANT DE LA CONFECTION D'UN INVENTAIRE POUR LA FEMME QUI ACCEPTE LA COMMUNAUTÉ.

Jusqu'à présent, et dans tout le cours de ce travail, ç'a a été de successions et d'héritiers qu'il s'est agi : aussi bien telle était la matière que le sujet de cette thèse nous commandait uniquement de traiter.

Encore que l'héritier qui accepte sous bénéfice d'inventaire se distingue à beaucoup d'égards de la forme commune qui invoque l'art. 1483 du Code Napoléon, encore qu'il ne soit pas permis d'assimiler deux situations entre lesquelles il n'existe que de frappantes analogies, nous avons cru que notre tâche ne serait accomplie qu'autant que nous aurions dit quelques mots, en finissant, de l'avantage offert à la femme commune en biens, si toutefois elle a pris soin de dresser un inventaire, de n'être

tenue des dettes de la communauté que jusqu'à concurrence de son émolument.

La communauté est une société; le mari et la
femme sont deux associés: cependant, pour le rè-
glement de la liquidation de cette société conjugale,
on est loin de suivre les principes admis quand il
s'agit de société ordinaire, et la femme commune,
c'est-à-dire associée de son mari, est dans une situation privilégiée. En effet, elle peut renoncer à la
communauté; et, si elle a fait dresser un inventaire,
elle n'est tenue des dettes de la communauté que jusqu'à concurrence de son émolument. Ajoutons qu'il
en devait être ainsi, et que l'avantage qui est fait à
la femme qui accepte la communauté comme son
droit d'y renoncer sont pour elle la juste compensation des pouvoirs exorbitants accordés par la loi au
mari. L'ancien droit disait que le mari était *seigneur
et maître* de la communauté; et si le Code Napoléon
a pris soin de dire qu'il ne le considérait que comme
un administrateur, il n'en demeure pas moins certain que cet administrateur a des pouvoirs qui égalent
ou peu s'en faut, ceux d'un propriétaire.

La communauté se dissout de trois manières
(1441): 1° Par la mort de l'un des époux; 2° par la
séparation de corps; 3° par la séparation de biens[1].
Quand la communauté est dissoute, la femme peut
soit l'accepter, soit la répudier.

1. Autrefois elle se dissolvait encore, 1° par le divorce; 2° par
la mort civile. Le divorce a été aboli par la loi du 8 mars 1816, et
la mort civile n'existe plus depuis le 31 mai 1854.

Supposons d'abord que la communauté soit dissoute par la mort du mari :

« L'article 1456 dit : « La femme survivante qui veut conserver la faculté de renoncer à la communauté, doit, dans les trois mois du jour du décès de son mari, faire faire un inventaire fidèle et exact de tous les biens de la communauté, contradictoirement avec les héritiers du mari ou eux dûment appelés. »

À s'en tenir aux termes de la loi, il semble bien que ce n'est qu'autant que la femme a fait faire un inventaire dans les trois mois, date du décès de son mari, qu'elle conserve le droit de renoncer : les articles suivants permettent, il est vrai, à la femme de demander une prorogation de délai, mais il paraît résulter de leur texte que c'est uniquement le délai de quarante jours accordé à la femme qui a fait inventaire pour délibérer, dont on lui permet de demander et d'obtenir la prolongation. Ce système, à le supposer celui de la loi, est-il rationnel? évidemment non.

Le délai qu'il peut être surtout utile de prolonger et dont la femme peut avoir un sérieux intérêt à demander l'extension, c'est le délai qui lui est accordé pour faire inventaire, et non celui qui lui est accordé pour délibérer, une fois que l'inventaire a été dressé. En effet, le plus souvent, le délai de trois mois écrit dans l'article 1456 sera insuffisant: comment dans un laps de temps aussi court, trouver le moyen de faire constater tous les biens d'une communauté très-opulente? Comment inventorier une communauté dont

les valeurs mobilières ne sont pas au lieu de l'ouverture de la succession du mari? N'est-il pas facile en
effet de supposer, pour faire saisir la justesse de
cette observation, que celui qui est mort était arma-
teur par exemple et que ses vaisseaux sont dissé-
minés dans le monde entier? Dans ce cas, comment
faire? et n'est-il pas évident que le délai de trois
mois est dérisoire?

Sans doute l'article 1458 se réfère à l'article 1457
où il est question tout ensemble et du délai de trois
mois, et de celui de quarante jours, et peut-être
serait-il permis de soutenir que la prolongation dont
il est question dans l'article 1458, porte aussi bien
sur l'un que sur l'autre : par malheur l'article 1459
ne permet pas d'argumenter de la sorte.

Ainsi, à s'en tenir à la combinaison des art. 1456,
1457, 1458, 1459 du Code Napoléon, on devrait
dire que la femme, qui veut conserver la faculté de
renoncer, doit avoir fait dresser un inventaire dans
les trois mois du décès de son mari; qu'elle a, ensuite, quarante jours pour délibérer; que ce second
délai peut bien être prorogé; que le premier ne saurait l'être : dispositions légales dont les conséquences, ainsi que nous l'avons dit, seraient extrêmement fâcheuses.

Heureusement, l'art. 174 du Code de procédure
a donné une décision beaucoup plus sage que ne
l'avait fait le Code civil. En effet, l'art. 174, après
avoir dit dans son premier alinéa que l'héritier, la
veuve, la femme séparée de biens, avaient trois mois

pour faire inventaire et quarante jours pour délibérer, ajoute dans le second : « S'ils justifient que
l'inventaire n'a pu être fait dans les trois mois, il
leur sera accordé un délai convenable pour le faire,
et quarante jours pour délibérer. » D'où il suit que
la prorogation porte sur le premier délai comme
sur le second. C'est ainsi que l'art. 174 du Code de
procédure corrige les art. 1456 et suivants du Code
Napoléon.

Quand la communauté est dissoute par la mort
du mari, la loi exige que la femme, si elle veut se
réserver la faculté de renoncer, fasse un inventaire.
Pourquoi le législateur a-t-il exigé la rédaction de
cet inventaire? Cette exigence de la loi se comprend
sans peine. Lorsque la communauté est dissoute par
la mort du mari, la femme a entre les mains toutes
les valeurs de la communauté. Il lui serait donc
facile de les détourner sans qu'on s'en aperçût.

Du reste, il n'est pas douteux que la veuve qui
aurait diverti ou recélé quelques effets de la communauté ne fût commune, encore qu'elle renonçât
par la suite. Elle serait également tenue *ultra vires*
des dettes de la communauté (1460).

Si la femme survivante meurt avant d'avoir accepté ou répudié la communauté, ses héritiers succèdent à son droit. L'art. 1481 a prévu ce cas : « Si
la veuve meurt avant l'expiration des trois mois
sans avoir fait ou terminé l'inventaire, les héritiers
auront, pour faire ou pour terminer l'inventaire,
un nouveau délai de trois mois, à compter du décès

de la veuve, et de quarante jours pour délibérer après la clôture de l'inventaire. »

« Si la veuve meurt ayant terminé l'inventaire, ses héritiers auront pour délibérer un nouveau délai de quarante jours à compter de son décès. »

Au premier abord, l'article 1461 paraît fort simple ; il manque cependant d'exactitude, du moins dans une des hypothèses qu'il prévoit. Les héritiers de la femme commune en biens et morte avant d'avoir pris parti, ont à se décider : 1° au sujet de la succession qui lui est échue; 2° au sujet de la communauté qui se trouve dans la succession, et qu'il faut accepter ou répudier ; il est vrai qu'ils ne le peuvent faire, sans par cela même, et quelle que soit leur décision, accepter la succession qu'ils sont appelés à recueillir. Or, ils ne peuvent être contraints à prendre parti sur cette succession pendant les trois mois et les quarante jours durant lesquels ils jouissent du bénéfice de l'exception dilatoire.

Si la femme commune dont ils sont appelés à recueillir la succession meurt avant d'avoir fait ou terminé l'inventaire, comme le suppose le premier alinéa de l'article 1461, la loi est parfaite et ne saurait encourir de reproche. En effet, le délai pour accepter ou répudier la succession, et le délai pour accepter ou répudier la communauté sont de même étendue : Dans ce cas, les héritiers de la femme ne sont pas contraints à accepter la succession dans un laps de temps moindre que celui qui leur est accordé par la loi au titre des successions.

Il en est tout autrement dans la seconde hypothèse, c'est-à-dire dans le cas où la veuve au moment de sa mort, avait déjà terminé l'inventaire; car alors, le second alinéa de l'article 1461 n'accorde aux héritiers de la femme que quarante jours à compter du décès pour se prononcer sur la communauté.

Voici donc les héritiers contraints, en acceptant ou en répudiant la communauté dans ce court délai, de se prononcer par cela même au sujet de la succession qui leur est échue, et à une époque où ils devraient pouvoir encore invoquer le bénéfice de l'exception dilatoire.

S'il en est ainsi, c'est sans doute que les rédacteurs du Code en accordant aux héritiers de la femme dans cette seconde hypothèse ce court délai de quarante jours, ont supposé qu'ils n'hésitaient pas un seul instant à accepter la succession, et qu'ils n'étaient incertains que par rapport à la communauté.

Si donc les héritiers de la femme hésitent à accepter la succession, encore que celle-ci ait terminé l'inventaire avant sa mort, et malgré le texte de l'article 1461, nous ne les priverons pas du droit de repousser par une exception dilatoire ceux qui les poursuivraient, et cela pendant trois mois et quarante jours, et même pendant des délais plus longs s'ils en avaient obtenu.

Nous supposons maintenant que la communauté est dissoute par la séparation de corps ou la séparation de biens : En pareil cas, la femme qui veut conserver la faculté de renoncer n'a pas comme la femme survivante l'obligation de faire dresser un inventaire.

La raison de cette différence se comprend aisément : quand la femme survit, tous les biens, toutes les valeurs sont entre ses mains ; quand la communauté est dissoute autrement que par la mort du mari, alors c'est lui et non la femme qui a entre les mains les valeurs de la communauté. Voici pourquoi l'inventaire est exigé de la femme dans le premier cas, tandis qu'il ne l'est pas dans le second.

Lorsque la communauté est dissoute par la séparation de biens, il faut que la femme manifeste l'intention d'accepter ; autrement elle est réputée renonçante. D'où il suit que si la femme, une fois la séparation de corps ou de biens prononcée, laisse trente années s'écouler, sans motiver son désir d'accepter la communauté, elle est définitivement renonçante ; il en est ainsi aux termes de l'article 789 qui veut que la faculté d'accepter se perde par trente ans.

Ainsi la communauté est-elle dissoute par la mort du mari, la femme est réputée acceptante tant qu'elle n'a pas renoncé ; est-elle dissoute par la séparation de corps, ou par la séparation de biens, elle est réputée renonçante tant qu'elle n'a pas accepté.

D'où vient cette différence ?

Lorsque le mari meurt, la femme se trouve placée de fait à la tête des affaires de la communauté, saisie en quelque sorte des biens de la communauté, comme un héritier est saisi des biens de la succession. Cet état de choses doit durer jusqu'à ce qu'elle l'ait fait cesser par la renonciation, comme un héritier fait cesser la saisie en renonçant. Mais lorsque la communauté est dissoute par la séparation de corps ou par la séparation de biens, la saisie des biens appartient naturellement à celui qui déjà les possède, c'est-à-dire au mari. La femme est alors de fait en dehors de la communauté, et si elle ne manifeste pas l'intention d'être commune, on suppose qu'elle entend conserver la position dans laquelle elle se trouve.

Autrefois, quand la femme demandait la séparation de biens, l'ancienne jurisprudence n'admettait même pas qu'elle pût accepter. Aujourd'hui, le contraire est admis : il est formellement écrit dans l'article 174 du C. de procéd. civile.

L'article 1466, C. Nap., contient une disposition bizarre : dans le cas où la communauté se dissout par la mort de la femme, cet article prescrit à ses héritiers, s'ils veulent renoncer à la communauté, l'emploi des formes prescrites à la femme survivante. Cependant les héritiers de la femme n'ont pas entre leurs mains les biens de la succession, et la situation n'est pas la même. On aurait donc dû appliquer aux héritiers de la femme une disposition analogue à celle de l'article 1463. Quoi qu'il en soit, l'article 1466 est écrit dans la loi, et il faut bien l'y conserver.

L'inventaire dressé à l'époque de la dissolution de la communauté produit deux avantages : 1° il permet à la femme et à ses héritiers de conserver la faculté de renoncer qu'ils perdraient sans cela; 2° il leur permet de n'être tenus des dettes de la communauté que jusqu'à concurrence de l'émolument qu'on en retire.

S'agit-il, pour la femme ou pour les héritiers, de n'être tenus des dettes de la communauté que jusqu'à concurrence de leur émolument, dans tous les cas, que la femme soit vivante, que la communauté ait été dissoute par la séparation de corps ou par la séparation de biens, que ce soit aux héritiers de la femme qu'il appartienne de se prononcer ou que ce soit à la femme elle-même, peu importe : dans tous les cas, et sans distinction, il faut, pour que cet avantage soit obtenu, qu'un inventaire ait été dressé.

S'agit-il, au contraire, pour la femme ou pour ses héritiers de s'assurer le droit de renoncer à la communauté, il faudra user de distinction : sans doute, ce n'est qu'autant que les héritiers de la femme, dans tous les cas, auront fait inventaire, qu'ils se sont ménagé la faculté de renoncer, et, à leur égard la rédaction de l'inventaire est toujours nécessaire. mais il n'en est pas de même de la femme, et ce n'est qu'autant qu'elle aurait survécu à son mari qu'elle devrait, pour se réserver la faculté de renoncer à la communauté, faire dresser un inventaire qui ne lui serait pas nécessaire si la communauté avait été dissoute par la séparation de corps ou par la séparation de biens.

Moyennant un inventaire fidèle et exact, la femme

n'est tenue des dettes de la communauté qu'*intra vires*. Notons cependant que cet avantage ne lui est absolument assuré que dans ses rapports avec son mari, car, au regard des créanciers, elle sera souvent obligée d'acquitter même intégralement certaines dettes, celles par exemple provenues de son chef, ou même celles qu'elle aurait contractées pour ses propres affaires avec le consentement de son mari, ou pour les affaires de la communauté, solidairement avec celui-ci. Si elle ne s'était obligée que conjointement, elle pourrait encore être poursuivie pour une moitié intégrale, et non-seulement pour une part ramenée à l'importance de son émolument. Ce n'est que pour les dettes tombées du chef du mari dans la communauté, ou contractées par lui durant le mariage, que la femme n'est tenue qu'*intra vires* même envers les créanciers.

La femme tenue *intra vires* est tenue sur ses propres biens. Elle n'aurait pas, comme l'héritier bénéficiaire, le droit d'abandonner sa part des biens de la communauté aux créanciers qui la poursuivraient et de les écarter ainsi des valeurs qui composent sa fortune personnelle et qu'ils auraient la prétention de saisir.

La portion contributoire de la femme dans les dettes de la communauté se détermine par la valeur des biens compris dans l'inventaire, auxquels on doit ajouter ceux qui lui sont provenus du partage. Or, comment l'inventaire ayant été exact, peut-il échoir à la femme, dans le partage, des biens dont elle doive rendre compte en dehors de ceux que l'inventaire consta.e? Cela peut arriver dans plusieurs cas, et spécialement s'il est revenu à la masse des valeurs que la femme ignorait et qui se trouvaient entre les mains d'un tiers.

Pour nous résumer, nous constaterons qu'entre la femme commune qui a dressé un inventaire des biens de la communauté, et l'héritier qui a accepté la succession sous bénéfice d'inventaire, il existe plusieurs différences.

1° Il faut que la femme ait procédé à l'inventaire dans un délai déterminé. Il n'y a point de délai préfix fatalement imposé à l'héritier;

2° La femme est soumise à payer une part des dettes jusqu'à concurrence de son émolument, même sur ses biens personnels, tandis que l'héritier peut, en abandonnant les biens de la succession, se décharger du payement des dettes;

3° Une fois qu'un inventaire a été dressé, et que le chiffre de sa dette a été déterminé, la femme commune peut aliéner les valeurs de la communauté sans suivre aucune forme et sans qu'il puisse en résulter pour elle le moindre inconvénient. Au contraire, nous avons vu que si l'héritier bénéficiaire ne se conforme pas, pour la vente des immeubles et de certains meubles, aux prescriptions de la loi, il encourt la déchéance, et devient héritier pur et simple.

PROPOSITIONS.

DROIT ROMAIN.

I. Le pacte *de parte debiti non petenda* conclu entre la majorité des créanciers du défunt et son héritier est opposable même aux créanciers privilégiés qui n'ont pas assisté à la délibération.

II. L'héritier qui voulait profiter des avantages que procure le bénéfice d'inventaire n'avait pas à déclarer formellement son intention à cet égard.

III. Les créanciers du défunt ne pouvaient poursuivre le recouvrement de leurs créances que sur les biens de la succession, lorsque l'héritier avait fait l'inventaire prescrit par la constitution de Justinien.

IV. Le père qui avait promis une dot pour sa fille, et qui eût pu se dégager de sa promesse tant que cette fille était soumise à la puissance paternelle, ne

24

pouvait plus se dispenser de fournir cette dot quand une fois cette fille était émancipée.

V. L'immeuble légué à l'esclave dotal est dotal.

VI. Le simple pacte produit une obigation naturelle.

VII. Le pupille contractant sans l'*auctoritas* de son tuteur, et qui ne se trouve pas enrichi par l'effet du contrat, peut être obligé naturellement.

VIII. Ce n'est pas avec le *consensus* d'un curateur, mais c'est avec l'*auctoritas* d'un tuteur, que la femme nubile pouvait promettre une dot à son futur mari.

IX. La nullité de la restitution de la dot pendant le mariage découle non des principes généraux qui régissent les donations ordinaires, mais seulement d'une disposition légale qui prohibait spécialement cette restitution.

X. Le § 1ᵉʳ de la loi 9 d'Ulpien, *de jure dotium*, ne saurait se concilier avec la loi 2, § 5, *de donationibus*.

DROIT CIVIL.

XI. Le successible poursuivi par un créancier après l'expiration des délais pour faire inventaire et pour délibérer, et condamné envers lui, faute de pouvoir lui opposer l'exception dilatoire, est déchu, même à l'égard de tous les autres créanciers, de la faculté d'accepter sous bénéfice d'inventaire, mais il a perdu, à l'encontre de ceux-ci, la faculté de renoncer.

XII. Les créanciers d'une succession acceptée sous bénéfice d'inventaire peuvent, malgré les lois du 8 nivôse an VI et du 22 floréal an VII, faire vendre à leur profit les rentes sur l'État dépendant de la succession de leur débiteur.

XIII. L'abandon qu'autorise l'article 802 du Code Napoléon ne s'opère ni par une déclaration au greffe, ni par des notifications individuellement faites aux créanciers de la succession et aux légataires; il est opposé par voie d'exception.

XIV. Encore qu'une succession ait été acceptée sous bénéfice d'inventaire, les créanciers et les légataires conservent le droit d'exercer des poursuites individuelles et peuvent faire saisir les biens mobiliers et immobiliers dépendant de la succession.

XV. Les causes de déchéance énumérées dans l'article 801 du Code Napoléon et dans les articles 988 et 989 du Code de procédure civile sont limitatives.

XVI. Les pouvoirs de l'héritier bénéficiaire n'ayant été nulle part déterminés, il ne convient pas de leur assigner d'autre limite que l'intérêt sainement entendu des créanciers et des légataires.

L'héritier bénéficiaire peut donc, sans autorisation de justice, intenter une demande en partage, — il peut transiger, — il peut compromettre.

XVII. Pour avoir fait un de ces actes qui, aux termes de l'article 778, l'aurait rendu héritier pur et simple, si au moment où il l'avait fait il n'eût été encore que successible, l'héritier bénéficiaire ne devient pas nécessairement héritier pur et simple.

XVIII. L'héritier bénéficiaire peut vendre, comme il l'entend, et sans aucune autorisation, les meubles incorporels autres que ceux pour lesquels la loi exige spécialement une autorisation ou l'emploi de certaines formalités.

XIX. L'héritier bénéficiaire, créancier de la succession, se paye lui-même.

XX. Les créanciers non opposants qui se présentent avant l'apurement du compte et le payement du reliquat n'ont pas de recours à exercer contre les créanciers déjà payés.

XXI. La seule sommation de payer le reliquat ne saurait faire courir les intérêts des sommes dont l'héritier bénéficiaire est débiteur après apurement du compte.

XXII. Les créances à terme qui existaient contre le *Decujus* ne sont pas devenues exigibles, parce que sa succession a été acceptée sous bénéfice d'inventaire.

XXIII. C'est par voie d'exception que les créanciers

et les légataires exercent la séparation des patrimoines.

XXIV. La séparation des patrimoines donne à ceux qui l'invoquent un droit de suite sur les immeubles héréditaires.

XXV. Les créanciers qui usent de la séparation des patrimoines ne conservent pas le droit de concourir sur les biens de l'héritier avec les créanciers de celui-ci.

XXVI. Une fois les créanciers de l'héritier désintéressés, les créanciers et les légataires qui ont invoqué la séparation des patrimoines peuvent, s'il reste quelque chose dans le patrimoine de l'héritier, se venger sur ses biens de l'insuffisance de l'actif héréditaire.

XXVII. Les créanciers et les légataires qui veulent s'assurer le privilége de l'article 2111, doivent s'inscrire sur les immeubles héréditaires, même au cas où la succession a été acceptée sous bénéfice d'inventaire.

XXVIII. La séparation des patrimoines ne fait pas obstacle à la division des dettes entre les héritiers.

XXIX. Seuls les héritiers légitimes ont intérêt a accepter sous bénéfice d'inventaire.

XXX. Le mineur, héritier bénéficiaire, qui s'est rendu coupable de détournement ou de recel, perd, s'il a des cohéritiers, sa part dans les objets détournés ou recélés, mais il n'en conserve pas moins la qualité d'héritier bénéficiaire.

DROIT COMMERCIAL

XXXI. Le failli concordataire n'est pas tenu de rapporter à la succession de son auteur les sommes dont il s'est libéré vis-à-vis de celui-ci au moyen d'un concordat.

DROIT PÉNAL.

XXXII. Le simple délit commis à l'étranger par un Français contre des Français ne donne pas lieu à des poursuites en France.

XXXIII. La loi sur la réhabilitation des condamnés en matière correctionnelle s'applique lors même qu'aucune incapacité n'a été la conséquence de la condamnation prononcée.

PROCÉDURE CIVILE.

XXXIV. Une personne frappée de la dégradation civique ou privée de l'exercice partiel de ses droits civils et civiques, aux termes des articles 34 et 42 du Code pénal, peut être choisie pour arbitre.

XXXV. La tierce opposition n'est pas une simple application du principe de l'article 1351, mais un moyen accordé à une partie, qui n'a pas figuré dans une instance, de prévenir le préjudice réel qui, nonobstant l'article 1351, pourrait résulter pour elle de l'exécution d'un jugement.

DROIT ADMINISTRATIF.

XXXVI. L'héritier bénéficiaire est tenu personnellement envers le fisc des droits de mutation, et il n'a aucun recours à exercer contre la succession.

HISTOIRE DU DROIT.

XXXVII. Les fiefs ne sont pas d'origine romaine, mais bien d'origine franque.

DROIT DES GENS.

XXXVIII. Il n'y a qu'une renonciation préalable et expresse au droit de ratification qui puisse lier un souverain aux engagements contractés par son plénipotentiaire.

XXXIX. Un État neutre ne viole pas la neutralité lorsqu'il laisse construire dans ses ports des vaisseaux destinés à la marine de l'un des belligérants.

Vu et permis d'imprimer,
A. MOURIER.

Le Président de la thèse,
A. DUVERGER.

Vu par le doyen,
C. PELLAT.

TABLE DES MATIÈRES.

QUATRIÈME PARTIE.

FIN DE LA TABLE.

8130. — Imprimerie générale de Ch. Lahure, rue de Fleurus, 9, à Paris.

www.ingramcontent.com/pod-product-compliance
Lightning Source LLC
Chambersburg PA
CBHW052105230326
41599CB00054B/4008